中信改革发展研究基金会
中国道路丛书·金融

本原与初心

中国资本市场之问

张云东 著

中信出版集团 | 北京

图书在版编目（CIP）数据

本原与初心：中国资本市场之问 / 张云东著 . --
北京：中信出版社，2022.2
（中国道路丛书）
ISBN 978-7-5217-3833-9

Ⅰ . ①本… Ⅱ . ①张… Ⅲ . ①资本市场－研究－中国
Ⅳ . ① F832.5

中国版本图书馆 CIP 数据核字（2021）第 249134 号

本原与初心——中国资本市场之问
著者： 张云东
出版发行： 中信出版集团股份有限公司
（北京市朝阳区惠新东街甲 4 号富盛大厦 2 座　邮编　100029）
承印者： 北京诚信伟业印刷有限公司

开本：787mm×1092mm 1/16　　印张：20.75　　字数：286 千字
版次：2022 年 2 月第 1 版　　印次：2022 年 2 月第 1 次印刷
书号：ISBN 978-7-5217-3833-9
定价：68.00 元

版权所有·侵权必究
如有印刷、装订问题，本公司负责调换。
服务热线：400-600-8099
投稿邮箱：author@citicpub.com

重磅推荐

从资本市场发展的历史看，中国资本市场仍是新兴的年轻市场，市场的不断发展，不断成熟，需要我们不懈探索，不断深化对国际资本市场的认识，对中国资本市场的认识。此书作者张云东同志基于多年的监管实践和深入研究提出的问题和思考，对中国资本市场的相关参与者有重要的启发。

——尚福林

中国证监会原主席、中国银监会原主席、全国政协经济委员会主任

金融无疑是经济生活的重要组成部分，但世界上只有美国让经济生活全面和深度证券化、金融化。张云东同志是开拓我国证券业的一位先驱，他所著的这本书很重要，此书批判金融业自成吸金王国的美国模式，提醒我国金融业不忘服务实体经济的初心，避免陷入美式金融王国的资本主义泥潭。

——潘维

北京大学国际关系学院教授、北京大学中国与世界研究中心主任

此书《省思我国金融发展方向及政策建议》一文，融丰富的实践经验、深刻的理论思考和敏锐的时代感知于一体，是我做《理论动态》编辑工作时约到的不多的几篇好文章之一。此文发表出来后，在社会各个方面反响都很好。

——辛鸣

中共中央党校教授、中共中央党校马克思主义学院副院长、中央电视台特约时政评论员

"中国道路丛书"学术委员会

学术委员会主任：孔　丹

委　员（按姓氏笔画排序）：

丁　耘　马　戎　王小强　王绍光　王海运　王维佳
王湘穗　方流芳　尹韵公　甘　阳　卢周来　史正富
冯　象　吕新雨　乔　良　向松祚　刘　仰　刘小枫
刘纪鹏　刘瑞生　玛　雅　苏　力　李　玲　李　彬
李希光　李若谷　杨凯生　杨松林　何　新　汪　晖
张　宇　张文木　张宇燕　张维为　陈　平　陈春声
武　力　罗　援　季　红　金一南　周和平　周建明
房　宁　赵汀阳　赵晓力　祝东力　贺雪峰　聂庆平
高　梁　黄　平　黄纪苏　曹　彤　曹和平　曹锦清
崔之元　梁　晓　彭光谦　韩毓海　程曼丽　温铁军
强世功　蒲　坚　熊　蕾　潘　维　霍学文　戴锦华

编　委　会

主　　任：孔　丹
执行主任：季　红

"中国道路丛书"总序言

中华人民共和国成立六十多年以来,中国一直在探索自己的发展道路,特别是在改革开放三十多年的实践中,努力寻求既发挥市场活力,又充分发挥社会主义优势的发展道路。

改革开放推动了中国的崛起。怎样将中国的发展经验进行系统梳理,构建中国特色的社会主义发展理论体系,让世界理解中国的发展模式?怎样正确总结改革与转型中的经验和教训?怎样正确判断和应对当代世界的诸多问题和未来的挑战,实现中华民族的伟大复兴?这都是对中国理论界的重大挑战。

为此,我们关注并支持有关中国发展道路的学术中一些有价值的前瞻性研究,并邀集各领域的专家学者,深入研究中国发展与改革中的重大问题。我们将组织编辑和出版反映与中国道路研究有关的成果,用中国理论阐释中国实践的系列丛书。

"中国道路丛书"的定位是:致力于推动中国特色社会主义道路、制度、模式的研究和理论创新,以此凝聚社会共识,弘扬社会主义核心价值观,促进立足中国实践、通达历史与现实、具有全球视野的中国学派的形成;鼓励和支持跨学科的研究和交流,加大对中国学者原创性理论的推动和传播。

"中国道路丛书"的宗旨是：坚持实事求是，践行中国道路，发展中国学派。

始终如一地坚持实事求是的认识论和方法论。总结中国经验、探讨中国模式，应注重从中国现实而不是从教条出发。正确认识中国的国情，正确认识中国的发展方向，都离不开实事求是的认识论和方法论。一切从实际出发，以实践作为检验真理的标准，通过实践推动认识的发展，这是中国共产党的世纪奋斗历程中反复证明了的正确认识路线。违背它就会受挫失败，遵循它就能攻坚克难。

毛泽东、邓小平是中国道路的探索者和中国学派的开创者，他们的理论创新始终立足于中国的实际，同时因应世界的变化。理论是行动的指南，他们从来不生搬硬套经典理论，而是在中国建设和改革的实践中丰富和发展社会主义理论。我们要继承和发扬这种精神，摒弃无所作为的思想，拒绝照抄照搬的教条主义，只有实践才是真知的源头。"中国道路丛书"将更加注重理论的实践性品格，体现理论与实际紧密结合的鲜明特点。

坚定不移地践行中国道路，也就是在中国共产党领导下的中国特色社会主义道路。我们在经济高速增长的同时，也遇到了来自各方面的理论挑战，例如将改革开放前后两个历史时期彼此割裂和截然对立的评价；例如极力推行西方所谓"普世价值"和新自由主义经济理论等错误思潮。道路问题是大是大非问题，我们的改革目标和道路是高度一致的，因而，要始终坚持正确的改革方向。历史和现实都告诉我们，只有社会主义才能救中国，只有社会主义才能发展中国。在百年兴衰、大国博弈的历史背景下，中国从积贫积弱的状态中奋然崛起，成为世界上举足轻重的大国，成就斐然，道路独特。既不走封闭僵化的老路，也不走改旗易帜的邪路，一定要走中国特色的社会主义正路，这是我们唯一正确的选择。

推动社会科学各领域中国学派的建立，应该成为致力于中国道路探讨的有识之士的宏大追求。正确认识历史，正确认识现实，积极促进中国学者原创性理论的研究，那些对西方理论和价值观原教旨式的顶礼膜拜的学风，应当受到鄙夷。古今中外的所有优秀文明成果，我们都应该兼收并蓄，但绝不可泥古不化、泥洋不化，而要在中国道路的实践中融会贯通。以实践创新推动理论创新，以理论创新引导实践创新，从内容到形式，从理论架构到话语体系，一以贯之地奉行这种学术新风。我们相信，通过艰苦探索、努力创新得来的丰硕成果，将会在世界话语体系的竞争中造就立足本土的中国学派。

"中国道路丛书"具有跨学科及综合性强的特点，内容覆盖面较宽，开放性、系统性、包容性较强。其分为学术、智库、纪实专访、实务、译丛等类型，每种类型又涵盖不同类别，例如在学术类中就涵盖文学、历史学、哲学、经济学、政治学、社会学、法学、战略学、传播学等领域。

这是一项需要进行长期努力的理论基础建设工作，这又是一项极其艰巨的系统工程。基础理论建设严重滞后，学术界理论创新观念不足等现状是制约因素之一。然而，当下中国的舆论场，存在思想乱象、理论乱象、舆论乱象，流行着种种不利于社会主义现代化事业和安定团结的错误思潮，迫切需要正面发声。

经过六十多年的社会主义道路奠基和三十多年的改革开放，我们积累了丰富的实践经验，迫切需要形成中国本土的理论创新和中国话语体系创新，这是树立道路自信、理论自信、制度自信、文化自信，在国际上争取话语权所必须面对的挑战。我们将与了解中国国情，认同中国改革开放发展道路，有担当精神的中国学派，共同推动这项富有战略意义的出版工程。

中信集团在中国改革开放和现代化建设中曾经发挥了独特的作用，它不仅勇于承担大型国有企业经济责任和社会责任，同时也勇于承担政治责任。它不仅是改革开放的先行者，同时也是中国道路的践行者。中信将以历史担当的使命感，来持续推动中国道路出版工程。

2014年8月，中信集团成立了中信改革发展研究基金会，构建平台，凝聚力量，致力于推动中国改革发展问题的研究，并携手中信出版社共同进行"中国道路丛书"的顶层设计。

"中国道路丛书"的学术委员会和编辑委员会，由多学科多领域的专家组成。我们将进行长期的、系统性的工作，努力使"中国道路丛书"成为中国理论创新的孵化器，中国学派的探讨与交流平台，研究问题、建言献策的智库，传播思想、凝聚人心的讲坛。

孔丹

2015年10月25日

目　录

序言　资本市场中国道路之思考 / Ⅶ

资本市场制度与政策选择

中国资本市场省思 / 3

政策的作用力方向与国家战略 / 27

防止金融放任发展误国 / 49

不忘初心：我们今天为了谁 / 60

省思我国金融发展方向及政策建议 / 77

构建新型社会主义金融文化 / 91

中国资本市场的制度与政策选择 / 107

"沃尔克规则"对中国的启示 / 129

后疫时代警惕中国经济金融化 / 134

应该明确建立资本市场的社会主义价值观 / 153

中国资本市场三十而立再出发 / 162

改革与资本市场尚未如烟散去的往事 / 172

金融与国家安全

金融的价值取向与国家安全 / 195
中国金融当"居安思危" / 207
贸易摩擦对中国金融安全的警示 / 218
中美贸易摩擦背后的混合战争 / 227

监管的价值取向

通过一线监管推动市场大发展 / 239
市场决定的应有之义 / 249
监管者在公司治理中的角色 / 254
让资本市场回归本原 / 261
加强监管且放松管制 / 268
警惕市值管理的价值取向 / 274
遏制造假上市要标本兼治 / 279
创业板上市与退市 / 285
优胜劣汰乃资本市场之本 / 293
市值概念误导资源配置 / 301

序言　资本市场中国道路之思考

我人生中的主要事业阶段几乎都与资本市场有关。1988年，我调入深圳市人民政府经济体制改革委员会，开始从事股份制改革和资本市场的创建工作。创建期间，我有幸主笔起草了中国资本市场第一部具有法律效力的文件《深圳市股份有限公司暂行规定》，参与起草了国家体改委发布的《股份有限公司规范意见》以及《国务院关于股份有限公司境外募集股份及上市的特别规定》（H股）、《国务院关于股份有限公司境内上市外资股的规定》（B股）等文件。1992年至1993年，为筹备内地企业赴香港上市，我参加了由内地和香港专家组成的法律专家组，讨论、谈判和制定内地企业在香港上市的法律文件。

我国资本市场创建初期，在市场创建、制度设计、法规制定的过程中，虽然我们会从我国的制度背景出发，考虑国情特殊性，考虑改革开放的需要，但因为是一张白纸，缺乏经验，所以更多的是学习模仿西方资本市场的套路、经验。应该说，这种学习、借鉴过程是积极的、有意义的，也是必需的。在这期间，我们也获益匪浅，通过这种学习，加快了资本市场的建设。

在我国资本市场早期建设过程中，一方面，我们有着比较高的社会主义制度自觉；另一方面，我们对西方资本市场的动荡和金融危机也保持了较高的警惕。因此，那个时期无论是在市场发展探索中，还是在学习借鉴西方市场的经验做法时，我们都还比较谨慎，并不盲目。

随着市场的发展和经验的积累，虽然我国资本市场还远未成熟，但监管者对资本市场有了自己的认识，也有了相当的自信。他们明白了股份制改革和资本市场不仅在建立现代企业制度方面有着重要意义，而且对全社会资源优化配置，为实体经济筹集发展资金，为广大人民群众增加财富收入都具有十分重要的意义；也理解了市场透明度的意义，理解了为什么要强调保护中小投资者的利益，以及如何保护他们的利益；开始有了自己的市场战略方向感，也在思考如何循着确定的战略方向制定政策。我在深圳证监局局长的任上，开始考虑并要求部下不要愧对深圳资本市场这座"富矿"。一方面，要守护好这座"富矿"，让它充分发挥资源配置优化，服务实体经济的作用；另一方面，总结监管经验，创新政策制度，为中国资本市场服务。在监管工作实践中，深圳证监局同人注重思考，勇于担当，积极探索，进行了一系列的监管创新和制度创新。

这些市场实践，实际上是资本市场的中国道路探索。

与此同时，我也在监管实践的基础上开始思考中国资本市场的制度与政策选择，思考资本市场的中国道路。本书就是对该领域的中国道路思考。

姗姗来迟的道路自觉

中国资本市场三十年来随着中国经济的高速发展，成就巨大，为完善融资结构，提高资源配置效率，推动中国经济增长做出了很大贡献，市场各个主体与监管者功不可没。但是，仍然有许多不尽如人意的地方，融资能力有待提高，透明度、发展秩序性较差，风险隐患逐渐积累。究其原因，与资本市场迟迟未能走出简单模仿发展模式、缺乏道路自信与自觉有关。

从 20 世纪 80 年代末开始筹建，90 年代初正式起步，中国资本市场虽然一路蹒跚，但到了新世纪的头一个十年里理应结束初创阶段对西方市场的简单模仿，开始具有自觉意识和判断力，根据中国国情需要和社会主义制度要求，走出一条自己的道路来。遗憾的是，我国资本市场当时还在简单模仿，甚至是不明就里、不辨菽麦，简单地照抄照搬美国的资本市场。

问题来了，我国资本市场不仅模仿，而且选错了样板。早期初创阶段我们学习借鉴西方市场是必要的、必需的，而且受益匪浅。一方面，是因为初创期的学习模仿是一个不可逾越的必然阶段；另一方面，在这个阶段，资本市场学习借鉴的都是该领域最基本、最本原的东西，学习的都是资本市场作为融资中介为实体产业提供服务的那一套东西。本来挺好，我们可以在这个基础上从中国的实际出发，继续探索发展，让中国资本市场更透明、更规范、更有效率，更好地为中国实体经济发展服务。但是，有些金融同人却不是这样考虑问题，他们缺乏作为中国金融从业者应该具有的自觉意识和自信心，忘记了建立中国资本市场是为了建立现代企业制度，为中国产业发展筹集资金、配置资源的初心。他们不是立足中国，而是放眼美国，学而不厌，持续向美国学习，希望在中国克隆一个美式资本市场。可是，他们学习态度与思想方法出了问题，没有静下心来认真系统地了解美国的金融发展史，了解美国金融的演变逻辑，只是简单模仿现如今的美国金融市场发展模式，而美国的资本主义已经不再是产业资本主义，已经演化为金融资本主义，金融也早已异化。

2019 年逝世的原美国联邦储备委员会主席，2008 年美国金融海啸之后被奥巴马总统任命为美国经济复苏顾问委员会主席的保罗·沃尔克先生认为，20 世纪 80 年代之后美国金融发展过程中最大也是最不幸的变化就是，美国金融已经由原来的"产业服务模式"异化为"金融交易模式"。也就是说，美国金融在里根上台之后就背弃了罗斯福的金融抑制政策，推行新自由主义，放任金融自由化，使金融界不再以提供融资中介服务为己任，而是转向金融交易市场，在自营交易中投机套利自我服务。这些变化致使金融市场虹吸了大部分资金，导致美国产业空心化，贫富两极分化加剧，甚至引发金融危机并危害全球经济。美国金融精英还以风险管理为名，大搞所谓金融创新，创制了众多愈发复杂的金融衍生品，为其投机套利服务。金融衍生品的应运而生和泛滥，专事投机套利的对冲基金的活跃，不仅加大了金融市场的动荡，增加了投资者的风险，而且金融大鳄们凭借金融全球化，在全球巧取豪夺，四处为害。美国经济的金融化，金融的交易化，交易的衍生品化、杠杆化、投机化，不仅使美国经济危机四伏，而且像新冠病毒一样在全球蔓延。正因为金融自由化具有和新冠病毒一样的潜伏期，所以人们往往对其缺乏警惕，不了解金融自由化不仅对全球，还会对我国的经济发展、金融安全、经济安全和国家安全构成极大的威胁。

中央反复强调要坚持中国特色社会主义"四个自信"，中国资本市场概莫能外。这事关中国资本市场的道路与方向，事关金融能否真正为实体经济服务，事关国家金融安全，事关中华民族的伟大复兴事业。因此，我们必须坚持社会主义的制度自觉、道路自觉，走出一条资本市场的中国道路。

缺了一堂 2008 年金融海啸反省课

我在本书的多篇文章中反复提及 2008 年的美国金融危机，不仅是因为这场危机对美国经济、社会以及国运产生了深刻影响，我们对以美国为代表的全球经济金融化倾向需要警醒，而且因为我国经济金融界对这场危机缺乏深刻认识，更谈不上吸取教训了！

金融危机不仅重创了美国经济，也引发了美国政商两界对美国金融制度的反思与担忧。《多德－弗兰克法案》，包括其中的"沃尔克规则"，对这场危机的反思和对美国金融制度的改革，如保护消费者、禁止银行自营交易、禁止银行投资对冲基金和私募基金，被认为是"大萧条"以来最全面、最严厉的金融改革法案。尽管这部法案是美国政界与金融利益集团反复博弈、不断妥协的产物，不可能再使美国金融重回本原，但这毕竟说明美国已经认识到了放任金融发展的严重危害，只是美国的政治制度和新自由主义已使美国回天无力。

曾任美国财长的亨利·保尔森将其所著回忆处理这场危机往事的书取名"峭壁边缘"，恰如其分地揭示了这场危机的严重性质。

有一部曾获奥斯卡最佳纪录长片奖的美国纪录片《监守自盗》，用事实揭示了2008年金融海啸的深层原因，即20世纪80年代之后美国金融的异化。它揭开了银行家、评级公司、经济学家和监管当局等各方的行为及对危机的"贡献"，揭露了衍生品等金融创新究竟是管理风险还是制造风险的真相。

然而，我国一些金融精英对美国金融反思却视而不见。

2008年美国金融海啸爆发之后，原本应该对在我国已经初露端倪的金融自由化反省的中国金融界，非但没有反省，相反却形成了一个奇怪的共识，即美国走得太远了，中国还不够。

他们没有认识到金融自由化和衍生品问题不是"量"与"度"的问题，而是一个市场发展方向的问题，是金融为谁服务的问题。因此，在这个错误的指导思想之下，在2008年之后，中国金融开始了一场金融自由化大跃进，积极推动资本账户开放，融资融券、股指期货、期权等纷纷上市交易。刚开始时，为了说明中国资本市场的金融衍生品风险可控，监管层和业界的说法是美国衍生品发生问题的原因是他们搞场外交易，我们搞的是场内（交易所）衍生品交易，透明度高，风险不大。可曾几何时，场外衍生品交易已经在中国金融市场泛滥。更有甚者，商品期货市场又在开始推行所谓国际化的期货期权，层层叠套，愈益复杂。

早在2005年我国资产证券化已经起步，受美国次贷危机警示，不得已停了下来。但是因为我们没有深刻认识资产证券化的危害，只看到其盘活资产、增加流动性的好处，却不吸取2008年美国金融海啸爆发的直接原因是次级贷款资产证券化的教训，不从国家安全高度权衡利弊，盲目自信，饮鸩止渴，从2014年开始信贷资产支持证券等产品又不断涌现。盲目仿效美国，长此以往将给我国金融、经济和社会造成巨大灾难。

我们应该意识到，在任何市场中，只要方向错了，就不要指望市场主体理性、克制，贪婪的本性将驱使他们无孔不入，无所不能。也不要指望监管，作为曾经的职业监管者我深知，任何号称固若金汤的监管大坝都会被贪婪的洪水冲垮。

这就是我不断提起2008年美国金融危机，反复强调要深刻认识这场危机深层根源的原因。

金融服务实体经济要求真务实

我在本书的多篇文章中反复强调，金融要服务实体经济。之所以如此强调，一是服务实体经济是金融的本原，是金融赖以生存的基础，否则金融将是无源之水、无本之木。金融自大，登峰造极，其结果必然是玉石俱焚。可是这个道理却并非深入人心、人皆领会。二是虽然历次全国金融工作会议明确提出金融要服务实体经济，党中央也有明确要求，金融界对此并无异议，似乎已成共识，但是今天的金融市场实践却是另一回事。金融服务实体经济仅仅是一面高高飘扬的旗帜，仅仅是一句口号，一些金融机构说一套，做一套，继续把主要资源投向金融交易，而不是融资服务。所谓的金融创新，一律冠之以"为实体经济服务"，实际上大多却集中于交易创新，着眼于投机套利而不是融资服务创新。

因此，在金融服务实体经济问题上，不仅要听其言，而且要观其行，注意研究金融政策的作用力方向，要注重国家服务实体经济战略与具体政策的吻合。金融服务实体经济，就是要坚持产业服务模式，重融资，轻交易。判断一项金融创新是否符合国家战略、符合金融本原的标准，就是看"服务谁，谁参与，谁获利"。金融政策的方向一定是要把服务实体经济落到实处，防范金融复杂化倾向，大力培育一级市场融资功能，规范二级市场建设，限制融资融券等杠杆交易，限制制造金融风险的金融衍生品交易和高频交易等。

今天中国金融市场交易化的现实提醒我们，必须高度重视金融服务实体经济问题，要求真务实，从政策传导方式、传导路径入手，把金融实实在在导入服务实体经济的轨道。

过去一些年，金融自由化在我国渐成气候，显性和非显性的危害在不断积累。

一方面，金融喧宾夺主，经济金融化已成现实，金融在经济中不恰当的占比越来越大。金融企业利润和实体企业利润此消彼长，金融企业缴纳的所得税总额已经超过整个工业部门的所得税贡献。放任金融自由发展会带来严重危害。一是金融自由放任沉迷交易套利虹吸了实体经济发展所需的宝贵资金。二是金融暴利的示范效应弱化了投资周期长、风险大、利润相对较低的实体经济投资，使全社会经济文化变得急功近利，不仅影响产业升级发展，从长期来看中国产业持续发展堪忧，有产业空心化之虞。三是金融从业者的高薪效应，将诱导中国最优秀的青年学子纷纷投身虚拟经济。长此以往，将严重影响中国的实体产业质量和科学技术水平。

另一方面，对金融自由化的潜在风险应该高度警惕。正如前边所说，金融自由化如新冠病毒，具有较长的潜伏期，隐蔽性和欺骗性很大，不可轻视，更不要饮鸩止渴。要高度重视西方金融发展史上的危机教训，要有敬畏之心，明白我们并无天然免疫力，要防患于未然。一是正确评估金融开放。吸引外资对我国经济发展十分重要和必要，但应该以吸引直接产业投资为主。对于金融投资，无论是外资在华设立金融机构，还是投资我国金融市场，首先应该弄清楚其在母国的作为。

如今以美国为代表的西方金融已经异化，不再以为实体产业提供融资中介服务为宗旨，他们早就看不上以前那点可怜的中介收入，而是热衷金融交易投机套利自我服务，并导致了自己国家产业空心化，金融、经济危机四伏。

这样的西方金融不远万里，来到中国，难道他们会像当年的白求恩一样，是为了帮助中国人民，是为了给中国实体产业提供融资服务？这些他们连在母国都不愿做的事情，能为中国做？毫无疑问，他们来中国是为投机套利而来，我们必须清醒认识。同时，我们也要高度警惕，防范他们带来的金融危机病毒。

二是对于金融衍生品等金融工具，不要抱有幻想，要听其言，观其行。说衍生品是对冲风险、平抑市场波幅的风险管理工具，在理论推导上似乎也能成立。但应该通过美国金融发展史、当代金融市场实证分析，看看究竟有无金融投资者因使用衍生品对冲风险而躲过劫难，看看英国巴林银行、美国长期资本管理公司、雷曼兄弟公司、贝尔斯登公司等由于衍生品交易导致的下场，也看看摩根大通银行这家在次贷危机中躲过初一却没有躲过十五，在"伦敦鲸"事件所遭受的重创。除了这些全球金融业的明星巨无霸之外，因衍生品翻船的金融投资者更是不胜枚举，包括一些企图通过衍生品交易规避经营风险的企业也是自寻烦恼，造成巨额亏损。中信泰富曾因 Accumulator（累计期权，是金融机构与投资者所订立的场外结构性产品合约）等衍生品交易面临数十亿、上百亿元的巨额亏损。香港国泰航空公司由于从 2014 年开始的四年期燃油对冲合约，巨亏 241 亿港元，几乎亏掉了自己十年的利润。2020 年，中国银行由于"原油宝"衍生品交易给自己和客户也造成了巨额亏损。事实胜于雄辩，衍生品实际就是金融机构投机套利的工具，非但不能对冲风险、管理风险，反而是在不断地制造风险、制造危机。

1984年就被邀参与华尔街金融产品和交易模型开发，并被认为引发了20世纪晚期两次最重大的金融危机的麻省理工经济学博士，理查德·布克斯塔伯，在他所著《金融的魔鬼》一书中深刻指出："我们试图改善金融市场的状态，却直接导致金融市场的结构性风险，而风险的源头正是我们通常认为的创新。我们采取了许多措施……增加了金融衍生工具的复杂性，因此不可避免地引发种种危机。复杂性下边潜伏着大灾难。"

因此，我们不能继续盲目崇拜美国金融，不管不顾地全盘照抄照搬了。否则，将会给经济、社会造成颠覆性灾难。

资本市场要建立社会主义价值观

社会主义的发展目的是为全体中国人民谋求最大利益，即社会利益最大化，不同于资本主义的资本利益最大化。社会主义的资本市场价值观就是为全体中国人民的整体利益、根本利益服务，为国家战略服务，为实体经济服务。具体而言，就是在资源配置过程中要向符合这种价值观的对象优先倾斜。

在资本主义的价值观体系和制度范畴之中，资本追求利润最大化天经地义。它们可以采取任何方式为谋利进行自我服务，不仅在二级市场大肆利用衍生工具和杠杆投机套利，洗劫中小投资者和制造危机，而且在一级市场也可以随心所欲按照自己的逐利标准选择上市企业，而不用考虑其是否有利于实体经济，是否有利于国民经济均衡持续发展，是否有利于民生福利，是否有利于生态环境，只要能够给它们带来超级利润就行。但是，中国的资本市场不能以美国金融资本的价值观为价值观，要将有限的市场资源用于为实体经济服务，而不是为资本逐利服务。因此，中国资本市场必须具备社会主义的价值观。

近些年，我国资本市场一些乱象顽疾之所以难以治理，不仅与市场本身透明度差、退市梗阻等有关，而且与资本市场在上市企业选择中缺乏正确价值观直接相关，使一些本不该进入资本市场的企业挤占了市场资源。因此，应该对资本市场进行供给侧改革，把好入口，在上市企业选择中旗帜鲜明地以服务实体经济为价值观，摈弃市值导向，限制非实体经济企业占用有限的上市资源。具体措施如下：

一是将有限的上市资源向制造业和制造服务业倾斜，新增 IPO（首次公开发行）要以此类企业为主。通过这种制度安排，一方面支持实体经济，另一方面形成一个良好的价值取向示范引导，吸引和鼓励更多的资源投入到中国制造之中。

二是为了更好地利用上市资源为实体经济服务，避免此消彼长、跑冒滴漏，应该限制金融企业上市融资并防止经济金融化，限制互联网平台、娱乐业、宗教名山胜地等相关企业上市融资。

三是禁止属于社会公共福利事业的教育、医疗服务行业企业上市融资。不能让资本无序扩张，染指人民群众的公共福利，以不当的市场化、资本化、利润化侵蚀人民群众的社会福利，把社会福利当作商业利润，破坏社会主义的宗旨原则。

唯此，具有社会主义价值观的资本市场才能政通人和、交易昌旺、资源配置效率效果双馨，从而真正担负起为中国社会主义市场经济提供融资服务、配置资源的重任。

让思考使中国金融人更深刻

早在 1938 年 9 月，在延安桥儿沟召开的党的六届六中全会从中国共产党的革命实践出发，第一次提出了"马克思主义的中国化"概念，即马列主义的基本原理需要与中国的历史和现实有机结合，不能照抄照搬，必须走出一条中国特色的道路来。

对于作为中国共产党理论基础的马克思主义，毛泽东同志在中国革命中尚且要将其理论中国化，遑论今天作为建设中国特色社会主义的"器"之资本市场，为什么还要亦步亦趋地模仿美国，不能走出一条中国道路来？"资本市场的中国化"需要我们思考，需要一场思想解放运动。

有一位四十多年前就随父亲来过中国，并在随后的几十年中多次与中国音乐界做过交流的美国音乐家大卫·斯特恩近期在与中国音乐家合作时感叹道："如果说二十年前这里的一切都希望向西方看齐，那么现在这里所发生的一切都只会在这里发生。"中国资本市场已经走过了三十年，面对中国音乐界同胞的思想升华与自信，不知道金融界的同人是否会感到羞愧，有所觉醒？

毛泽东同志提出："欲动天下者，当动天下之心。"[1] 简言之就是，处理天下事的前提是思考，凡事都应该三思而后行。如何思考？古希腊哲学家通常把思考看成存在于我自己与我之间的无声对话。美籍犹太裔政治思想家、哲学家汉娜·阿伦特说，思考防止我们简单化处理问题，防止我们重复老生常谈，防止我们做事落入窠臼。她认为，思考不是知识，而是一种能够区分对与错、美与丑的能力，希望思考能够带给人力量，从而当疾风骤雨来临时，尽可能地避免发生灾难。

我认为，思考之于人，特别是对于受过良好教育的金融界人士来说尤为重要，无论是监管者还是从业者，都应该有意识地培养自己的思考习

---

[1] 中共中央文献研究室，中共湖南省委《毛泽东早期文稿》编辑组. 毛泽东早期文稿 [M]. 长沙：湖南人民出版社，2008.

惯、思考方法、思考能力，使自己深刻起来。应该思考社会主义与资本主义的本质区别：社会主义，社会和社会利益至上；资本主义，资本和利润至上。同时，要思考如何在资本市场贯彻这种制度区别；思考资本市场的本职是服务实体经济，提供融资中介服务，而不是热衷金融交易、自营交易；思考金融利益与金融风险、国家安全的辩证关系；思考人生的价值，处理好利己与利人、谋生与奉献的关系，让自己活得更大气、达观，更有意义。我们特别是要用自己的脑子思考中国金融、中国资本市场的发展方向，而不是用资本主义的逻辑去搞市场交易。要分析评估，取其精华，去其糟粕，不忘初心，为我所用。

"位卑未敢忘忧国。"从资本市场的监管岗位上退休之后，我一直在关注中国金融与资本市场的发展，特别是资本市场的资源配置理念、方向、效率，金融安全与国家安全问题。结合自己参与市场创建以来几十年的市场监管实践经验，针对市场发展现状中存在的一些重大问题，我近些年做了一些思考研究。

我在本书所表达的观点并非今天中国金融与资本市场的主流观点，只是提供了另外一种视角以期达到兼听则明、和而不同之效，也许这就是本书的价值。

我深谙"不在其位，不谋其政"的道理，因此，不敢奢望自己的思考研究可以影响政策制定。但我希望自己的思考能为年青的金融界朋友打开一扇思想之窗，启发他们去做更多、更深刻的思考。中国资本市场的前途、中国的前途寄托在年青一代的理想抱负与思考之中，对此我充满信心。

祝福中国资本市场！祝福祖国！

2021 年 12 月

资本市场制度与政策选择

中国资本市场省思[①]

中国资本市场自 1990 年 12 月沪、深证券交易所开始交易至今已经走过了 22 年，成为一个拥有 2491 家上市公司、23 万亿元市值、1.7 亿户投资者和数以千计服务中介、为中国经济发展筹集资金规模达 51 900 多亿元的市场。在这 22 年里，它不断涌现出各类正规或非正规的现货与期货交易场所，是一个十分庞大且日益复杂的市场。客观地讲，中国资本市场成绩巨大，为我国的改革和发展起到了不可忽视的推动作用。

但是，中国资本市场的发展也不可能尽如人意，尚有一些遗憾，并且逐渐积累了一些风险隐患。就以资本市场的主体沪、深证券交易所来说，它们的筹融资功能特别是资源优化配置功能还无法满足中国经济对资本市场的要求；各类交易产品价格走势趋于非理性，如过山车般低层次循环往复。如果从 2007 年 10 月 16 日上证综指最高点 6124 点算起的话，沪深股市已经持续下跌将近 6 年之久，上证综指自 2011 年 4 月 19 日以来也一直徘徊在 3000 点以下，不仅不能承担为中国经济筹集资金、配置资源的重

[①] 本文刊载于《上海证券报》（2013 年 10 月 16 日）。

任，无法满足人民群众投资股市理财、分享经济增长成果的需要，而且严重打击了广大投资者的信心，影响资本市场持续健康发展。因此，我们非常有必要对市场的价值取向、思想方法、发展路径、政策导向、监管定位等做一番回顾与反思，理清思路，找准方向，继续前行。

问题缘由

一、价值取向惯性

反思中国资本市场的发展，应该追本溯源，从其起源说起。改革开放初期，我国国有企业改革经历了简政放权、承包租赁等不同探索。匈牙利经济学家亚诺什·科尔内在《短缺经济学》中指出，国有企业缺乏产权约束是问题的症结，财务预算约束软化导致其微观上效益低下和宏观上物料短缺。这使人们认识到，应该用股份制来改革国有企业，增强其产权约束和财务预算约束。因此，我国最初的资本市场定位十分明确，就是为国有企业股份制改革服务。虽然时至今日，我国资本市场发展到现阶段，为国企改革服务早已不再是主要任务，国有股份仅仅是我国资本市场享有普通公平权益的重要一员。然而，这种最初的价值取向却自觉不自觉地贯穿于资本市场发展的全过程，只不过已经由最初的为国企服务演变为今天的为多种有不同产权结构的发行人服务，即为融资方服务。从发行人到市场中介，再到监管者，他们在价值取向中或潜意识中都有一种思维定式，即注重融资者的利益，而忽视投资者的利益。

因为这种价值取向惯性的存在，我国政策制定和市场主体行为普遍倾向于围绕市场发展、市场规模、市场指数、上市公司数量和融资规模展开，但对中小投资者的利益保护关注不够，对损害中小投资者利益和破坏市场秩序的行为打击力度不够。

二、盲目模仿西方

我国资本市场是"舶来品",从初创期开始就以美国、中国香港等地资本市场为蓝本来设计构建,因为借鉴了它们的成功经验,我们走了捷径,在短短二十多年里取得高速发展,获益匪浅。

但是,我们对学习方法却需要反省。资本市场开创初期,我们简单模仿、照猫画虎,这是必经的一个历史阶段,是正常的,合理的。遗憾的是,我们对美国市场盲目崇拜、迷信,时至今日,仍言必称"希腊",对美国市场的模式、结构、方法、产品、工具在精神上顶礼膜拜,只知其然,不知其所以然,精华糟粕全盘接收,邯郸学步,亦步亦趋,还美其名曰"创新"。

在这种学习方法之下,我们在进行价值判断、选择取舍、方向确定、政策决定、策略制定和付诸行动时就会较少考虑中国国情背景、文化特性和市场特点。资本市场政策与行为就可能脱离中国市场实际需求,偏离其自身本原主旨,荒腔走板,误入歧路。我们可能会管中窥豹,关注微观技术层面多,但对微观技术和宏观目标的关系考虑不多;对资本市场哲学是什么,哲学和政策设计的关系是什么考虑不多;对当下和长远、局部和整体的关系考虑也不多。

三、"疯牛"贻害无穷

近年来,股市长期低迷,熊途漫漫,无法起到资源配置作用,无法满足投资者分享经济增长成果的愿望。这既与上市公司质量不高、市场关系扭曲、缺乏优胜劣汰机制等市场基本面有关系,也是上一轮疯狂牛市种下的恶果!

股票市场上所有的参与者都喜牛厌熊,这是天经地义的,再正常不过了。但是，我们要敬畏周期规律，要明白物极必反。股权分置改革实施后在2006年初见成效之后，长期悬在投资者头顶的那把担心发起人股份流通的达摩克利斯之剑被收起，长期压抑的股市投资者热情被释放，被低估的股价迅速填平，股市节节攀升的示范效应让市场内外都热血沸腾。上证综指从2005年6月6日的最低位998点开始启动，到2006年底仅一年半的时间就上涨到2675点，各市场参与者欣喜若狂，对未来充满憧憬，市场失去了理性。上证综指至5000多点时，市场上、媒体中"8000点""一万点""十年牛市"的"梦话"还不绝于世。投资者狂热，监管者不够清醒，未能采取及时适当的风险警示措施，未对主流媒体以必要的风险教育引导。当时我心急如焚，因为历史的经验告诉我，那些怀里揣着养老钱、看病钱、孩子学费甚至卖了房子做发财梦的人将在股市中损失惨重甚至血本无归！在这之后，被股市噩梦吓怕了的投资者将一朝被蛇咬，十年怕井绳，随之而来的必然是漫漫熊市。我们今天在熊市中咽下的苦酒就是2006—2007年疯狂牛市种下的苦果所酿。这个教训，希望我们永远不要忘记！

价值导向

中国的资本市场经过了20多年的发展，正走向成熟。一个人成熟的标志应该是理智清醒、思想深刻、目标明确、作风稳健、尊重规律，有所为，有所不为。资本市场也应如此，最重要的是要有明确的市场哲学，有坚定的价值观和科学的方法论，所有的制度模式、政策方针、发展方向、产品形式、交易方式都应符合既定的市场哲学。

说到哲学，不得不提到德国人，我对其深表敬意。德国有康德、黑格尔、马克思、恩格斯等伟大的哲学家，在经济学界还有基于德国哲学理念的弗莱堡学派，其同样值得我们敬重与学习。德国历史学派与对英美有深远影响的奥地利学派进行了百年论战，作为历史学派的继承者，弗莱堡学派坚持强调历史特性和文化特性的重要性，强调任何先进的理论均具有历史和文化的局限性，不可能放之四海而皆准，只有在特定的时间和空间之中，其理论与实际状况高度吻合时才是有效的和正确的。他们认为，任何情况下，适用性都比先进性重要，脱离时空特性和现实的"先进性"，就是南橘北枳，就是在制造"落后"。他们没有对"先进"顶礼膜拜，而是坚持自己的哲学理念与哲学追问，对新自由主义进行了扬弃，吸收其精华，并接受了马克思的社会主义共同富裕理念，在此基础上创造出了"社会市场经济"理论。这场百年论战实际是一场哲学论战，正是由于德国经济学家拥有哲学修养与定力，才创造出了持久指导德国的在古老欧洲与时俱进的"社会市场经济"理论。

可以说，处于改革与发展这一伟大过渡阶段的中国当前最需要的就是哲学。资本市场更需要哲学，应该学习德国人的理性、深刻，应该在资本市场的改革与发展过程中，明确目标，走适合自己的道路。

第一，坚定把握为实体经济发展配置资源的方向不偏离。现货市场和期货市场的所有机构和从业者都应明确知道市场的本原和社会功能，就是为实体经济发展配置资源。中国金融界应当秉持为市场投资者提供交易中介服务的代理人理念和身份自觉，坚持"产业服务模式"，抵制将金融服务异化为金融交易，做金融服务代理人，不做自我服务的委托人。我们在开展新业务、开发新产品、采用新的交易工具和采取新的交易方式时，应多问几个为什么，想一想，这是否符合资本市场哲学？符合市场的本原吗？是资本市场原本的职责吗？

第二，为广大投资者服务并注重中小投资者利益保护。应树立投资者利益至上理念，为投资者提供公平、透明、有效率的市场生态环境。在制度设计、产品属性、交易条件等方面充分考虑市场弱势群体即中小投资者的利益保护问题。

第三，维护市场秩序。对虚假陈述、财务造假、内部侵占、利益输送、内幕交易、市场操纵、利用内部信息谋利等行为零容忍，坚决打击。

第四，辩证处理各种市场关系。处理好规范与发展的关系，发行人与投资者的关系，上市与退市的关系，投资与投机的关系，收益与风险的关系，等等。

第五，辩证认识监管政策作用力方向。避免单向思维，主观想象。在制定政策时辩证思维，多方位论证，评估分析政策可能的作用力方向，防止政策违背初衷，事与愿违。发现问题，及时纠正。在研究单项改革或处理具体问题时一定要考虑对行业、市场甚至是对中国经济的宏观影响。要权衡轻重，评估利弊，处理好局部和整体、眼下和长远的关系。

职业心得

基于对市场哲学的理解和对我国资本市场实践的认识，我认为尚有若干方面需要反思。在这里，我仅就自己的理解着重从方法论角度谈谈对几个问题的心得和认识。

一、透明度

资本市场是一个非常公众化的市场，参与人众多，参与主体十分复杂，发行人、投资者、寻租者、职业投机者、中介机构、政府部门都在其中，各主体有不同的利益诉求，各行各业也都参与其中。因此，在这么一个异常庞杂的市场之中，必须找出一条联系各个方面、兼顾不同诉求、保证市场公平与效率的主线。别无选择，这条主线就是透明度。毫无疑问，

"透明度"这个词语在资本市场上并不陌生，但对透明度如何理解，重视程度、实现方式如何，都值得我们重新思考。

（一）透明度是判断上市公司优劣的最主要标准

一般而言，评价一家上市公司好坏的标准是盈利水平甚至股价水平，其实不然，我认为，评价一家上市公司好坏的标准不应该是业绩水平，而应该是透明度。因为一家上市公司的业绩水平除受自身运营影响外，还受宏观、行业、市场等多方面因素影响，不完全以人的意志为转移，公司业绩的优劣变化，上市、退市都是符合自然规律的。只要做到透明，让投资者能够知道公司的治理、研发、生产、销售、现金流等状况，不藏不掖，让投资者能及时了解公司真相的就是好公司。如果一个上市公司（一个资本市场）能够做到基本透明，那就可以说这是一个基本规范的公司（一个基本有效的市场）。因为只要保证透明度，投资者了解公司和市场的实际情况，就可以采取相应投资策略，决定是用"手"来投票，还是用"脚"来投票。从这个意义上讲，在资本市场上，透明度是第一位的。

（二）透明度是解决疑难杂症的良方

中国资本市场作为一个新兴市场，变化快，问题多，超出法律法规范围的新状况、新问题层出不穷，特别是一些影响中小投资者利益的上市公司治理非规范情况和涉及公众利益的交易市场新问题，在没有相应法律法规和规章政策的情况下如何在第一时间有效应对？我的看法是将透明度当作解决这些问题的一个篮子。对于涉及公众利益的问题以及因法律法规滞后监管者无可奈何的新问题，都可以往这个篮子里装，解决不了的问题就披露，让投资者掌握充分信息后自主判断。多年前深圳证监局曾针对上市公司大股东或实际控制人强制索取上市公司未公开信息，干预上市公司产、供、销、人、财、物等方面治理非规范情况，要求有关上市公司在年度报告中专项披露公司治理非规范情况，并创建了内幕信息知情人报备制度，有效遏制了公司治理的不规范问题，震慑了内幕交易，保护了广大中小投资者的利益。另外，针对有些上市公司的主要负责人长期居住海外、不能有效履行职务和部分独立董事不尽责的情况，要求公司在年度报告中对履职情况进行专项信息披露，用透明度解决问题。

（三）透明度是发行上市制度改革的重要选项

发行审核制度多年来一直是市场各方关注和证监会改革的重点。虽然不能指望任何一种发行审核制度能杜绝以次充好的劣等公司混入上市公司行列，但资本市场监管层仍应调整发展思路，提高市场透明度，为投资者进行价值判断、预估上市公司的未来创造条件。

我国现行的发行上市审核条件主要针对发行人已发生的存量业绩，毫无疑问这是必要的，不存在审不审的问题。但我们应该考虑到投资者买股票买的是公司的未来，过往的业绩虽能在一定程度上说明公司的盈利能力，但并不一定能代表公司的未来。况且一个公司的业绩取决于宏观、行业、市场、管理等方方面面的主客观因素，特别是现阶段公司发行上市的周期往往长达数年，业绩变化在所难免。

鉴于此，我们应该着重增量预期。一是应考虑给业绩条件一定的宽容度，或放宽过往年度限制，在标准的设置上应更多考虑公司的资产质量、资产与公司主营业务的关联、公司经营要素与公司未来的保障关联等，通过这些给一些具有成长前景的公司多一点儿机会，也减少一些业绩作弊的诱导因素。二是提高透明度，加大信息披露力度。应多为投资者提供一些有助于判断公司前景的信息，为投资者自主选择创造条件。例如，除要求公司披露公司的财务状况之外，还应尽可能详尽地披露公司的生产条件、生产过程、工艺方式、产品质量、销售市场、主要客户、环境保护、公司治理、公司文化，甚至公司管理团队成员和主要负责人的禀赋、性格、爱好、管理经验、价值取向等。增强公司的软性透明度，借此增加公司造假上市的难度。

因此，不难看出，透明度建设对中国资本市场而言非常重要，是资本市场的第一要义，是资本市场之纲。

那么，如何实现资本市场基本透明呢？

资本市场建立以来，证监会在市场透明度建设方面做了大量的工作，特别是制度建设方面卓有成效。有关发行上市申请及上市公司日常监管中涉及信息披露的法律、规章和交易所规则、指引大约有160件之多。其中，法律1部，规章1部，规范性文件15件，共计17件。交易所方面以深交所为例，有规则1部，指引8件，备忘录37项，共计46件。虽然不能说不完善，但市场的透明度仍不够理想。信息披露在及时性、准确性、完整性及深度方面都无法满足广大投资者的需求，甚至误导投资者的情况也时有发生。究其原因，有我前边所说对透明度的认识和信息披露手段不够充分的问题，但最重要的原因是市场相关主体的责任没有落实到位。

我认为，涉及市场透明度的有三大主体责任：发行人即上市公司的会计责任，注册会计师的审计责任，证监会、交易所的监管责任。如果在证监会的制度、政策引导和适当监管之下，发行人的会计责任和注册会计师的审计责任落实了，那么证监会、交易所的监管责任就到位了，市场的透明度也将大大提升。

因此，监管层应该转变监管思路，把信息披露的监管重点放在会计责任与审计责任的落实上。以提高市场存量透明度为例，就是要加强上市公司的财务会计基础建设，对注册会计师的审计工作开展审计监管。相比监管层过去被动地坐在办公室对报送来的申报材料进行审核和审阅定期报告来说，财务会计基础建设和审计监管对提高资本市场透明度和监管效率极具建设意义。

1. 财务会计基础建设。

在我国资本市场上，上市公司的财务会计基础普遍薄弱。特别是一些中小板、创业板公司因缺乏合格的会计专业人员，连最基本的做账、编制财务报表工作都要让给它们做审计的注册会计师代劳。显而易见，这样的上市公司因财务会计基础薄弱，是无法履行及时、准确、完整地披露上市公司最重要财务信息义务的。鉴于此，为保证上市公司信息披露质量，落实其信息披露的会计责任，首先应该开展加强上市公司财务会计基础建设工作。

根据深圳证监局的经验，加强财务会计基础建设首先需要对上市公司财务会计基础状况进行调查分析，结合日常监管发现的问题将财务会计基础常见问题归类整理，下发上市公司自查整改。重点推动上市公司从财务会计制度建设、专业人员配备、财务信息技术系统建设三个方面加强财务会计基础建设。在此基础上，还应进一步深化工作：一是推行上市公司重大会计差错责任追究制度，对于出现重大会计差错的，要求公司按照制度规定进行内部问责，防范一些公司故意利用会计差错调节操纵利润；二是加强对财务会计负责人的监管，要求公司建立财务负责人管理制度，明确财务负责人的任职资格和职责，将不尽责的财务负责人记入监管档案，对不称职的要求公司根据制度规定予以更换。可以肯定，上市公司的财务会计基础改善了，信息披露的质量才有保障。

2. 审计监管。

如前所述，资本市场透明度不够，上市公司披露信息质量不高，除因上市公司财务会计基础薄弱之外，另一重要的原因是注册会计师的审计工作质量不尽如人意。市场上一些注册会计师重利轻义，未能恪尽职守、勤勉尽责，未遵从审计准则执业，有些竟然帮委托人弄虚作假，导致审计报告缺乏公信力，出现会计师"点钞"、证监会"核数"的责任错位的奇怪现象。因此，证监会应该调整监管思路，划清责任边界，将对上市公司等监管对象的直接监管改为通过对注册会计师等中介机构执业活动的监管来实现对上市公司等的间接监管，借以达到事半功倍的监管效果，改变信息披露质量不佳的被动局面。

在具体实施策略上，证监会特别是各派出机构应该在每年1—4月年报披露的"农忙季节"里统筹调动全机构主要力量（特别是会计专业干部）对注册会计师的审计工作开展审计监管活动，监督检查其执业过程是否按照审计准则勤勉尽责，对于一些重点项目还应全方位、全过程同步跟进，重点关注审计计划、人员配置、审计底稿、审计程序执行。在审计监管过程中应注意责任边界，不越位，不越权，对未按审计准则执行审计程序的只说"不"，对审计过程和审计意见不说"是"，坚决不"背书"。即使审计项目经过了审计监管，对其审计报告亦应保留事后审阅问责权。

目前，为提高注册会计师的审计质量，证监会的主要工作方式是对执业会计师事务所开展现场检查。虽然这种方式有一定的积极意义，但检查仅限于事务所治理、业务制度和一些项目事后的工作底稿，缺乏审计项目环境背景比对参照，发现问题困难。即使发现问题亡羊补牢，也不如现场及时纠错以有效保护投资者利益。建议改变策略，开展审计监管。

二、市场秩序

对资本市场而言，在透明度之后最重要的就是市场秩序。良好的市场秩序意味着投资者特别是中小投资者的利益有较可靠的保障，市场各类参与主体各得其所，抑恶扬善的市场伦理基本均衡，投资者风险和系统性风险基本可控。

我国资本市场建立以来，市场秩序建设有一个不断改善的过程，在这个过程之中监管者和从业者都发挥了积极的作用。客观地讲，今天的市场秩序不仅比市场成立初期有长足的进步，比十年前也好了很多。但是，市场秩序与广大投资者的期望，与市场资源配置的客观要求还相去甚远，造假上市、内幕交易、操纵市场等乱象还屡屡出现，不断干扰正常的市场秩序。

造成这些现象的原因是多方面的。一是如前文所说的价值取向思维定式，重发展、轻秩序，重融资者利益、轻投资者利益，有时竟出现怕监管执法打击市场股指、影响市场发展的荒唐理念。

二是行政执法力量配置不均衡。证监会多年来对行政执法队伍建设不断加强，增配了大量人员，但在稽查和审理上力量配置不均衡，审理和处罚成为行政执法瓶颈。

三是司法支持不够。一方面，涉及资本市场的民事诉讼要以证监会的行政处罚为前置条件，使大量正当合法的民事案件诉讼无门，投资者的合法权益得不到法律应予的保护。另一方面，因法律和执法体制等原因刑事移送困难，使一些本应受刑事处罚的案件当事人并没有被追究刑事责任。

因此，我们应该转变观念，处理好发展与秩序的关系，理顺执法体制，行政、民事、刑事执法相互配合，坚决打击证券、期货市场违法犯罪，保护广大投资者利益，维护市场秩序。

在打击违法犯罪问题上，一方面，我们应严肃执法，秉公执法，对所有违法违规者绝不姑息、纵容，依法给予应有处理；另一方面，对一些危害性大、性质严重的案件要重点查办，坚决打击。例如，对市场操纵、内幕交易、"老鼠仓"、大股东（实际控制人）或管理层侵占资产、利用虚假信息上市等类案件，就应重点打击。

在资本市场上的所有案件类型中，我认为，危害最大的就是利用虚假信息上市。这类案件实质是欺诈，不仅损害广大投资者的利益、破坏市场秩序，而且让资本市场充斥"假货"，严重妨害市场资源优化配置，严重影响投资者信心。因此，此类案件应该是资本市场第一打击重点。遗憾的是，我们过去对这类案件的防范、打击不够重视。这是因为：一是受制于发行上市的合规性审查局限，没有将监管上溯至对制作发行上市申报材料的注册会计师进行审计监管，未对投行保荐人进行执业监管（可开展投行保荐业务专项治理），导致新上市公司鱼龙混杂，良莠不齐。二是鲜有财务信息造假者被判刑事处罚。虽然《刑法》第一百六十一条有对提供虚假财务报告、不依法披露信息的有关责任人处以三年以下有期徒刑的规定，但在万福生科案之前，鲜有被处刑罚的。财务造假没有受到严刑震慑是屡禁不绝的重要原因。

鉴于财务造假严重损害广大投资者利益，其危害性远远大于内幕交易，我建议不仅要严格执行《刑法》现有规定，而且应该修改第一百六十一条的量刑规定，至少与内幕交易处五年以上十年以下有期徒刑的规定等同。唯此严厉打击，方可震慑财务造假，使造假者望而却步。

只有严格执法，市场上的产品供给品质才能得到保证，正常的交易秩序才能建立和维持，广大投资者利益才有保障。

三、资源配置

资源配置是资本市场存在的基本理由和基本功能，是我们任何时候都不可偏离的主旨。因此，在资本市场上，所有的制度、政策、产品和交易都要为实体经济服务，为优化资源配置服务。

资本市场的一、二级市场都承担着资源优化配置的重任。一级市场承担的是增量资源配置任务，着眼点是筛选上市企业，为资本市场提供优质产品，防止不良企业混入市场。主要方式是证监会监督注册会计师和保荐人勤勉尽责，与其一道把好上市公司的入门关。

二级市场承担的是存量资源配置任务，是资本市场资源配置、优胜劣汰的主战场，事关资本市场的质量、活力与效率。我国资本市场建立之后，起初由于担心国有资产流失，之后又担心发起股份流通冲击市场，致使发起人股份不能流通交易，市场资源配置功能大打折扣。股权分置改革意义重大，它使市场的资源配置有了前提，资源可以流动了，但并未毕其功于一役。资源流动并不代表流向自然正确，要使资本市场资源配置优化，必须解决资源流向问题。而要解决流向问题包括解决当今资本市场的种种乱象，就必须解决绩差公司重组泛滥和退市问题。

资产重组是资本市场配置资源的重要方式，我们应该支持鼓励。但是应该明确，我们鼓励支持的是那些为了优化产业结构和产品结构、优化产业链、提高规模经济的资源整合型的资产重组，对于那些已经失去了盈利能力的绩差公司为了"保牌"而"借壳"的资产置换式重组，我们应该坚决反对。

绩差公司的"借壳"重组，危害巨大。一是破坏资本市场优化资源配置功能，绩差公司在存续期间和重组过程中都大量挤占市场稀缺资源，妨害资本市场支持实体经济发展功能的发挥。二是严重破坏公司治理、市场治理，影响上市公司质量，扰乱资本市场秩序。在上市公司内部引发披露虚假信息、利润造假、关联交易；在市场上引发大量内幕交易、市场操纵，使广大中小投资者的利益受到极大损害。三是毒害市场文化。市场上屡屡出现咸鱼翻身式的绩差公司"成功"重组的案例，必然诱导更多的投资者追逐 ST（退市风险警示）股票，赌公司会重组，使投机之风甚嚣尘上，让所有有关投资者教育的努力付诸东流。

应该说，有一些年份，我国资本市场资源配置功能发挥不佳、市场秩序混乱，让许多投资者失望，其中一个非常重要的原因就是绩差公司重组泛滥，大批失去盈利能力、资产为负的公司不能退市。

通过多年的努力，在绩差公司的重组与退市问题上目前已逐渐达成较积极的共识，退市制度已经形成，限制绩差公司重组方案也有望出台，曙光初现。在这个问题上，我仍然希望：一是要坚守资本市场的公平原则，进入这个市场无论走哪个门，门槛的高度必须一致。绩差公司"借壳"重组条件应该和 IPO 条件"等同"，不要将非经营损益入账给利润操纵留下空间；也不要以任何理由、任何形式变相帮助绩差公司重组，为绩差公司解困，帮助绩差公司重组，让劣币驱逐良币，使 ST 公司"借壳"重组重新在二级市场活跃起来。二是为恢复资本市场优胜劣汰功能，应坚定地实施退市制度并进一步改进退市制度，将追溯调整导致三年亏损、存在包括财务造假的严重违法行为列入退市条件。这样的釜底抽薪可以让造假者无利可图，对造假者形成威慑，有效减少财务造假和造假上市。

最后，有必要深刻反省为什么绩差公司重组能够在资本市场泛滥肆虐十几年而通行无阻。我认为，出现这一奇怪现象的主要原因是缺乏辩证思维。在对待绩差公司重组与是否要退市问题上，不仅有些地方政府目光短浅，思维狭隘，把绩差公司重组视作政绩，而且在监管系统内部对这一问题的认识和着力方向也莫衷一是。究其原因，是没有辩证认识投资者利益以及资源优化配置、市场秩序、市场文化等诸多方面的重大影响，混淆了小众和大众、局部和整体、当今和长远的辩证关系。正因为出现了这种缺乏价值判断、分不清矛盾主次、不理解政策方向的错误认识，让资本市场混乱多年而我们却浑然不知。这个教训是深刻的，我们任何时候做任何政策选择，都应谨记要辩证评估分析政策的作用力方向！理性判定政策，守护优化资源配置的航向。

四、认识创新

2012 年 1 月召开的全国金融工作会议对中国金融业提出了两大要求：一是为实体经济服务，二是创新。应该说这两大要求都很重要。遗憾的是，会议并没有在两者间架起一座桥梁，未指明金融创新为实体经济服务的路径。结果是会后很长时间内，金融为实体经济服务成了一面高高飘扬的旗帜，但却没有插在实体经济的大地上。所有的"创新"都在自己的篇章页上写上一句"为实体经济服务"的口号，然后实际该干什么就又干什么去了。

我认为，我们不要事事都打上为实体经济服务的旗号。为实体经济服务，我们就旗帜鲜明地把服务路径、服务方式、产品于实体经济的作用说清弄明。不是为实体经济服务，就讲清楚产品功能，是为了创造流动性、对冲风险，还是为了交易套利，等等。不要混淆视听，功能讲解需方便宏观决策者了解真实情况。如果这样，或许还能够间接帮助到对大家都非同小可的实体经济。

金融为实体经济服务是我们每一个金融从业者必须清醒认识的价值取向，是我们必须坚持的道路方向，它事关国运、事关每个国人包括金融从业者的根本利益。因此，在创新问题上我们必须有清醒的认识和清晰的方向。

创新，对于实体经济来说是一个永恒的主题，是一个永不间断的过程。随着科学技术的不断进步和与之相应的人类需求的不断变化，科学可能不断促进物质演化出新形态，技术可能不断组合催生新的产品与服务，市场又有有待发现与挖掘的丰富且巨大的潜在需求，这些都会激励实体产业在研发、生产、市场等方面不断加大投入、持续创新。随着以互联网技术与可再生能源相结合为特征的第三次工业革命的到来，产业创新必将面临更广阔的空间和更多的机会。

现代意义上的金融最初主要是服务航海贸易的，工业革命为金融发展创造了更大的空间，从此开始了银行资本和工业资本、产业资本相结合并为它们服务的时期，在这期间，金融业大量创新的金融产品和交易方式与工业、贸易、交通等实体经济相得益彰，互相促进，金融业进入一个全盛时期并持续至20世纪70年代。金融业创新在此时原本应该打住，因为金融服务在这个阶段已经具备了服务未来的所有条件。正如美国里根和老布什两任政府时期的高级官员布鲁斯·巴特利特引用实证研究时所说，金融体系的深化（创新）只是在经济发展的初期是有效的（对实体经济而言）。今天以美国为首的西方金融已经异化，误入歧途，他们打着"创新"的幌子，从服务代理人摇身一变成为自我服务的委托人。

因此，中国的金融发展一定不要有原教旨迷思，要破除仰视美国现代金融迷信，不能盲目模仿。中国的金融发展到今天，如果还要"创新"，也不要"抄美"，应该另辟蹊径，走一条适合中国的金融创新之路。也就是说，中国的金融创新应该坚决按照为实体经济优化资源配置的价值取向一步一个脚印地往前走。对所有的创新项目、创新产品都应该用服务实体经济的标准去评估、衡量、检验，要实实在在地把资金、资源引导配置到技术先进、效益良好、前景乐观、符合国家经济转型和结构调整战略的企业中去。

事实上，近年来我国金融业的有些创新已经开始误入歧途，一些金融机构特别是银行借创新之名，钻体制、政策、监管的空子，放大杠杆，利用自己占有体制内低利率资金的优势，从其他市场套取高利，致使投资者风险错配，资金在金融和实体经济之间错配，在有政府背景的低效实体部门与高效市场实体之间错配，导致金融与实体经济之间的鸿沟加大。

我国资本市场上也出现了一些创新乱象。

一是金融衍生品市场方兴未艾。美国的衍生品市场是以风险管理之名堂而皇之进入资本市场的，美其名曰：对冲风险、平抑市场。但无论是从微观还是宏观层面来看，美国的市场实证经验都告诉我们，这是不靠谱的。对冲实际是对赌、套利，赌无异于玩火，要么是焚毁百年老店或遭受重创，要么是引发金融危机祸害全球。美国因其实行新自由主义和现有的政治法律制度是不可能回头的，我们的金融市场走什么道路，还是应三思而后行。

二是盲目创新。这轮自上而下的创新活动给人的印象是不仅和实体经济几无关系，而且各种准备特别是风险控制准备也不足。除各种类型资产管理业务在全行业全面开展之外，衍生品交易、融资融券、混业通道业务、量化交易、高频交易等纷纷登场。据一些市场机构反映，大多创新项目因赶时间上报，不仅一些业务部门准备、把握不充分，二线风控部门更是没时间认识消化，风控把关无从谈起，风险隐患让人担忧。

从光大证券乌龙指事件来看，说明中国资本市场其实还很脆弱，是经不起"创新"折腾的。大家其实也都知道，早在2010年5月6日，纽约交易所突然崩盘，标准普尔500指数在20分钟内狂跌6.2%，造成账面损失8620亿美元，这场让所有的市场老江湖瞠目结舌的闪电崩盘大概就是高频交易惹的祸。时至今日，对这场闪电崩盘的分析还没有确切结论，美国证监会还在对高频交易继续跟踪研究。可在中国的资本市场上，这种交易却以"创新"之名悄然兴起。实际上，这种方式的交易是一种破坏资源配置的投机交易，而且利用技术优势破坏市场交易公平原则，对中小投资者极不公平。

市场中充斥这种不辨菽麦、不知就里的"创新"热情，让人不寒而栗。我们可以不深刻，但最起码应该清醒，可我们连清醒也不够。

在创新问题上，我们是有值得反省的教训的。股权分置改革之初，为了配合股改，市场推出了一种"认沽权证"，本来这种认沽权证很有意义，相当于大股东给流通股东开了一张保单。如果因大股东的股份流通使股价下跌，那么大股东按约定的价格认沽，流通股东可以把股票卖给大股东。本来事情到此为止就可以了，可没想到还要"创新"，将认沽权证上市流通。大家都知道，股权分置改革明朗之后，长期因此而压抑的股市必定进入一个全面上涨的牛市，而牛市里认沽权证是废纸一张，可我们就是把这么一张废纸上市交易，蒙哄小股民，炒得如火如荼，还火上浇油，大量创设。结果是大炒家赚得盆满钵满，交易所和证券商也数百亿落袋，小股民损失惨重，甚至血本无归，引发了持续数年的上访潮。因此，在创新问题上，我们一定要有自己的原则，要多问几个为什么，不要随波逐流，赶时髦，赚不该赚的钱，误入歧途。

2013年8月光大证券乌龙指事件我认为也就是一次茶杯里的风波，仅仅是一场小儿科式的预演，如果仅仅从风险控制等技术层面去亡羊补牢应对这种问题，而不是停一停、想一想，反思资本市场的发展方向，那么必将极大加剧资本市场风险。

五、内控建设

李嘉诚先生在做重要投资之前首要考虑的就是"短板"，分析问题会出在哪里。当今，中国的资本市场已经日趋复杂，而且会越来越复杂。因为资本市场缺乏哲学自觉，各种"创新"大有势在必行之势。因此，必须高度关注市场主体的内控建设，寄望筑起内控城墙，抵御经营风险和系统性风险。

当然，内控首先是坚守价值取向，有所为，有所不为，其次才是控制风险。价值取向我们已谈了很多，在此我们谈谈技术层面的内控。

内控监督是现代企业特别是金融机构制度建设中尤为重要的有机组成部分，对企业的经营优化、秩序保障、风险防控、持续发展都至关重要。近些年来，中国资本市场的各类机构都按照监管要求和自身的结构要求，建立了内控监督系统，并在市场运营过程中发挥了一定的监督保障作用，但程度不等，参差不齐。

部分具有较高自觉意识的优秀企业，比较重视内控建设和内控管理，内控监督在经营运作过程中发挥了积极的作用。但相当一部分机构认识不到内控的重要性，仅仅把内控作为应付监管要求的形式。总体来看，内控监督建设不容乐观，主要问题包括以下五点：

第一，对内控监督系统建设缺乏清醒的认识，认识不到内控监督不仅是公司安全的保障，还是公司的核心竞争力。敷衍应付，搞形式主义，摆花架子，使公司风险隐患不断增加。

第二，内控部门力量配置薄弱。首先，人员配备不足，我国资本市场各类经营机构的风险、稽核、合规等内控部门人员仅占公司全员的0.7%~1%，而国际投行的此类人员配备比例是3%~8%；其次，人员薪酬较一线业务部门过低，很难吸引优秀人才；再次，内控部门缺乏独立性、话语权，缺乏获取业务信息的制度性渠道，缺乏控制监督权威和必要的否决权，没有胜任内控监督的保障条件。

第三，内控监督制度不仅粗放，缺乏操作性，而且形同虚设，没有人把内控当回事。一是在诸如投行上市保荐这样的重要业务中缺乏内控监督，相当一部分证券公司的投行业务是粗放经营，只顾承揽不管质量，一切以通过发审会为标准已成为行业潜规则，严重地影响了上市公司质量，妨害了资本市场优化资源配置功能的发挥。这充分反映出一些金融机构重业务轻内控监督、重利润轻风险防范的状况。二是对一些比较复杂、风险较高的新业务缺乏风险论证和评估，没有建立对风险、定价等进行审核的相应制度，更缺乏风险业务过程风控机制。各机构对新业务、新产品的风险水平，投资者的风险承受力，公司的风险管理能力与运作保障能力考虑不多。

第四，在员工行为管理、内幕交易防控、利益冲突防范等合规管理上普遍不够重视，风险敞口较大。

第五，内控信息技术系统不健全。随着新业务不断发展，原本就不健全的内控信息技术系统的问题就更加严重。与之配套的内控信息技术系统的开发远远滞后于优先考虑的新业务、新产品的信息系统开发，这必将带来更大的风险隐患。

因此，必须高度重视内控监督建设。内控监督之所以普遍薄弱，最重要的还是我国基本没有经历过金融危机的直接冲击，还没有切肤之痛，不知道金融危机的可怕，还不真正明白内控监督是金融机构的生命线。然而，我国金融业的内外环境已经发生了很大变化，不仅市场结构越来越复杂，风险因素也在不断积累。不管是否愿意，我们必须做好应对金融风暴的准备，必须做最坏的打算，尽早筑起防范金融风险的大坝。2011年日本地震海啸中福岛核电站核泄漏引发灾难的故事，极具警示意义。滨海而建的福岛核电站为了防备海啸建有防波堤，而且是根据智利大地震海啸浪高4~5米的历史数据，建了一个高达6米的防波堤，所以理论上不能说他们没有前瞻性，不能说他们对海啸的防备不充分。然而，万万想不到的是，这次冲击福岛的海浪竟然高达38.9米！所以说，在防范金融海啸问题上我们怎么重视都不为过！一定要筑牢内控堤坝，尽可能加厚、加高。

人从本性上对利益比较敏感，对风险则比较麻木。让其追求利润用不着动员监督，但是让其防范风险、投资内控建设恐怕还得监管者出马动员，加强监管。鉴于当前我们所处的经济、金融环境和面临的汹涌澎湃的市场潮流，我认为证监会的当务之急应是在全行业开展一场内控专项治理活动，筑好堤坝，夯实基础，解决后顾之忧再轻装上阵，谈发展。

六、监管者的独立性

资本市场是由投资者、融资者、金融机构等市场主体和政府监管者构成的。他们目的不同，使命各异。市场主体在整个市场架构中扮演的角色是效率的提供者，其主要目标是利润最大化，为利而来，为利而往；监管者在市场的角色是秩序的提供者，关注透明与否、公平与否，以及维护广大中小投资者的合法权益。市场对监管者的基本要求是独立、专业、公平。其中，独立尤为重要，独立性是监管者履行职责的必备条件。

独立，首先是思想的独立。监管者应该基于对自己职责的理解与判断，独立思考，乾坤自定，确定自己的价值取向、政策目标、策略路径、行为方式，自信执着，义无反顾地将自己的思想付诸实践。其次是行事独立。监管者应该从国家利益、投资者利益、融资者利益和市场大局出发不受干扰地独立行事。一是既不要简单定位于为国企或某方面利益主体服务，也不要受制于某些临时政策干扰市场规则，破坏市场底线。应该一切遵从市场规律，坚持专业判断，依法监管。二是一切工作要从投资者的基本利益、整体利益、长远利益出发，既要保持高度的市场敏锐，又不要被眼下的一时一事遮眼蔽目，不要过度关注指数涨跌、市场潮起潮落。在发布政策、回应市场、实施监管过程中不搞机会主义，取悦投资者、取悦市场，应调整监管方向，调节监管宽严力度。要坚守监管原则，遵从专业判断，不违反法理精神，不破坏市场价值导向，真正为投资者负责，为市场负责。

近些年来，中国资本市场的监管者在市场的成长过程中不断探索市场规律，总结监管经验，与市场一起成长，随市场逐渐成熟。我认为，监管者要保持独立性，一定要注重培育并形成自己的监管理念，把握监管方向，把自己培养成为一个目光远大、思想深刻、敢于担当、品位不俗的监管者。监管者应该确定监管的价值目标、政策取向、工作重点、监管方式、策略方式和责任边界，有所为，有所不为。

在资本市场中，监管者的价值目标应该是建立一个优化资源配置的有效市场，坚持服务实体经济不动摇。

监管者的政策取向是：保护广大中小投资者的合法权益，维护市场秩序，促进提高市场效率。

监管者的工作重点是：积极且不遗余力地推动市场透明度建设，坚决打击发布虚假信息的行为；严惩造假上市、市场操纵、市场欺诈、内幕交易、"老鼠仓"、利益输送和上市公司大股东、实际控制人或管理层资产侵占行为。

监管者的监管方式是：像警察进行路面盘查一样，深入监管对象，把主要精力用在现场检查上，了解一线情况和风险动向，有针对性地开展监管工作。

监管者的策略方式是：注重自律组织建设，不断强化交易所、协会等自律监管；健全公司治理结构，培养公司治理文化；培育诚信文化，打击失信行为；引导、监督金融机构建立针对公司业务性质、方式、特点和风险状况的有效内控监督体系；调整监管思路，加强中介机构执业监管，开展审计监管等工作，改善中介机构的执业质量，借以实现事半功倍的监管效率，提高市场透明度。

监管者的责任边界是：坚决遵守法律法规和遵循法律精神实施监管；坚守防范系统性风险底线；不干预市场主体经营管理方式，不越俎代庖，不代替企业确定业务方向、决定产品形式，不干扰业务创新；不过分关注市场指数，不干预市场行情，不调控市场指数，不以指数为己任。

任何时候我们都应该清醒，监管者不是先知先觉的圣贤，即使最优秀的监管者，也会比市场慢半拍。监管者的市场感觉不可能比市场主体更敏锐，不会更了解实体经济对金融服务的要求，也不会更了解市场业务规律、业务方式、产品特性和市场需求的适配性。监管者的优势是不为利益所动，比较理性，因此，其任务是理解市场、尊重市场、维护市场秩序、约束市场的利益冲动，一旦市场出轨，就用法律之剑把它送回轨道。这就是监管者存在的合理性，也是监管者独立性之使然。

中国正处在实现中华民族伟大复兴之路上，还处在经济转型、结构调整的关键时期！我们的资本市场是这复兴大业中重要的一环，历史要求我们建立自己的市场哲学，理清发展思路，确定政策方向，运用恰当有效的策略去实现我们的目标。我们要以平常、务实的心态建设一个透明、公平、有序、简单而有效的资本市场，这就足以承担起为祖国优化资源配置、为投资者管理财富的伟大使命。

政策的作用力方向与国家战略[①]

国家战略系国家整体利益、长远利益、根本利益关键之所在，关系国家的政治、经济、社会发展方向和国家安全，亦是关系全体人民福祉安危的国之根本。国家战略必须依靠方向正确、合理有效的政策来贯彻落实，通过正确的政策可组织、动员、调动、引导全社会资源服务国家战略，确保国家战略目标顺利实现。因此，国家战略能否顺利实现，政策的选择是否正确就成了关键。政策选择正确，可以引导我们实现国家战略；政策选择错误，政策方向发生偏差，轻则偏离国家战略，重则与国家战略相左。

当今我国在经济领域的国家战略已比较明晰，即发展实体经济、调整经济结构、促进产业升级增效。毫无疑问，发展实体经济等不仅已成共识，而且也成为制定各种经济、金融政策的"出发点"。但遗憾的是，政策层面鲜有对政策作用力方向和传导路径、环节、过程的评估与反思；市场层面常常出现高举为实体经济服务大旗，我行我素，自我服务的情形。

[①] 本文刊载于《上海证券报》（2015年5月29日）。

眼见政策与实践和国家战略渐行渐远，不仅国家战略难以落实，而且还会出现与国家战略相悖，损害国家利益、危害国家安全的状况。因此，我们必须清醒、理性地关注政策特别是金融政策与国家战略的关系，冷静评估和及时调整政策方向，使其为实现国家战略服务。

另轨循环的金融市场

众所周知，当前我国资金规模畸高，银行存款高达 120 万亿元，相当于 GDP（国内生产总值）的两倍。一方面，这种水平已处于世界最高位，另一方面，货币资产和实体经济总量的差距倍数还在继续扩大，已经到了影响人民币市场信心和金融市场稳定的境地。尽管如此，做实体经济的企业依然面临融资难、融资成本居高不下的困境。究竟何故？虽然这里有金融市场机制扭曲、功能有缺陷等原因，但最根本的原因是对金融的认识和定位问题。

一、金融在"创新"风险

金融是什么？金融是服务业，其职责是为实体经济的借贷双方和买卖双方提供信用交易中介服务，为客户提供理财代理服务，总的来说，是为实体经济配置资源提供服务，它在整个经济循环系统之中处于从属地位。离开实体经济，它就是无源之水、无本之木。脱离了为实体经济服务的轨道，它就会失速、翻车！

美国 2008 年金融危机就是以虚拟经济替代实体经济产生的恶果。对欧美充满兴趣的国人特别是金融业同人对于这场危机技术层面的起因、过程和结果应该说是耳熟能详，但是这场爆发于美国、波及全球的金融风暴过后我国金融市场的走向却让人担忧。

2008年后，在被高高举起的金融为实体经济服务的旗帜之下，我国金融市场发展迅猛，一方面，快速扩张，规模剧增；另一方面，对美国金融危机教训视而不见的金融"创新"纷纷亮相。具体表现包括：一是直接导致美国金融海啸的信贷资产证券化业务加速发展，2014年底已达到3300亿元，在政策的推动下2015年将突破5000亿元。二是种类繁杂、五花八门的高息理财产品空前繁荣。三是融资融券（主要是融资）业务开展得如火如荼，证券商赚得盆满钵满。四是金融衍生品市场发展受到鼓励，股指期货、股票期权交易不断推出。五是业内衍生品交易热情不断高涨，风险偏好不断提高。例如，在发展衍生品市场的风险评估这一问题上，原来业内很多人认为美国之所以爆发系统性风险，主要原因就是场外交易，而场内交易风险相对较小，我国应该发展场内衍生品交易。现如今，随着"衍生品热"的持续，场外衍生品交易也将不再被视为禁忌，期货界正在热议通过子公司规避监管开展场外期权交易，也有个别证券公司在尝试场外衍生品交易。事实将证明，打开的潘多拉盒子是捂不住的，有场内就一定会有场外，在逐利恶魔冲击下，不要指望理性，不要指望量的控制和度的把握。凡此种种，不一而足。

以上种种金融"创新"的理由从表面来看都十分充分，立足于两点：一是深化金融体制改革，完善市场体系建设。一些人认为，中国的金融市场太简单，太原始，还是一个缺乏杠杆的现货市场，因此应该向西方看齐，使其复杂化。二是完善风险管理工具，对冲投资风险，减少市场波动。

事实上，这些理由都是无法成立的。如前所述，金融机构是经济体系中的服务中介，是为实体经济配置资源的代理人，最重要的是为经济活动提供简单便捷、低成本、高效率的金融服务，而不是舍简求繁，把金融市场复杂化。复杂并不是金融市场发达程度的标志，简捷倒应是金融市场的哲学。美国华尔街的实践表明，金融复杂化的赢家是金融业本身，输家是实体经济。当然，这种畸形发展的金融产业不会有最后的赢家，覆巢之下，焉有完卵。

人们一般都认为，金融衍生品是风险管理的工具，其实并非如此。一是市场实践中从来都鲜见有谁使用衍生工具对冲了风险而躲过了灾难，倒是不断有西方金融百年老店要么因衍生品交易被断送要么被重创的噩耗传来。二是自20世纪80年代衍生工具不断涌现、不断复杂化以来，尽管随着科技和服务等非周期性行业在经济结构中权重的增加，以及货币政策和财政政策的改善，使得来自实体经济的风险越来越小，但金融危机却屡屡爆发，而且频率和烈度越来越高。究其原因，原来这些危机爆发无一例外都可以在衍生品交易和金融市场本身日益复杂的结构中找到根源。我们今天十分热衷的金融"创新"，正如一位长期在华尔街从事金融衍生品开发和交易模型设计的分析师理查德·布克斯塔伯所说："风险的源头正是我们通常认为的创新。"

事实上，金融衍生工具从来都不是用来避险的，而是用来制造市场波动投机套利的。资本市场人士最爱价格波动，没有波动就没有金融投资的高额利润，衍生品正是他们在波动中谋求高额利润的对赌工具而不是对冲风险的工具。因此，希望业内同人，特别是监管当局和政策制定者能够保持清醒的头脑，透过现象洞察本质，拒绝复杂市场结构，抵制看起来时髦但我们却不明就里、不知深浅、不懂利害的衍生品的诱惑，让金融回归本原，远离金融风险，为实体经济服务。

近年来，我已在多篇文章中反复论述了所谓金融"创新"和资本账户开放对金融安全、经济安全特别是国家安全造成的巨大危害。在本文中我想换个角度，分析当下轰轰烈烈的金融无序发展和创新是否与实体经济有关，对实体经济的资源配置有益还是有害。

二、金融在妨害实体经济发展

金融是近代以来经济系统中不可或缺的中介，也是实体经济须臾不可离开的供血系统。但是越雷池一步，天使就会变成恶魔。金融服务实体经济需要适度的规模，要讲究规模经济；金融服务实体经济要选择适当的业务方式，要坚守代理人职责，坚持为客户提供信用交易中介服务。否则，夸张的规模、炫目的衍生品、贪婪的自营和杠杆交易就一定会导致金融异化，与其服务实体经济的本原背道而驰，使金融成为经济系统中的吸血乌贼。

以 2014 年为例，金融机构贡献的所得税竟然和制造业所得税相当。出现这种现象，表明我国经济结构已经出现严重扭曲，金融投资收益与实业投资收益倒挂，颠覆了实业净资产收益率两三倍于金融投资收益率的基本规律，这是需要我们高度警惕、亟待纠正的严重问题。

毫无疑义，实体经济是国之根本，对于大国来说更是如此。因此，首先应该将资源优化配置给实体经济，保证金融占有的资源与金融在经济体系中的地位相匹配。金融作为服务实体经济的配角，收益包括金融投资收益都主要来源于实体经济收益。这种来源关系就决定了金融不能在经济体系中占有过多资源和享有高于实体经济的不当收益。

遗憾的是，近年来，我国金融机构由于过高的息差收入、花样百出的业务模式和自营套利等原因占据了大量的资金资源并使其业绩和利润不断增高。金融的自我膨胀严重地挤占了实体企业的发展空间和盈利可能。

一方面，经济的金融化吞噬、挤占了实体经济急需的资金资源，妨害了实体产业发展。

2012 年 1 月召开的全国金融工作会议吸取美国金融危机教训，提出了坚持金融为实体经济服务，坚决抑制社会资本脱实向虚、以钱炒钱，防止虚拟经济过度自我循环和膨胀，防止出现产业空心化现象。毫无疑问，这是非常正确的价值导向。但遗憾的是，一直没有与之对接的政策实施，导致三年后金融在自我服务的路上越走越远，另轨自我循环，吸占巨额资金，空转谋取暴利。中国企业联合会等发布的 2014 年中国企业 500 强报告显示，17 家银行的净利润总额为 1.23 万亿元，占 500 强企业净利润的 51%。与此同时，500 强中的 260 家制造企业的净利润总额占比仅为 19.5%，远远低于银行业。以净资产收益率来看，制造业企业的平均净资产收益率仅为 8.8%，银行的平均净资产收益率却高达 18.6%。这些数据已经说明，制造业的空心化较为严重。造成这种状况的一个很重要的原因是，虽然经济增速逐步下降，但是利率水平却不断提高，很多行业的资金成本竟高过了净资产收益率。正是金融资本对实业资本的剥夺，加大了生产企业的财务成本。这些数据也显示，金融机构的高利润是在其所服务的实体经济整体近乎微利的情况下实现的，这难道不能说明畸形发展的中国金融业在侵蚀实体经济的利润，妨害实体经济的发展甚至生存吗？

另一方面，金融业的超高利润示范效应，消减了实体产业的创业热情。如前所述，实体经济由于研发投资的不确定性风险、投资回报周期长、资产流动性差等原因，且属于整个经济产业系统的原动力，理应获得更高的投资收益。唯此，经济活动才能进入良性循环的轨道。遗憾的是，我国正常的产业收益分布格局已被打破，金融投资收益和实体投资收益严重倒挂，金融投资收益超高。超高的金融利润会侵害实体经济的利益，危害最大的则是超高利润示范效应必将消减国人对实体产业投资的欲望，动摇我国制造业发展乃至整体经济发展的原动力，使我国经济增长难以为继。

近十多年来，我国房地产业回报持续走高，已经较严重地影响了我国实体产业的投资动力（挤占浪费了资源，误导了投资者，推高了生产、生活成本，影响了消费需求），破坏了原本应该更合理、更健康的产业结构和经济结构，给我国经济的持续发展造成了难以估量的损失。房地产已经给我们造成了负面影响，我们不能让金融再旧剧重演了。如果我们放任经济金融化，放任金融无序发展，放任金融高利润，人们哪有心思投资风险大、周期长的实体产业，必然急功近利转向金融投资。目前这一现象已经十分严重，如不及时纠正，中国经济的前景堪忧。

三、实体经济与衍生品无关且此消彼长

目前，几乎所有的金融"创新"都冠之以"为实体经济服务"，但其实大多数与实体经济毫无关系。金融衍生品的出现，主要是为了满足对冲基金、商业银行、投资银行、保险公司等金融机构和市场上职业炒家的投机套利交易需求，非金融机构参与者不多。衍生品交易的获益者主要是这些参与者、交易所等交易组织者和中介机构。除少数外贸企业试图通过外汇衍生品交易对冲外汇风险之外（全球外汇市场每天超过 5 万亿美元交易量中的 98% 和实体经济中的外汇需求即贸易和对外直接投资是没有关系的，我们没有理由相信，2% 的实际需求需要 98% 的投机交易来帮助发现价格），衍生品交易与实体经济几乎无关。

此外，金融衍生品交易也是金融另轨空转循环的重要方式。衍生品发行和交易不同于金融现货市场证券的发行和交易，它不为实体经济提供融资帮助，是独立于融资服务之外的另一系统，纯属经济体外循环，并且和为实体经济提供服务的融资市场成负相关，此消彼长。衍生品交易越活跃，吸引资金越多，实体经济失血会越多。

经济的金融化正在使金融走向自己的反面，并反作用于中国经济，我们应该高度警惕这一趋向，深刻反省问题何在。毫无疑义，国家战略是国家基于对经济现状的客观判断和对未来发展方向的清醒认识而制定的，是符合国情的。问题是，我们有些政策特别是金融政策与国家战略不搭界，个别政策甚至与国家战略相悖。出现政策漂移的主要原因包括：一是缺乏

哲学的自主与自觉；二是缺乏坚定的战略贯彻意志和清晰的贯彻路径把握，制定政策时没有注重对其作用力方向的评估，执行政策时对其作用力方向不敏锐，调整纠正不坚决。

哲学的自觉与政策选择

中国金融的无序发展，动力源自业界人士建立国际金融中心的憧憬和"人有我有"的心态，依葫芦画瓢地照搬美国的金融制度与衍生产品，罔顾中国的战略需求，忽略了发展资金融通渠道、提高资金融通效率、降低资金融通成本等最基本的金融正题。

一个优秀的民族，特别是像中华民族这样具有悠久文化传统和哲学思辨传统的伟大民族，应该具有深刻的哲学反思批判精神。没有对社会现实的超越性、前瞻性批判，没有深刻的检讨自省精神，没有理想之光、理性之灯作引领，很难想象我们的发展道路、发展方式能够不偏离正确的轨道。

一个社会的精英，要想对国家、民族贡献自己的聪明才智，释放正能量，最重要也最简单实用的方法，一是掌握方向感，二是把握"度"。我们应该时刻反省自问，说正确的话，做正确的事，进行正确的价值判断，选择正确的政策方向。

一、新自由主义不是中国的价值观

很久以来，新自由主义在我国影响广泛，相当一部分知识界人士和政府官员奉新自由主义为圭臬。但我认为，新自由主义不适合中国国情，不符合社会主义的价值观，与我国社会主义制度相悖。因此应该保持清醒，在制定政策时自觉与之划清界限，以免被误导贻害。

新自由主义大力宣扬自由化、私有化和市场化。它除鼓吹私有制并居心险恶地破坏我国公有制在国民经济中的主体地位，让社会主义市场经济蜕变为资本主义市场经济之外，在经济和金融领域里主张自由放任发展，推崇"万能"的市场机制作用，强调国家对经济运行和经济活动的调控与干预越少越好，要求一切服从自由市场的利润最大化原则。

以美国为代表的西方金融业在20世纪80年代之后逐渐地改变其业务模式，从"产业服务模式"转变为"金融交易模式"。金融已经背离了早期银行资本与工业资本、产业资本相结合与相互服务的模式，从服务代理人摇身一变成为自我服务的委托人，本末倒置。

按照新自由主义的价值观和道德观，华尔街可以按照所谓的市场需求即自己的利益需求做任何事情，开展任何业务，哪怕它会损害公众的利益，损害市场秩序，破坏为实体经济配置资源的市场功能，都是合理的，都不能干预，必须任其发展。在新自由主义的哲学引领之下，华尔街为了一己私利，为所欲为，创造出了许多奇奇怪怪的金融业务模式和衍生工具，在全球范围内巧取豪夺，短短几十年里就积累起巨额财富，建立起一个庞大无比的金融帝国。结果是，它把金融市场引向歧途，导致更大的贫富悬殊，抽空了实体经济，制造一次次金融危机并殃及全世界。这就是新自由主义者所倡导的自由，他们有为了自己的自由剥夺别人自由的自由，他们有利用衍生工具欺骗诈取别人利益的自由，他们有为了私利破坏经济秩序制造灾难的自由。当然，他们也有为了疯狂逐利而自我毁灭的自由，但不幸的是，整个世界都得为他们缴陪葬税。

毫无疑问，这种损人不利己的自由观不是社会主义的价值观，这种巧取豪夺的市场不是我们憧憬的市场。在社会主义市场经济价值观中，我们尊重每个人的自由，尊重每一个市场参与主体的自由，尊重人们追逐利润的自由，但前提是不能妨碍别人的自由，不能侵害别人的利益，不能弱肉强食，不能把为实体经济配置资源的市场变成为少数人剥夺多数人利益、为其自身聚敛财富的市场。

这个世界上没有绝对的自由，人是有社会性的，这就意味着人与人之间是有依存关系的。依存就是人与人之间要互相尊重。要严守彼此利益边界，就要处理好个人和公众、局部和整体、当今和长远的利益关系。有了利益关系就得受约束，有约束人们才能相安无事，和睦相处。这样人们才能享受经济和社会活动的自由。因此，每一个市场的参与者都必须接受法律法规约束，接受市场秩序约束，接受公平、正义的市场道德约束。

中国的金融市场与奉行新自由主义的西方金融市场最大的不同之处是价值观。后者放任私欲泛滥，承认存在即合理，哪怕这种存在加剧贫困与社会不公，扭曲资源配置，制造经济危机。中国的市场承认和保护个人利益，但反对个人利益至上；鼓励和保护市场自由，但反对自由泛滥。我们的价值取向是维护所有市场参与者的整体利益与长远利益。我们的政策选择着眼点是保障广大中小投资者的合法权益、维护市场秩序、提高为实体经济配置资源的效率。我们坚决反对打着提高流动效率、对冲管理风险幌子的金融自我服务。

这就是中国金融市场与新自由主义价值观下的美国金融市场的根本不同。希望中国的政策层面和市场同人保持清醒，新自由主义是人家的旗帜，美国的金融市场不是我们的榜样，"人有我有"的想法不可取。想提升中国金融市场水平，完善市场结构，优化市场服务，要向其他方向发力，向服务实体经济发力。不要朝着错误的方向跟着美国搞金融"创新"，把资本市场复杂化。说到底，我们近些年盲目跟风，自觉或不自觉地以美国为样板"完善"我国资本市场，最主要的原因还是在哲学方面不够清醒与自觉，混淆了我国资本市场与异化后的美国资本市场的本质不同、服务对象不同这些最基本的问题。今天，应该深入思考，确定方向后再继续前行。

二、新自由主义对中国股市的误导

回想多年来我国资本市场受新自由主义的影响，引进了一些国人并没有想明白的模式。以融资融券为例，理论上开展融资融券业务可以增强市场流动性，促进市场双边交易，稳定市场。但在市场实践中却完全不同，其结果往往是加剧市场波动，"助涨助跌"。尽管如此，它在新自由主义的价值观下是合理的，是有需求的，因为它有助于投机炒作、买空卖空，可以给投机者带来丰厚的利润。但我国资本市场为什么要开展融资融券业务？一级市场的融资功能发挥需要二级市场良好的流动性支持，而交易活跃的二级市场既需要投资者也需要投机者的参与，融资融券的本质正是投机。但问题是资本市场是为实体经济配置资源的场所，市场客观上需要投机但不能过度，更不应该使用杠杆刺激投机，把市场变为赌场。我国的股市从来都不缺投机者，但投机者是否入市和投资者一样是要看大势的，市场冷清时你鼓励也没用，可当市场热闹时恐怕问题又变成了如何抑制投机，而不是刺激投机了。融资融券是否适合中国股市，疯狂上涨的股市已说明了问题。

在宏观上，2014—2015年上半年，我国间接融资对金融安全的影响大大高于直接融资，在微观上增加了企业财务成本。企业财务成本居高不下是亟待解决的重要问题。而要解决这一问题，客观上就需要一个长期牛市来支持股权融资，使融资结构逐渐趋于健康。2007年10月之后，经过了将近7年的漫长熊市，终于迎来了投资者期盼已久的新一轮牛市。这轮牛市对于中国经济，特别是对于近年来被信贷资本剥夺，饱受融资难、融资贵之苦的实体经济而言，更是久旱逢甘霖，弥足珍贵。我国太需要牛市支持下的一级市场为实体经济提供大量的股权资金了。但是，要实现这一目标，不能重蹈中国股市熊长牛短的覆辙，让疯牛迅速透支牛市红利。需要小心呵护一个流动性充裕、交投畅顺、节奏平稳的慢牛来支持实体经济发展，助推国家完成调结构、保增长这一头等要务。

遗憾的是，股市又遇到了一头疯牛，在短短的几个月上证综指从2000多点迅速上涨到4000多点。老百姓蜂拥开户，客户保证金余额倍增，融资融券也开始扮演起一个重要角色，余额从2013年初的1000亿元左右迅猛增加到2015年5月的2万亿元（几乎全是融资），沪深两市单日交易金额已经高达近2万亿元，中国股市单日成交金额已经是美国单日最高成交纪录的3.3倍多。不难看出，这一轮牛市的疯狂上涨与融资融券业务给股市提供杠杆不无关系。融资融券给原本就投机氛围浓厚、虚火旺盛的股市加了一把火。

理智告诉我们，疯牛不是我们要的牛市。首先，历史经验告诉我们，疯牛往往难以为继，疯狂过后必然是漫漫长夜。其次，过热的股市对实体经济也是弊大于利。虽然可借牛市东风促进股票发行，支持实体经济发展，但是过热的股市会吸引沉淀大量的资金，同时分流实体经济所需资金，特别是会影响社会资本投资实体产业的意愿，腐蚀实业投资精神。有一位资深的公募基金负责人忧虑地说："真不知道如此火爆的股市能给实体经济带来什么好处，谁还有心思耐得住寂寞做实业？大众创业、万众创新的局面恐怕很难出现。"

另外，还应该清醒地认识到，融资融券助涨杀跌，不仅刺激股市狂涨制造疯牛，当股市反转下行时，融资融券所带来的负面影响也相当恐怖。一是融入资金的投资者可能被平仓而血本无归；二是融出资金的证券商如果出现恐慌性集体平仓行动，那将势必出现集体无路可逃，坐以待毙的可怕景象；三是融资者可能会反方向融券，融券卖空将加速股市下跌；四是若有人在股指期货市场跨市做空，那将更是雪上加霜。需要特别警惕的是，通过融资杠杆炒股，一旦市场反转，如前所述，融资者就可能倾家荡产，以往相对平静的熊市可能不会再现，引发社会动荡的风险不容忽视。

因此，无论从价值观还是从市场实践来分析，引入融资融券业务都是不可取的。

政策制定的思路与方法

国家战略关乎国家核心利益。国家战略确定之后，政策就成为战略成败的关键。战略固然重要，但实现战略目标必须借助的政策也很重要，只有实施正确的政策才能组织、调动、规范、引导全社会资源与力量实现国家战略目标。如果政策错误，不但无法实现国家战略目标，还可能给国家带来灾难。因此，我们必须本着向国家负责、向全体人民负责、向国家战略负责的精神，冷静、清醒、科学、缜密地重视政策制定工作。

首先，制定政策应该保持清醒的哲学自觉，明确价值取向，理顺政策制定思路，抵制新自由主义思潮诱惑，坚持社会主义市场经济道路，谨防利益集团游说蛊惑，坚持政策服务国家与人民的整体利益、长远利益的基本原则。

其次，制定政策前最需要考虑的是中国经济的当务之急是什么，我们需要解决什么问题，目的何在。不要听信任何理由偏离主题，所有的改革出发点必须紧紧围绕国家战略主题。因此，应该从宏观、全局角度思考政策选项与国家战略的关联关系；认真梳理、筛选备选政策，去伪存真，坚决摒除伪选项、无关选项；按照不同产业、行业和国家战略的关联程度、轻重缓急排序制定政策。

再次，从资源的类型、行业、产业特点出发考虑资源配置方式，确定政府监管与市场决定边界。它们是两种互相依存的基本资源配置方式，在促进经济增长和社会进步方面各自都扮演着重要的角色。我们既要反对政府大包大揽，官僚干预微观经济的资源配置方式，又要反对新自由主义鼓吹的"市场万能"。

政府承担着宏观调控、基础研究、基础建设、社会保障、教育医疗、国家安全和各类经济活动监管等重要职责，应在履行职责的过程中，遵守法律法规，严守责任边界，接受监督，公开透明，不得任性。

政府不得任性，市场同样也不能任性。我们讲市场决定，但反对放任市场。市场主体在经济活动中敏锐、灵活，对调节供求、提高资源配置效率具有不可或缺的重要作用。但是，市场主体却天生具有逐利冲动，利润就是一切，即使饮鸩止渴，也无怨无悔。他们普遍缺乏理性，缺乏方向自觉，要发挥市场决定的重要作用，必须对市场适当约束，加强引导，发挥其正能量。

当我们制定政策之时，一定要把握好政府和市场在其中的作用，该政府管的一定要有作为，该市场发挥作用的，一定要放手交给市场。像金融市场，因为金融中介自我谋利，与公众利益易产生冲突，资讯科技与衍生品的发展使得自由市场更容易被操控，系统性风险更容易发生，不同于普通产业，不适合无节制的自由竞争，必须适度管制。因此，要坚决遏制经济金融化，限制金融自由化，反对各种所谓的金融"创新"，制止金融放任发展，按照国家战略把金融导入服务实体经济的轨道，让政策和国家战略完全统一，防止发生国家战略说一套、具体政策做一套的扭曲现象。

最后，制定政策者要有清醒明确的方向感，应该有透过现象洞察本质的穿透力，有"任尔风云变幻，我自岿然不动"的定力。不能盲目、随意、无序、想当然，要科学化、精细化、导向明确化。

一是要进行价值判断和价值选择，抓住主要矛盾。明确价值判断条件，梳理关联因素，"去粗取精、去伪存真、由此及彼、由表及里"地探寻问题关键；注重价值选择，领悟选择真谛，去末归本，重在放弃。不能什么都想要，只有学会了放弃，才能免受干扰，坚守住最宝贵的东西。

二是要注重调查研究，要深入调查研究，摸清现状。只有了解需求，洞察趋势，掌握规律，才能在政策动机和市场实践之间搭起一座现实的桥梁，政策才不会无的放矢，南辕北辙，才会更接近战略目标。调查研究不能仅在机关大院和学术圈内转悠，调查研究一定要深入基层，深入市场，深入实体经济主体，深入实体经济过程，深入产业的上下游、左右邻。但是，调查研究一定要谨防利益集团干扰，警惕利益冲突，防范"信息关联交易"误导政策制定。在调查研究过程中，还应主动征求长期坚持监管一线、经验丰富的专业干部的意见，他们有市场感觉甚至方向感，意见接地气、有价值，应该重视。

三是要对政策的作用力方向了然于胸。政策的最大败笔就是其作用力违背了制定者初衷，事与愿违，南辕北辙。如果出现这种状况，轻则政策效果不能实现，重则会干扰国家战略，反作用于国家战略。因此，在制定政策之时一定要高度关注政策作用力方向问题，重视对政策作用力方向的评估和预见，要保证政策动机与作用力方向的统一。一方面，政策的目标、利益方向要和国家战略一致、明确。另一方面，要研究政策作用力的传导机制。应该认真仔细地对政策作用力方向进行实证研究，要对每一项政策作用力的传导方向、传导方式、传导路径、传导环节和传导过程进行兵棋推演，一层层、一步步展开分析论证。研究分析政策作用力传导，是制定政策的必修课、基本功，必须务实、扎实，不能敷衍了事，似是而非。一定要卯榫相衔，确凿无误，心中有底。只有这样，才能确保政策不偏离国家战略，不与国家战略相悖，更好地为国家战略服务。

中国制造是政策的归宿

2015年5月,国务院印发了《中国制造2025》,部署全面推进实施制造强国战略,这是我国实施制造业大国向制造业强国转变战略的第一个十年行动纲领,十分重要。

要落实《中国制造2025》,需要一系列相关政策、举措来动员、组织、调动、引导全社会资源投入到这一伟大工程之中。一方面,我们应该动员金融等服务业资源服务中国制造;另一方面,我们还应该澄清一些干扰建立制造业强国战略的错误观念。

一、制造业是一切经济活动的原动力

实体经济是国之根本,但根本之根本是什么呢?在实体经济中,人们对制造业和服务业孰轻孰重的认识还相当模糊。如同20世纪八九十年代西方国家主流观点认为"去工业化"是一种合理的变化一般,我们国家有些人看到西方国家包括一些经济落后于我们的发展中国家服务业占GDP的比重远高于我们,就提出了建立服务业大国的错误观点。对此,我们应该保持清醒的认识,不能盲目跟风。

首先,服务业比重的增加是由于消费需求结构发生变化,制造业劳动生产率提高和技术进步导致劳动力从制造业向服务业转移,以及比较成本引致国际分工等原因促成的,它是由于经济进步、社会生活变化而出现的一种自然而然的变化,并不是我们追求的目标,不能揠苗助长。

其次,服务业比重的增加有可能降低劳动生产率,影响经济增长水平。虽然服务业的占比随着经济的发展有逐渐增加的趋势,但是,我们不能把它简单化为产业结构调整的政策目标。我们应该深入分析服务业内部结构的逻辑，扬利抑弊，找到我们政策的着眼点。服务业分为传统的生活性服务业和现代的生产性服务业。生活性服务业主要包括和居民生活相关的餐饮业、住宿业、家政服务业、维修服务业、批发零售业、交通运输业、邮政快递等。生产性服务业是与制造业直接相关的配套服务业，它的主要功能是为生产过程的不同阶段提供服务产品，包括物流、研发、信息、营销、中介、售后服务、金融保险及贸易相关服务等。有人注意到，在劳动力从制造业向服务业转移的过程中出现了劳动生产率下降的现象，而且造成这种现象的主要原因是生活性服务业劳动生产率较制造业和生产性服务业低。

诺贝尔经济学奖获得者库兹涅茨指出，产业结构升级的关键是资源从生产率较低的部门向生产率较高的部门转移，从而使经济中整体的资源配置效率得以提高。库兹涅茨所指出的在产业结构调整过程中资源配置优化的趋向，是调整产业结构时应该自觉追求的最佳目标。如果把这种产业结构调整导致优化的递进称作"库兹涅茨化"，那么，服务业结构非优化地发展，就可能出现社科院蔡昉所说的产业结构调整过程的"逆库兹涅茨化"。这是我们应该避免的，应防止出现因产业结构调整，资源从生产率高的部门向生产率低的部门转移的"逆库兹涅茨化"现象，拉低我国的经济增长水平。

最后，美国等西方国家近三十年来在"去工业化"错误理论的影响下，盲目发展服务业，制造业占比不断降低，导致产业失衡，不仅严重影响了整体经济体系正常循环，而且也使得失去了高技术制造业支持的高技术服务业难以为继。2008年金融危机之后，陷入结构性困境的美国开始反省"去工业化"的错误，重振制造业已经成为白宫和国会的共识。因此，我们在处理制造业和服务业关系这个问题上，不要再犯美国的错误，重蹈他人覆辙。

我们应该清醒地认识到，不仅要正确认识和处理好实体经济与虚拟经济的关系，反对经济金融化和金融复杂化，坚决纠正金融自我服务、空转循环、抢夺实体经济资源的扭曲现象。同时，也要正确认识和处理制造业与服务业均衡发展的关系，防止产业结构调整中产业结构过度软化、产业空心化和生产率低效化。

中国是一个幅员辽阔、人口众多的大国，即使在全球化的今天，我国的地理、人文、政治和安全环境依然要求我们必须建立一个相对完善、自成体系、健康均衡的经济系统，而这个系统的基础动力和根本就是制造业。制造业的重要地位无论在蒸汽机时代、电气时代还是今天的互联网时代都是不可动摇的。中国和世界的发展历史，以及2008年美国金融海啸之后的世界形势都告诉我们，一国的制造业规模和水平决定了一个国家的综合实力，也几乎决定了一个国家的国运。这场危机之后，在西方世界一枝独秀的德国就主要得益于德国制造。制造业不仅决定了国力、国运和国家安全，在一个经济系统中制造业还处于一个最基本和关键的位置。制造业是一切经济活动的源泉，与其他行业有着一荣俱荣、一损俱损的依存关系，没有制造业的支持，其他很多行业将难以为继。所有虚拟经济、所有服务业的基础都是制造业，包括今天风头正劲的互联网经济也概莫能外。什么是"互联网+"？就是制造业是1，互联网是0，0只有依附于1才有生命价值。互联网只有服务"中国制造2025"才是正途。当然，这种服务可以是直接服务，也可以是间接服务。应该改变互联网主要在贸易流通领域发力的不均衡、难持续的状态，防止出现炒作互联网概念、制造互联网泡沫的现象，把互联网结结实实地建立在中国制造之上。

二、支持中国制造的政策取向

第一，作为国家战略的"中国制造2025"应当是中国经济的主题、主旋律，其他产业和行业都应该像古典音乐变奏曲中的各个乐章那样，无论怎样变调、装饰，都万变不离其宗，始终紧紧围绕主题。中国经济只能有一个主题，各方不能各念各的词，各唱各的调，不能有杂音、不和谐音。要真正实现"中国制造2025"这一战略计划，避免再出现像"七大战略性新兴产业""十大产业振兴规划"等出台后并无多少实效的现象，最重要的就是排除干扰，集中资源支持制造业发展。如果我国经济不能摆脱对房地产的依赖，继续诱使社会资源向房地产业和金融领域集中，那么制造业强国之梦将无望实现。

当务之急，一是应该重新检讨把房地产业作为支柱产业的政策定位，制定差别化的行业信贷政策，限制给房地产贷款，遏制房地产吸占资金。二是应该限制已过度发展的金融业，要像壮士断腕一样痛下决心，倾筐倒篓，全面清理金融自我服务业务，制止制造风险、危害实体经济的金融"创新"，限制金融机构自营交易，禁止金融机构自营衍生品交易。

第二，制定切实可行、可操作性强的金融、财政、税收政策支持制造业。重点是提供资金，降低成本，资助研究开发。德国政府长期以来十分重视对制造业的支持，高度重视制造业发展战略，政府在2014年正式发布了利用物联信息系统将生产中的供应、制造、销售信息数据化、智慧化，最后达到快速、有效、个性化的产品供应的"工业4.0"战略规划。其对制造业的重视不仅体现在对工业发展战略的前瞻性把握上，最难能可贵的是能清醒地制定政策排除干扰，心无旁骛地支持制造业。德国无论是在给工业企业提供信贷资金支持，资助企业产品研究开发，为制造业税收减负，还是在组织、协调工业企业与研究机构合作创新等方面都卓有成效。

我们制定政策时应该认真学习、吸取德国的经验，应该清醒地认识到，学习德国重点不在于比对分析"中国制造2025"与德国"工业4.0"的异同，而要像德国人那样把功夫下在对制造业的支持政策上。应该严肃对待如何制定并落实"中国制造2025"的配套政策这一问题，不能说归说，做归做。同时，政策性银行应该把支持制造业作为自己的主要任务；国有商业银行和一些其他商业银行要设立一定比例的信贷资金专项支持制造业。另外，在同等条件下，资本市场应该优先支持制造业的股权、债券融资需求，我国财政政策也应该向推动中国制造倾斜，提供制造业研发专项资助基金，对单个中小企业的研发项目以及中小企业与研发机构之间的交流合作进行资助，为中小工业企业提供利息补贴，为具有国家战略价值的高端制造业提供税收补贴，促进制造业减负增效。

第三，动员引导社会资源加大研发投入。要建立制造业强国，核心是科技创新。因此，不仅国家应该加大科研投入，还应调动制造业企业乃至全社会的研究开发积极性。目前，我国研发投入占GDP的比例为2.1%，与世界平均水平相当，但与发达国家2.5%—4.5%（以色列最高为4.4%，芬兰为3.9%，韩国为3.7%，瑞典为3.4%，日本为3.3%，美国为2.8%）的水平相比，尚有很大的差距。可喜的是，在我国，深圳2014年研发投入占GDP的比例已达4%，该水平已比肩发达国家。而且，在深圳的研发投入中，规模以上工业企业投入占94%（北京规模以上工业企业的研发投入占所有研发投入的百分之十几，主要的研发经费是由研究机构投入的，与深圳的市场化创新基础不同）。这也就是深圳能位居中国综合经济竞争力城市排行榜第一名[①]的秘诀。

更让人欣喜的是，拥有7万名研发专业人员的深圳华为研发投入多年来持续增长，2014年研发投入高达408亿元，占营业收入的14.2%，属全球同业的顶级水平。华为之所以能够成为驰骋全球的电信器材制造商之翘楚，与任正非锲而不舍的研发投入精神是分不开的。中国制造要的就是这种精神！应该创新利用政策杠杆，激发中国企业的研究投入热情，协调

---

① 数据来自2015年中国社会科学院财经战略研究院编写的《中国城市竞争力报告》。

官产学研的合作，加快制造业科技创新以及成果推广和应用，为中国制造升级嬗变创造条件。

持续多年，我国最富裕的中产阶层一直主要是金融从业者，被称作首富的人士大多出自房地产行业，这反映出我国经济的热点和资源分配的倾斜状况。我希望，中国最富裕的中产阶层是制造业从业者，中国的首富出现在制造业。我想，到那时，中国制造将一定是高品质的代名词，中国的经济将更加健康，祖国将更加繁荣富强。

第四，为中国制造培养应用人才。遍布全球的中国产品目前还只能处于低廉、低档的市场位置中，这既有产业转移的阶段惯性问题，又有中国缺乏训练有素的技术工人队伍问题，而造成这种问题的原因是我们的教育结构失衡。一方面，是由于大学生过剩，只有77%的就业率；另一方面，是由于技术工人严重短缺，短缺率高达50%。所幸教育部门已经认识到这个问题的严重性，正在积极采取措施扭转局面。亡羊补牢，犹未为晚。应该重新制定制造业的人才政策，为中国制造业培养大批优秀的技术工人，用他们的双手重塑中国品质。

德国制造是中国制造的榜样，德国的职业教育也值得学习。德国之所以能够生产出广受欢迎的质量高、价格高的产品，除了完善的质量控制体系和德国工程师对完美的追求之外，还有一个不容忽视的因素就是德国拥有一套完善的职业教育体系，培养出了优秀的技术工人队伍。在德国，只有25%的中学毕业生上大学，65%的中学毕业生都按照自己的兴趣爱好，选择了不同的职业学校接受专业技能培训，为做一个合格的技术工人做准备。在这里需要注意的是，德国的职业教育属于国家的免费教育范畴。还有一个需要中国职业教育高度重视、认真学习之处是，为使职业教育内容能够及时跟上社会需要，德国设有专门的职业调查和研究机构，负责跟踪各个行业的发展动态与趋势，以便学校及时调整、更新职业教育内容。德国职业教育中的双轨制教育，即理论学习和实际操作相结合，学生一边在学校学习理论，一边以学徒身份到企业实践，这种教育方式亦值得我们借鉴。

职业教育事关中国制造质量，事关中国经济转型升级大局，应高度重视，把它作为一项长期战略、重点工程，全力、逐步、稳步推进。

第五，为了保护中小企业的创新热情，鼓励其进行研发投入，应重视知识产权的保护。德国的制造业企业以中小企业为主，但这些中小企业的技术水平却很高，研发能力很强，不急功近利，注重研发，产品大多"又精又专"。为什么德国的中小企业能有这种定力，如此重视研发投入呢？一是为了保持竞争优势；二是有严格的法律保护它们的知识产权，无被人盗用之忧。在我国，许多中小企业"山寨"成风，知识产权概念薄弱，急功近利者多，不做长期打算，更不肯在研发上持续投入。这就是我国许多中小企业产品质量低劣，短平快、低层次竞争的一个重要原因。长此以往，中小企业将难成气候，产品质量也无从谈起。这一中国制造业中重要的方面军将沦为游击兵团，无法承担为中国制造攻城拔寨的攻坚重任。

今天，中国制造已经跨越了低层次加工、代工、仿制的初始阶段，开始向"智造"迈进。因此，必须高度重视知识产权保护，遏制无序的竞争，激发中小企业的创新热情和研发动力。唯此，中小企业才可能成为中国经济的动力源，中国制造的质量才有望提高。我们应该明白：保护知识产权，就是保护我们的战略利益。

"中国制造2025"这一战略规划事关中国制造业升级，事关国力、国运、国家安全和中华民族的伟大复兴。能否支持、保障"中国制造2025"战略实现十分关键，我们必须时刻保持政策清醒，排除各种干扰，把政策导入服务中国制造之轨道。

防止金融放任发展误国[1]

金融是现代经济的血脉，是现代经济社会生活中企业、政府以及居民须臾不可离开的供血系统，是整个经济体系中不可或缺、至关重要的组成部分。如今，中国金融市场无序发展，不仅在盈利规模上喧宾夺主超过了中国制造业，而且在业务模式上脱离了为实体经济服务的本原，由"产业服务模式"异化为自我服务的"金融交易模式"。今天中国经济下行，实体经济不振，固然有诸多原因，但对金融的错误定位，漠视金融的放任无序发展不能不说也是重要原因。而且，经济结构的扭曲，资源配置的错位，市场秩序的混乱，贫富差距的拉大等乱象无一不与金融异化发展有关。在金融发展问题上，我们是该认真思考了。

金融自大挤压实体经济

美国前助理财政部长布拉德福德·德隆教授说，金融已变为一只吸附

---

[1] 本文刊载于《上海证券报》（2016年4月12日）。

在实体经济身上的吸血乌贼。美国不断爆发的金融危机和产业空心化，正是这种不幸变化的必然结果。

近年来，我国货币供应量增加规模不断创下新纪录，但还时不时出现"钱荒"，还经常听到呼唤"央妈"放水的声音。究竟何故，值得深思。2015年广义货币M2同比增长了14%，比2014年12.2%的增幅提高了1.8个百分点。截至2015年1月，广义货币M2存量高达141.6万亿元。相比下降的GDP增长速度和物价水平，不断增长的货币供应量不能说不多，但是中小企业融资难和融资贵的问题依然没有缓解。钱去了哪里？除了一部分资金在金融杠杆的帮助下继续流向房地产市场之外，高回报的金融业成为分流吸噬资金的沼泽湿地，放水再多，资金也很难流入实体经济干旱的田野。

一方面，银行等金融机构绕开传统业务，"创新"利润环节，层层加码，使资金价格高得实体企业无法承受。另一方面，各类金融机构如雨后春笋般涌现，金融市场规模急剧扩大，市场结构和产品愈发复杂。但是，这种扩张和变化与我们所期望的金融服务实体经济却几无关联，资金高度趋同地涌向金融领域。银行、信托理财业务大多都围绕以钱炒钱的金融交易类产品，还通过股权质押、股票交易配资为资本市场提供百害而无一利的交易杠杆牟利；保险业跨界经营融资平台，利用非资本的短期资金四处杠杆收购上市公司控股权牟利，并为系统性金融安全埋下隐患；证券业开展助涨助跌的融资融券业务，为客户提供杠杆融资赚得盆满钵满；以避险为名的金融衍生品交易为投机者跨市套利提供获利条件，使资本市场变得更加凶险；一些市场机构利用技术、资金优势公然开展严重破坏资本市场"三公"原则的高频交易，洗劫广大中小投资者，大发横财。凡此种种，不一而足。金融的放任发展，使有志于此的各类人士各显神通，为所欲为，分享资本盛宴，而资金的稀缺性所决定此消彼长却使得实体经济被不断挤向边缘。

继 2014 年金融机构贡献的所得税创纪录地与制造业所得税比肩之后，2015 年这种本末倒置的荒唐扭曲又更加严重。2015 年，一方面，金融企业所得税 8572 亿元，同比增长 13.9%；另一方面，工业企业所得税 7425 亿元，同比下降 5.3%。金融企业所得税竟比工业企业所得税高出 15.4%。金融业的收入所得部分来自高利息收入，另外相当部分都来自与实体经济无关的金融交易收入，且所占比例呈快速扩大趋势。这种违反经济规律的倒挂现象愈演愈烈，不仅严重地挤压了实体经济的生存空间，而且使得中国经济虚拟化，成为无源之水、无本之木，难以为继。这需要我们高度警惕，深刻反思金融战略和金融体制。我认为，中国经济要健康发展，就要限制金融的无节制发展。

金融暴利腐蚀实业精神

近些年来金融业疯狂扩张，主要原因是金融业来钱易、来钱快、来钱多。牧人逐水草而居，商者受利欲所驱，这本是人之天性，无可厚非。但现代经济社会却有内在的生态规律，维持经济生态平衡是政府的天职，责无旁贷，不能放任自由主义泛滥，若放任金融无序发展而让市场决定，那必将导致可怕的经济生态灾难。

实体经济虽然是经济的原动力，但因研发投资风险大、投资回报周期长、资产流动性差等原因，在财源滚滚的金融面前显得十分弱势。如果不保持清醒，放任金融疯狂增长、随性扩张，放任金融投资收益与实体经济投资收益严重倒挂，那谁还会耐得住寂寞眷顾实业。超高的金融利润不仅侵害现今实体经济的利益，这种超高利润示范还会腐蚀民族的实业精神。资本将逐金融利益而去，人人都想搞"资本运作"，无人愿意投资费钱、费力、耗时的实业；社会精英、青年学子也心浮气躁、急功近利，扎堆进入时髦的金融业，不愿从事作为国之根本的制造业。长此以往，失去原动力的中国经济将难以为继。

好在今天的中国实业界有许多优秀企业家，如坚守制造业初心不改，为研发制造中国的深海钻井平台下了血本，功绩卓著的中集集团麦伯良；有潜心研发、精工制造、硕果累累、名满中外的华为集团任正非；还有豪情万丈为国制造、为国争光的格力集团董明珠等。他们是中国制造业的脊梁、新时代的民族英雄。我们应该弘扬献身实业、实业报国的伟大精神，动员引导更多的资源支持那些顶住房地产、金融、"资本运作"等金钱游戏诱惑，初心不改，长期坚持实业"抗战"的优秀企业。同时，要重建金融市场模式，让它为中国制造服务。

金融"创新"制造系统性风险

金融"创新"如今是最时髦、最能迷惑人的概念。首先，不妨审视一下"创新"者的动机，看看"创新"的产品，就不难明白是怎么回事。无论是华尔街的原创者，还是后来的模仿者，有谁考虑过实体经济的需要？无一不是在为自己敛财、牟利。他们"创新"的衍生品，哪些能把资金导入实体经济？无一不是巧取豪夺的工具。

其次，金融衍生品在微观上能够对冲风险的理论貌似成立，但市场实践却做出了相反的裁决。美国长期资本公司拥有两位因金融衍生品定价模型而获诺贝尔经济学奖的经济学家以及"华尔街套利之父"、前华府和美联储财金高官等一大批金融天才，号称"梦幻团队"。但长期资本公司却没有逃脱失败的命运，栽在了看似风险不大的债券市场衍生品交易上。后来，不甘失败的这个几乎由原班人马组成的团队又东山再起，且吸取教训大大降低了杠杆，但还是无法摆脱投资覆灭的命运。这惨痛的教训告诉我们，金融衍生工具对冲不了风险，只会制造风险。

最后，如果说金融衍生品交易风险在微观上尚有概率或然的不确定性，但是其在宏观上的巨大危害却必然无疑。即使金融衍生品交易的立论在微观上是成立的，但是这些微观行为的叠加却会产生核裂变般的不可控能量，对宏观经济造成严重破坏。2008年美国次贷危机造成的金融海啸席卷全球，不仅对美国经济造成了严重破坏，对全球经济的巨大冲击和影响直到今天依然在持续发酵。

2015年我国股市剧烈震荡，就是放任金融无序发展，鼓励金融"创新"，让杠杆交易、衍生品跨市套利肆虐的结果。资本市场本来是一个为实体企业提供直接融资支持的市场，却吸引各路巨额资金以各种形式投入股市炒作；本应为宏观经济减杠杆的直接融资市场，在这里却莫名其妙地变成了一个加杠杆的投机交易的盛宴，其逻辑让人费解。

但是，杠杆牛市的大喜转瞬间变成了大悲，实体经济短缺的巨额宝贵资金被股市交易裹挟不知所终，中小投资者被洗劫，宏观经济景气指数不佳，中小投资者信心严重受挫。唯一值得庆幸的是，我国资本账户尚未开放，否则那将真是人为刀俎、我为鱼肉，那些被某些人盼来"解决中国投资者结构问题，对冲中国散户"的华尔街大鳄将全面洗劫中国金融市场，那时候想救市恐怕也会束手无策，无从施救。那将不会是一场系统性风险那么简单，势必会演变成一场颠覆性灾难。

2008年美国金融海啸之后直至今日，我国金融界依然对美国这场危机缺乏清醒深刻的认识，似乎形成了一种共识，认为美国金融市场的方向是正确的，只是走过了头，而中国还远远不够。这是一种糊涂的危险观念。为了加大流动性，为了美化银行的资产负债表，为了解决不良资产问题，我国金融界不仅搞资产证券化，还开始了风险极大的不良资产证券化。历史已经证明一旦上路，任何力量都是无法控制其发展程度的。我不否定资产证券化的积极意义，但不能饮鸩止渴，引发更大的系统性风险。与此同时，现在又出现了要搞信用违约互换（CDS）的动议。我认为这是一种危险的倾向，用一种风险工具去对冲另外一种风险产品，只会把这个市场搞得更加复杂，引发更大的潜在风险。美国2008年次贷危机过程中，美国金融界最担心的就是经投机杠杆反复炒作，高达62万亿美元的这个貌似避险工具的CDS市场风险大爆发。因此，不要指望孕育风险的衍生品避险，还是敬而远之为好。

拨乱反正，回归金融本原

我们要从国家战略高度，重新审视金融战略、金融定位，敬畏存在巨大风险的金融市场。要清醒地认识到美国金融市场复杂的结构和衍生工具绝不是现代经济的必然选择，而是华尔街利益集团的选择。服务实体经济的金融本不需要那么复杂，为借贷双方、买卖双方、投融资双方提供简单便捷、低成本、高效率的中介服务即可。复杂并不是金融市场发达程度的标志，简单才是金融市场的哲学。因此，没有理由相信，金融市场复杂化和金融危机是现代经济的必然规律、代价和宿命。但是，如果放任金融发展，就必然要承受金融危机带来的沉重代价甚至是颠覆性代价。在金融安全问题上，制度和方向正确与否是决定性的，我们不要指望金融人理性、节制、内控，也不要指望监管，贪婪会冲垮所有的堤坝。

美国虽然有保罗·沃尔克等有识之士深深忧虑金融的放任发展对美国的严重危害并试图力挽狂澜，但美国的政治制度和强大的华尔街利益集团决定了美国金融已无回头机会，势必深陷周期性泥沼并慢慢消耗直至美国时代的结束。中国还有机会，这种机会来自中国的制度优势。但是机会往往稍纵即逝，如果我们不珍惜把握，那金融的放任发展势必成为中华民族伟大复兴道路上的绊脚石。

中国金融怎么发展？近年来，一些人似乎已感觉到金融的困局，不断地在讲金融改革，但金融改革方向是否正确至关重要。拨乱反正，首先是价值观的正本清源，让金融重新回归服务实体经济的本原，应该一切唯实体经济是从。要特别警惕当今盛行的"挂着羊头卖狗肉"——打着为实体经济服务的旗号为自己牟利的金融现象。

拨乱反正，就要有所为，有所不为。应该坚持"产业服务模式"，反对"金融交易模式"。中国金融的价值规范应该明确为：鼓励直接融资，限制金融交易。所有的金融政策和金融活动都必须遵循这个价值规范。

一、鼓励直接融资

直接融资对于中国宏观经济，对于实体企业的重要作用大家都知道，毋庸赘言。遗憾的是，直接融资始终是中国经济的短板，是中国金融之痛。金融界近些年说的是一套，做的是一套，大部分金融资源都自觉不自觉地流入了金融交易市场。因此，应该下决心把鼓励直接融资作为金融市场建设的首要任务、主要工作，全力以赴搞好资本市场建设。建设资本市场不需要花里胡哨的"创新"，不要急功近利。我们应该潜心思考，保持定力，踏踏实实地搞好市场基本建设。

所谓基本建设，一是要集中行政和市场资源支持资本市场建设，打破部门割据，把所有属于直接融资的证券买卖行为都纳入证券监管部门统一监管，并且无论其所在行业和所在市场如何都如此，以便执行统一的行为监管规范，杜绝监管寻租，为形成一个统一协调发展的资本市场创造条件。

二是建立以透明度为纲的市场哲学，构建以会计师、律师、媒体、公众、监管者为主体的信息透明度保障系统，监督发行人向市场提供真实、准确、及时、完整的经营信息和风险报告。用"严刑峻法"惩戒虚假信息的提供者和中介责任人。

三是严格执法，维护市场秩序，无论牛市熊市，不论股指高低和市场情绪如何，坚决刚性执法，严厉打击内幕交易、市场操纵和市值操纵等违法犯罪行为，保护中小投资者利益，保障市场公平。

四是把资源优化配置作为资本市场的主旨、主线，纠正放任劣质上市公司存续现象，杜绝姑息绩差股恶炒的错误观念，清除灰色市场文化。优胜劣汰，坚决不让垃圾股挤占市场资源，对"借壳"重组实行与发行上市一样的标准，严格限制。实行最严厉、最坚决的退市制度，遏制绩差股炒作泛滥，吐故纳新，使资本市场恢复健康，实现资源优化配置。

中国资本市场二十多年成绩巨大，积习甚重。一方面，要扎扎实实加强基础建设，包括改革股票发行上市制度，努力使市场供求趋于平衡。另一方面，也要破除美国迷信，革除既有市场弊端，使资本市场适应为中国实体经济筹融资金、配置资源的要求。

二、限制金融交易

对待纷繁复杂的金融交易，不要迷信，不要犯蒙，应该自信，多问几个为什么。凡与支持服务实体经济无关者，一概摒弃。

第一，限制金融机构规模无序扩张。如今，浮躁、浮浅、短视的商业文化使人们对金融趋之若鹜，人人想插足金融，各种金融机构如雨后春笋，层出不穷。然而，增加的金融机构大多都集中在金融交易领域，做的都是以钱炒钱的生意，这样必然要增加交易环节，推高资金价格，增加资金成本，挤占实体企业利益。因此，除允许增加一些与直接融资有关的金融机构以及开发性、政策性金融机构之外，不要幻想增设新的或新型金融机构就能解决中小企业融资难、融资贵的问题，要严格限制增加商业金融机构，以避免其与实体经济争利。

第二，严格金融许可监管。金融是高风险行业，应该首先考虑的是安全问题。防范风险，保护消费者、债权人、权益人利益特别是中小客户利益是金融行业的首要任务和基本前提。因此，一是要严厉打击非法集资和非法经营，不能漠视放纵，时紧时松，线上线下标准不一；二是要加强准入监管，未经许可禁止以任何形式开展或变相开展金融业务。负面清单管理制度是放松管制、提高效率、为实体经济增强活力的良策。但是，从金融行业风险特性和消费者保护角度来看，金融负面清单管理还有待商榷。因为最高明的监管者也会落后市场半拍，不可能开出前瞻性的负面清单。如果在金融市场"法无禁止即可为"，当"聪明人"受利益驱动搞出一些损害实体经济、损害投资者利益且风险巨大的自我服务创新进行套利时，等监管者发现将会为时已晚。这样不仅会造成难以挽回的损失和破坏，而且还会因利益集团的游说、阻挠很难纠正。中国金融监管已经相当粗放了，再实行负面清单管理，金融安全将何以保障？

对于互联网金融也应实行许可监管，应该清醒认识所谓互联网金融，它仅仅是金融业务的新技术载体，并非新主体。传统金融机构可以利用，具有互联网技术优势的企业转投金融行业也可以利用。但这种可以提高金融业务效率的互联网技术的运用并未改变金融的基本特性，并未改变金融的规律和规则。反倒是互联网的开放性和传输扩散效率决定了互联网金融业务风险更大，需要严格加强更具针对性的监管而不是放松监管。对于新技术，应该支持、敬畏，但不能产品换了包装就不知其是何方"神圣"，就无所适从。

第三，清理整顿理财市场。如今的理财市场，发行机构众多，理财产品繁多，管理缺乏规范，投资者保护欠缺。并且，理财收入大多来自各种交易类产品。这样的理财市场虽说在一定程度上满足了百姓的理财需求，但却抬高了资金成本，挤占了实体企业资源，并且对客户、对金融系统都埋下了大量不确定性风险。因此，应该高度重视理财市场乱象，认真清理整顿理财市场。可以考虑将理财产品纳入债券市场范畴，统一监督管理。

第四，清理整顿各种地方金融交易场所。发展直接融资支持实体经济需要多层次资本市场，但金融的高风险特性决定了发展多层次资本市场需统一规划，有序设立，不能放任地方随意批设。2011年针对各地争相设立金融或类金融交易场所的乱象，国务院发文要求清理整顿，遗憾的是，清理整顿工作后来效果不显著，验收匆忙。涉案金额达430亿元，投资者超过22万人，危害严重的庞氏骗局式的"泛亚"事件就是一个典型。在严肃查处追究"泛亚"案件的同时，我们应该举一反三，清醒认识还可能存在类似潜在的更大隐患和系统性风险，重新严肃开展对各种地方交易场所的清理整顿，治理金融交易泛滥乱象，防患于未然，保护广大中小投资者的利益，维护金融市场秩序，保障金融安全。在清理整顿完成之后，再统筹规划部署多层次资本市场建设。

第五，明确金融交易规范，维护市场秩序。发展直接融资必须有一个健康、稳定、有序和高效的二级市场为其提供流动性支持。而且，这个市场应定位明确：支持直接融资，为实体经济服务，而不是为投机交易服务。因此，这个市场应该是证券转让的现货市场，非杠杆化，满足投资者交易和资源配置即可。不能把资本市场变成金融投机家利用资金、信息、技术优势予取予夺，巧取豪夺，洗劫中小投资者的场所。

有鉴于此，我们一是应该禁止银行资金进入股市，防止股市本末倒置，走向自己的反面，把为实体企业融资的市场变成一个与实体企业争食、挤占实体经济资源的市场。二是应该督促保险市场注重投保人利益和险资安全，在坚守主业的前提下，让保险资金扮演好股市稳定投资者的传统角色，不能异变为一个撬动巨额资金进行杠杆交易的风险偏好者，警惕高回报融资风险，警惕非资本的期限错配杠杆收购给保险业和资本市场带来风险。三是应该禁止以交易技术创新面目出现并利用技术优势、资金优势进行明显违反市场公平原则的高频交易等交易方式，保护广大中小投资者等市场弱势群体利益。四是应该重新审视融资融券业务，清醒认识杠杆交易并非资本市场流动性所必需。融资杠杆会助推股市疯涨，透支股市上涨动力。而当股市反转下跌时，融资杠杆会加快股市下跌速度，不同于没有融资杠杆的市场中大多数投资者仅仅是账面浮亏被套，券商、银行无虞，国家也无须救市的情况。再加上融券对股市下行的助推，融资杠杆使用者会被强制平仓，损失真金白银，导致血本无归甚至倾家荡产。极端情况下的集体踩踏也会危及融出资金者包括银行，引发系统性风险，逼迫国家救市。不争的事实是，理论和实践告诉我们，融资融券对于直接融资有百害而无一利。应牢记2015年股市异常波动血的教训，再也不能继续演绎宏观经济去杠杆、股市加杠杆的荒唐逻辑了。

对于金融衍生品金融界不要再受华尔街的蛊惑了，既然没有充分的理论和实践证明金融衍生品对作为经济源泉的实体经济有用；既然美国的实践已经证明衍生品从微观到宏观都风险巨大，为什么还要不信邪，非要蹚那浑水，给自己和国家添大麻烦呢？

我国目前正处在经济社会转型的关键时期，不应该瞎折腾，也经不起瞎折腾。客观地看，金融是我们的软肋，因此，不能放任金融无序发展和资本账户自由化误国误民。常言道，知易行难。但在金融发展战略方向这个问题上却是知之艰，行之亦艰！如今金融利益集团已经开始形成，业内模糊观念普遍，要在金融领域开展一场拨乱反正的金融改革非常困难。但是这关系到国家的命运和人民的福祉，我们应深刻反省，痛下决心，坚决改革，把金融重新导入正轨，回归服务实体经济的本原。

不忘初心：我们今天为了谁[1]

一个民族、一个国家、一个政党应该珍惜自己的历史传统，珍惜在历史中形成的理想、信念、价值观。我们要实事求是地珍视在自己民族和国家的发展过程中发挥了决定性积极作用的政治信仰、社会理想，并在新的历史时期，面临新的历史任务时一以贯之地传承这种理想、信念、价值观，将其落实在新时期的政治、经济、社会制度和各项政策之中，付诸当今的社会实践。否定历史对今天生活的积极意义和它们之间的因果关系，忘记先辈的伟大信仰和光荣传统都是背叛，而背叛者是没有明天的。

长征精神

2016年是红军长征胜利80周年。对于那段伟大而悲壮的历史，我耳熟能详。十多年前，为了学习、继承红军长征精神，培养青年干部的坚韧品质，我和我的团队分期分批，用了十年时间重走长征路。我们踏访了革

---

[1] 本文刊载于《21世纪经济报道》（2016年12月16日）。

命摇篮井冈山，三湾改编、古田会议旧址，红色故都瑞金，长征出发地于都，惨烈的湘江战役旧址，确立了毛泽东在党中央和红军领导地位的遵义会议旧址，红军四渡摆脱敌军的赤水河，红二、红六军团发动攻势的湘西，红一、红四方面军会师的夹金雪山下的达维小镇，"高原寒、炊断粮"的茫茫若尔盖草地，等等。沿着红军先辈长征的足迹徒步长途拉练，让我们更真切地感受到了红军长征中的艰难险阻，长征难以想象的艰苦卓绝；也让我们更加敬佩红军惊天地、泣鬼神、亘古未有的伟大长征精神，也激励我们在新长征之路上继承长征精神，在监管岗位上勇于担当，为国奉献。

尽管如此，在红军长征胜利80周年之际重温这段历久弥新的历史时，我还是又一次被深深震撼，我热泪盈眶、感慨万千。特别是当那熟悉的红五军团红三十四师和他们的师长陈树湘的故事以《绝命后卫师》为名在电视荧屏上真实再现时，更是将我带入八十二年前那惨烈的湘江血战，令我感动不已。中央红军开始长征后，红三十四师担负全军的后卫任务，在湘江战役期间，红三十四师的将士在中央"红星"纵队的后方阻击十几倍于自己的敌人，殊死激战四天五夜直至中央和红军主力渡过湘江。红军主力过江之后，这支绝命后卫师成为唯一一支整建制被阻断在湘江东岸的红军部队。在阻击战中大部分战士已经牺牲的红三十四师余部在突围过程中绝大部分将士壮烈牺牲，腹部中弹重伤的师长陈树湘被俘。在被敌人押送的担架上，他从腹部伤口中掏出自己的肠子，绞肠绝命！这位参加过秋收起义年仅29岁的红军师长，实现了他为中华苏维埃共和国流尽最后一滴血的誓言，让人唏嘘痛惜不已！

湘江之后，经过遵义会议的红军在长征途中又经历了千山万水、千难万险，他们披荆斩棘、破关夺隘，克服了常人无法想象、无法承受的重重困难，一次次绝地重生，一次次转危为安，最后终于胜利到达陕北。

红军在国民党数十万绝对优势兵力的围追堵截、残酷绞杀和极其严酷恶劣的自然环境的双重打击之下，付出了巨大的代价，最终取得了胜利。这胜利缘何而来？回顾八十年前那场长征途中的苦难历程，不难得出结论——长征的胜利是信仰的胜利。长征之所以能够胜利，是信仰的力量之使然！被信仰武装起来的红军官兵明白，他们今天的奋斗和流血牺牲是为了明天在中国建立一个没有剥削和压迫的新社会，广大农工将在一个人人平等的人民共和国里当家做主人。因此，为了实现这个崇高的理想，他们在强大的敌人面前表现得英勇无畏、不屈不挠、前赴后继、舍生忘死。

长征，是一场艰苦卓绝的军事远征，它改写了中国历史并改变了中国命运。长征，更重要的是，它是中华民族宝贵的精神财富，长征精神是民族精神的钙。珍视并传承长征精神，我们的信仰将更加坚定，我们的意志将更加坚强，我们的方向将更加正确，我们面对历史选择道路时将更加自信，只有如此，我们才能自立于世界民族之林，我们中华民族才能强盛不衰。

不仅如此，长征还是超越意识形态的人类共同的精神财富。在21世纪来临之初，由美国时代生活出版公司出版的《人类1000年》，将长征列入从公元1000年至公元2000年人类历史进程中发生的一百件重要事件。与长征一起入选的有关中国的重要事件一共三件，另外两件分别是火药武器的发明、成吉思汗帝国崛起。长征也是近代以来中国最举世瞩目的重大事件。正如《长征》一书作者王树增所说："长征这个事件在精神层面上影响了人类进程。它告诉人们，人类精神文明中最宝贵的就是永不言败，就是顽强不屈，就是高举自己信仰的旗帜、高举理想的火炬，义无反顾地走向自己设定的目标，不达目的绝不罢休。"

作为一个中国人，作为一个无论怎么讲都受惠于红军先辈长征的中国人，我们应该弘扬伟大的长征精神，用长征精神激励、引领我们今天中华民族的伟大复兴事业。

在红军长征胜利80周年之际，我在被红军先辈为伟大信仰而英勇献身所感动之际，却又不禁联想到当今社会信仰的缺失，价值观的迷失，以及西方思潮对经济社会实践的误导等，心情倍感沉重。我认为，应该用长征精神来认真省思我们正在从事的事业，应该认识到我们今天的事业是与长征一脉相承的，是长征精神的延续。

习近平同志在庆祝中国共产党建立95周年之际号召我们不忘初心。我们应该响应、落实习近平同志的号召，不忘初心，以长征精神作为我们今天事业的一面镜子，检查对照我们正在做的事情是否与红军先辈的信仰一脉相承，是不是符合他们为信仰而奋斗的理想期望？我们应该时刻保持清醒，知道我们是从哪里来、要到哪里去。

虽然随着时代的变化，今天社会生产力水平大大提高，物质财富大大增加，生产方式和生活方式与八十年前已经呈现出极大的不同，但长征精神依然并永远是我们前进道路中的理想火炬。拼搏奋斗、正义公平永远是我们的精神财富和追求的理想目标。在新的历史时期，我们不仅要继续高举社会主义的旗帜，更重要的是要在政治、经济、社会等方方面面不忘初心，贯彻社会主义的原则，建立符合社会主义价值观的各项制度，施行符合社会主义价值观的具体政策。

不忘初心，要坚持正确的价值观方向

不忘初心，就是要坚持九十五年前建立中国共产党和八十年前红军长征胜利时的伟大信仰，保持追求先辈理想的热情，坚定不移地继续走中国特色社会主义道路。

随着生产力的发展和物质文明的进步，当今世界已经非常错综复杂，我们在发展中会自觉或不自觉地迷失自己的价值观方向。不忘初心，首先要理直气壮高举社会主义的旗帜，更重要的是在建设事业中运用社会主义的价值观去引领方向，去审视正在发生的实践活动。毫无疑问，社会主义的理想和价值观就是国强民富，追求公平正义，在实事求是、兼顾效率的前提下走让全体中国人民共同富裕的道路。

不忘初心，坚持正确的价值观最重要的前提是自信，中国共产党人苦难辉煌的历史、社会主义中国今天的辉煌成就使我们有充分的理由自信，要坚持道路自信、理论自信、制度自信、文化自信。然而，要建立自信，一个无法回避的问题就是如何看待西方。毋庸讳言，近代以来，西方在工业革命的推动下取得了很大的进步，为人类文明发展做出了相当大的贡献。但是实事求是地看，西方文明发展与领先在很大程度上也是建立在殖民掠夺、地缘资源优势、对广大劳动人民残酷剥削压榨的原始资本积累基础之上的。二战之后，西方的发展在很大程度上也得益于对社会主义制度的学习借鉴，其缓解了社会矛盾，从而促进了发展。

在经济方面，自20世纪80年代以来，西方，特别是美国在新自由主义的旗帜之下金融资本放任泛滥，由为产业服务的模式，错位发展为自我服务的金融交易模式。其结果包括：一是吸引挤占了大量实体经济发展需要的资金资源，造成工业空心化；二是金融衍生品等杠杆交易登峰造极、泛滥成灾，金融泡沫以有别于传统经济周期的方式不断破裂，造成危害全球的经济危机和长时间的经济萧条；三是以金融交易为特征的金融资本主义进一步加大了贫富的两极分化，撕裂了社会，削减中产阶层财富，如今世界上最富有的1%的人拥有全球财富的50%，而全球80%的人只能分享全球财富的5.5%，并且贫富差距还在继续迅速扩大。

在政治方面，西方自以为占领了道德高地，但其唯我独尊的民主其实是建立在金钱、媒体炒作和竞选者竞拍福利政策的基础上的。选民被为金钱所左右的媒体误导，被政客不负责任也难以兑现或贻害后代的在拍卖中不断加码的福利政策诱导，真不知道他们手中的选票如何能够找到理性之"北"。刚刚落幕的让美国选民无可奈何的大选，也是一出别样的另类闹剧。不可否认，西方民主制度之中最有价值的就是制衡。可偏偏就是这个宝贵的制衡在西方政客手中被玩得异化了。"制衡"变成"拆台"，政客在议会政治中为了利益集团的利益，为了政党的利益相互拆台，全然不讲政治道德，全然不顾大局利益。

因此，我们应该客观清醒地认识西方制度的利弊，不要迷信，不要盲从。即使面对西方社会一些先进的、有价值的东西时也不要忘记"南橘北枳"的道理，在任何情况下，适用性一定比先进性更加重要，因为先进的理论均具有历史和文化的局限性，不可能放之四海而皆准，只有在特定的时间和空间之下，主客观条件完全契合时才是有效的。脱离了时空条件的"先进性"，就是南橘北枳，"先进"有可能变为"落后"。

不忘初心，就是要知己知彼，洞若观火，有自信，有定力，按照自己的价值观坚定地走社会主义道路。走社会主义道路最重要的是要用社会主义的价值观审视当今的社会实践。近些年来，学界和政府中的一些人受西方新自由主义影响，盲目崇洋，推崇西方思想，模仿西方制度，照搬照抄了一些西方市场制度和政策。改革开放是既定的国策，我们鼓励支持引进西方先进成果，但一定要立足国情，为我所用，不能照抄照搬，照单全盘接受，更不能盲目引进与社会主义价值观不相容的东西。中国改革已进入深水区，在这个深水区里，水文复杂，暗流涌动。因此，我们必须不忘初心，全面审视评估我们近些年来引进的各种市场制度、政策。无论名义如何，初衷指向如何，一定要分析评估客观上是为谁服务，谁得益。要高度关注政策方向和客观上的政策价值取向，高度警惕各种利益集团对制度和政策的影响和导向；要防止体制内的价值观偏移和制度、政策选择中的盲从、糊涂；还要始终如一地坚持社会主义市场经济的正确方向，兼顾公平与效率，为全体人民服务。

不忘初心，要清醒认识国家利益所在

不忘初心，要建立一个国家强盛、人民幸福的社会，必须在战略层面清醒认识国家利益和人民福祉所在。因此，必须保持清醒的头脑，保持定力，透过现象探究本质，排除干扰，摒弃杂异。搞明白什么是有利的，什么是有害的，为捍卫国家利益和人民福祉的战略目标全力以赴。

一、战略利益的选择——中国制造

我国是一个幅员辽阔、人口众多的大国，即使在全球化的今天，我们也不可能像一个小国那样在国际分工中仅仅为优势互补去选择充当一个角色。我们的地缘、人文、政治和安全环境都要求我们必须建立一个相对完善、自成体系、健康均衡的经济系统，而这个系统的基础动力就是制造业。制造业的重要地位无论在蒸汽机时代、电气时代还是今天的互联网时代都是不可动摇的。制造业是国之根本，是一切经济活动的源泉和其他所有行业的基础。一国的制造业规模和水平决定了一个国家的综合实力，抵御风险危机的能力，国防安全的能力，也决定了一个国家的国运。

遗憾的是，许多人对这个问题的重要性缺乏认识。近年来有些人不断鼓吹建立服务业大国，误以为"去工业化"是一种产业升级的合理趋势。然而服务业比重的增加是由于随着社会进步，人们对服务的消费需求增加，制造业劳动生产率提高和技术进步导致劳动力从制造业向服务业转移，这种变化是自然而然的，不能揠苗助长。与此同时，服务业比重的增加还会带来两大弊端：一是生活性服务业劳动生产率较制造业和生产性服务业低，会降低全社会劳动生产率；二是模仿美国等西方国家近三十年来发展服务业、"去工业化"的错误，误认为这是现代化社会发展趋势，将服务业替代基础产业，其结果不仅导致产业失衡，严重影响整体经济体系正常运行，而且也使得失去了高技术制造业支持的高技术服务业难以为继。

有鉴于此，我们不仅要正确认识和处理好实体经济与虚拟经济的关系，也要正确认识和处理制造业与服务业的均衡发展关系，分清主次，防止产业结构调整中产业结构基础失衡，结构过度软化、产业空心化和生产率低效化。

总而言之，制造业是事关国家利益、人民福祉的大事，是国家经济战略的重中之重，必须用举国之力，调动主要资源，推动中国制造发展。

要支持中国制造，有一个绕不过去的问题就是经济金融化和房地产金融化对中国制造业的妨害。

二、妨害战略利益的选择——金融化

中国经济目前正处于一个历史性的调整阶段，粗放高速发展已经难以为继，新的增长方式正在形成，中国经济发展的政策选择还在探索之中。

破解中国经济下行难题，究竟是让市场机制发挥作用，以达到"市场出清"均衡，还是让政府积极作为，投资产业升级特别是原有产业的改造升级？这些政策选择对中国经济重振、持续增长非常重要，需要我们保持清醒，运用智慧。

另外，与被赋予哲学色彩的市场机制有关的经济金融化的问题，同样值得严肃对待。

有两个现象需要关注：一是央行释放的流动性十分宽裕，但资金价格却居高不下；二是企业投资实体经济特别是制造业的意愿十分低下，投资金融食利的热情却十分高涨。2015年，一方面，金融企业所得税达8572亿元，同比增长13.9%；另一方面，工业企业所得税为7425亿元，同比下降5.3%，而且这种本末倒置的扭曲还在不断恶化。

这些现象足以说明，我国经济已经严重金融化。金融的无序发展和已异化为金融投资筹码的房地产的疯狂发展，已经严重地损害了实体经济，挤压了实体经济的发展空间。一是挤占了实体经济发展所必需的资金资源；二是投机交易的快捷与暴利，腐蚀了企业家精神，毒害了中国的投资文化；三是破坏了制造业的软硬环境基础，使中国制造业失去生长根基。

对于金融和房地产金融化的泛滥，不能熟视无睹，无动于衷。如果继续放任其自由发展，必将彻底破坏我国经济生态系统，使经济系统难以为继，给国家和民族造成灾难。

为什么我国经济会出现这种金融化局面？我认为，问题在于对金融和房地产金融化的放任自流。而这种放任自流背后的原因是我们在哲学上还缺乏对市场的辩证认识，一些人盲目崇拜新自由主义，被深深误导，相信自由市场神话，被自由市场的迷雾遮蔽了眼睛。

在这里，我不准备讨论"教科书经济学"中的理性经济人假设下的一般均衡能否成立，也不想求证一般均衡状态到底有没有在现实经济中（包括美国）实现过。我只是想从市场现象出发来看放任金融和房地产金融化后的资金流动的必然路向，借此提请政策层面从国家战略高度为金融重新定位。

资本的本性是逐利，而金融资本的逐利方式，又具有自己的天然特性，是一种缺乏耐性的短、平、快方式。金融资本的这种短线盈利方式与工业企业投资需要的长期资金投资周期长、投资风险大、资产流动性差的特点具有天然矛盾。近些年来，由于一些人被金融发展程度代表经济体发达程度的错误观念所惑，放任金融自由发展，放任房地产金融化泛滥，使大量资金通过各种渠道流入对生产增长没有贡献、只是分享发展成果且具有杠杆化暴利的房地产和金融投机交易等食利产业，房地产和金融成了吸引分流资金的洼地。任央行放水多少，资金也无法流进资金干涸的生产领域。资金只会变成投机交易的银弹，一轮轮炒高房地产、大宗商品和各种金融交易标的价格，加大经济泡沫风险。

这些现象说明在中国经济一度下行中，固然存在一般意义上的经济结构、产业结构等矛盾交织的问题，但最重要、最根本的问题是支柱大产业政策出了问题，即金融和金融化房地产等虚拟经济与实体经济关系发生了倒置。无论是从发展经济本原和经济发展规律来看，还是从社会主义制度本质来看，这都是一个严重的错误。

造成这种错误有两大原因：一是忘了初心。虽然我们高举的是社会主义市场经济的旗帜，但在市场实践中，却一定程度上放任金融、房地产在流动性幌子下投机、套利、杠杆化，以守住规则底线为借口容忍巧取豪夺。我们只是埋头搭建市场，"完善"市场结构和交易制度，"丰富"交易产品，追求技术"创新"，但忘记了中小投资者和广大人民的利益，忘记了我们建立市场是为了谁。推出交易制度、交易产品是为了谁？是为实体经济和投资大众配置资源，还是为了少数人利益服务？二是被金融神化迷惑，误以为经济金融化、金融复杂化是现代经济发展与进步的必然趋势。中国经济要重回健康轨道，就必须对虚拟经济与实体经济的关系进行拨乱反正。

打破金融迷思牢笼，应该重新定义金融服务概念，规范金融从业范围，禁止金融企业从事除信贷中介服务和资本市场融资代理服务之外的一切金融交易业务，禁止衍生品交易，禁止融资融券等杠杆交易。

我们要重新定义房地产市场，使其成为一个为居民提供住房消费服务和为商业机构提供生产经营场地的市场，限制房地产金融化。

总之，应该通过规范和限制金融与房地产的无序发展，扭转资源配置的非理性化，为实体经济特别是中国制造业让出大道。

不忘初心，重建市场秩序

市场的光环往往会蒙蔽人的眼睛，影响人的是非、价值判断力，破坏市场秩序，让人误以为巧取豪夺的邪恶现象和行为是符合市场逻辑的合理状态。因此，一定要不忘初心，拨乱反正，重建市场秩序。

一、为市场正位，让市场做正确的事情

我国是社会主义国家，实行的是社会主义市场经济。坚持社会主义市场经济，目的是更有效率地建设一个强盛并且使全体人民能够共同富裕的国家。为了实现这个目标，在确定国策的时候首先要清晰区分国家经济社会领域中什么是创造财富的生产经营活动，什么是分享经济成果的社会福利。生产经营活动一般情况下主要通过市场进行，社会福利则主要由政府承担。不能把所有的资源配置都交给市场，也不能把为人民群众提供福利的事业变成营利性的产业，加重人民群众的负担，并让经营者侵吞国家的福利投入，这是社会主义市场经济的基本属性决定的。

因此，应该让市场做它应该做的事，不能让它做不该做的事，破坏其资源配置功能，办错事，办糟事。

基于以上逻辑，我认为教育产业化和医疗市场化都不是正确的选择。

教育是关系子孙后代和民族素质的大事，是国之根本。受教育也是社会主义中国每个人应该享有的基本权利，因此，教育应该是国家承担的福利事业而不是产业。如果教育产业化，一是会加重人民群众的负担，甚至剥夺一部分人受教育的权利，破坏公平原则，固化并加大贫富差距；二是

教育产业一旦受经济利益驱动,会注重经济效益,弱化教书育人本原,降低教育质量。教育产业化不符合社会主义制度的基本原则,社会主义的教育事业不应该有市场这一选项。

医疗卫生事业直接关系人民群众的身体健康,是除温饱之外的头等民生大事。新中国成立之后,党和国家在十分困难的条件下较好地解决了人民群众的健康问题,其中一条重要的经验就是把医疗卫生定位为社会主义福利事业。改革开放后,我国一度受"唯市场"经济学家影响,在医疗系统推行将医疗产业私有化、市场化运作,在经营中实行以药养医,创收趋利。尽管国家为人民群众的医保账户投入巨额资金,但也无法填满营利性医院的创收欲壑,看病难、看病贵的问题依然严重。

医疗改革之所以在改革中被认为是失败的,首先是其改革进入了误区。医疗成为市场严重失灵的领域,无法靠市场机制解决。药品不是普通商品,靠市场是解决不了问题的,政府应该严格监管药品的生产和销售。应该抛弃美国市场化医疗制度的失败样板,学习英国去市场化的公立医疗体系,借鉴日本立法禁止建立营利性医疗机构的经验,坚持在医疗系统去市场化,恢复公立医院的非营利公益性质,以比市场化更小的投入,建设好公立医院,为中国人民保健康、谋幸福。

二、价值观与市场秩序认识

现代经济由于其活动内容丰富、交易方式多样、参与主体众多、利益诉求复杂等特性,市场秩序已成为各类市场须臾不可或缺的组织条件。市场秩序是保护市场参与主体利益、界定交易标的、规范交易行为、合理配置资源的基本保证。不同的市场,因其交易标的不同,要求的市场秩序就不同。而同类型的市场也会因各自社会制度和价值观的不同,对市场秩序有其不同的理解,这种不同的理解也会反映出不同的制度规则、不同的监管倾向和不同的资源配置导向。

以资本市场为例,西方市场经历了一百多年的历史,在保护中小投资者利益、规范交易行为以及打击虚假信息发布、市场操纵、内幕交易等方面已经形成了相对成熟的秩序规范。这些秩序规范也有相当部分可为我所借鉴。但是,由于新自由主义的深刻影响,西方资本市场放任金融利益集团以创新之名自我服务,衍生品、杠杆交易泛滥,放任非产业主体杠杆收购阉割企业长期增长能力,等等,对西方经济体的长期发展造成了严重的负面影响。

我国是社会主义国家,在利用市场配置资源时要不忘初心,坚持正确的价值观,兴利除弊。

近年来,特别是自2015年以来,我国资本市场频频出现一些保险公司及其背后的控股集团用杠杆猎购股权分散的优秀上市公司的现象,这与保险业务完全不同,它们以新兴的万能险为融资工具,由此引发了极大的争议。这些争议中除了那些概念错误、不得要领的无稽之谈外,值得关注的是,在监管层和学界中有些人关于这种现象的认识。一方面,有人认为这是一种正常的市场现象,或者是一种必然的市场趋势;另一方面,有人认为这种收购对中国经济有积极意义。有鉴于此,我们对于这种有关市场秩序和资源配置导向的大问题,应该予以澄清。

1. 从战略高度认识杠杆收购。产业并购对于任何一个经济体来说都非常重要。企业通过产业并购可以实现资源整合、优势互补、规模经济,形成集约化优势,这是人们乐见并鼓励的。遗憾的是,有些人没有看到这种同一行业中或同一产业链上的产业并购与杠杆收购的不同,只是做简单类比。特别是他们看到美国20世纪80年代之后杠杆收购盛行,就想当然地认为杠杆收购在中国也将是必然发展趋势。他们犯了简单化错误,只知其一,不知其二,他们没有透过表象深入了解杠杆收购对美国宏观经济的长期负面影响。

20 世纪 80 年代之后，美国私募股权公司纷纷启用连环高杠杆现金收购上市公司。这些私募股权公司入主上市公司的目的就是炒高套利，从未做长期投资打算，更不可能为公司长期发展考虑，它们作为资本运作高手，不懂被收购公司的行业特点，不可能为公司长期发展提供专业意见，为了降低运行成本，只能靠削减开支、裁员和减少研发投入等手法粉饰报表，炒作获利。这种财务型杠杆收购对公司最大的危害包括：一是破坏公司的研发投入、再投入良性循环体系，使公司失去持续创新能力，难以为继；二是因为收购者的短期行为会与杰出管理者的价值观、战略安排相冲突，不断逼走优秀管理团队而使公司失去长期发展能力。美国大批优秀企业正是被这些存在短期行为的杠杆收购者掏空、榨干的，这也是造成美国产业空心化、脱实入虚的重要原因。

因此，要清醒认识杠杆收购不等同于产业并购，并非善类，会对实体经济造成严重损害，应该警惕这种情况在中国重演。

2. 资本市场不能蜕变成投机者巧取豪夺的场所。资本市场是为实体经济配置资源的场所，尽管参与主体众多，利益诉求不同，但为实体经济服务的属性、资源配置的倾向性应该坚定不移，为投资大众利益服务的价值观不能动摇。可如今的资本市场资源配置功能开始劣化，栽树的得不到资源倾斜支持，摘果的却得到行政资源眷顾，在资本市场上挟持中小投资者资金，借"杠杆"呼风唤雨、攻城略地、四处套利，动辄数十亿、百亿入账，这正常吗？虽然为实现共同富裕，鼓励民营企业家在实体领域建功立业，发财致富，带动社会进步，可制度不能鼓励巧取豪夺。虽说资本市场是现代经济配置资源的必要条件，但资本市场不创造财富，其二级市场交易是财富再分配，玩的是此消彼长的零和游戏。因此，我们在制度选择上绝不能允许金融大鳄在资本市场中剥夺浑然不知的广大中小投资者的利益。

3. 杠杆收购不是资本的力量。在 2015 年以来的收购争议中，有一种意见认为，杠杆收购是资本的收购，是资本的力量。我并不这样认为。大家知道，资本是股东权益，是与负债相对的概念。可无论是险资还是与它们一致行动的控股集团的收购资金都不是资本，而是负债。何谓杠杆收购？杠杆收购就是负债收购。要说力量，那也是牌照的力量！一些杠杆收购者违背保险资金投资保守、稳健，一直是经济社会和资本市场稳定器的行业传统，激进、冒险、急功近利地把万能险变成融资理财平台，利用这个融资平台联手信托、券商、银行的各种理财和资管计划，集合了巨额资金用于对标的上市公司进行收购。这些资金无论是他们直接筹集的还是通过各种复杂的包装计划间接筹集的都属负债，都属于他们在收购计划中使用的超级杠杆，而不是他们的资本。

需要指出的是，在合同期内虽然他们可以使用这些资金，但他们和资金权益人之间仅仅是一种代理关系，他们无权把这种短期委托资金用于长期的、风险巨大的谋求上市公司控制权的超级杠杆收购。因为：一是他们并未真实、详尽地向投资者披露委托资金的使用计划，仅仅笼而统之地概括为债权、股权投资，组合投资等，委托人根本不知道这些资金是被用来做杠杆收购的，更不知道这其中蕴含的巨大风险将会由自己背负。他们剥夺了委托人的知情权，有欺诈之嫌。二是委托人作为固定收益投资人，回报有限，却要承受代理人风险投资的高风险而与其高回报无缘。风险和报酬不对等。三是从法理上来看，代理人越权侵占了委托人在被收购公司的股东权利。

尽管他们对这种短期资金计划有滚动置换安排，但一旦市场出现突变风险，资金滚动计划势必中断，短期投资人、理财客户将损失惨重甚至血本无归。那么这种事实上的对短期投保人、理财客户的绑架就有可能演变成对整个金融系统的绑架。

我们应该清醒，一方面，这种野蛮的杠杆收购是少数人牟取巨大私利，但另一方面，他们却占用了巨额的国家公共金融资源。成功了他们赚得盆满钵满，失败了却要广大中小投资者和国家来买单，承担巨额损失。这种游戏相当于赌资是别人提供的，赌赢了归赌徒所有，赌输了由提供赌资者认赔。

新加坡金融监管局在总结1997年亚洲金融风暴教训时就指出，这场危机发生的一个十分重要的原因就是家族金融集团对国家公共金融资源的占有和支配。应该高度警惕正在我国金融市场上重演的这些惊人相似的一幕幕。

4. 正视问题，积极应对。对于杠杆化收购乱象，不要一叶障目，仅仅把它看作股权之争，要从更高的层面来认识这个问题。杠杆收购不仅如前文所述会引发金融风险，而更深层次的问题是如果我们坐视不管，任其发展，将会对国家资源配置导向造成极大的负面影响。如果不旗帜鲜明地支持在实体经济领域辛勤耕耘的财富创造者，放任即变相鼓励财富掠食者，那么这种示范效应将会对我国社会的价值观和我国经济产生灾难性影响。因此，必须积极应对，采取果断措施予以制止。

一是不要投鼠忌"器"，无须忌惮市场上的"规则"之说，市场没有保护中小投资者利益、维护市场秩序的规则障碍。反倒是野蛮的收购者不仅在钻规则的空子，而且还在肆意破坏信息披露、公平交易、诚信履行代理权等基本规则。有的还勾结庄家，采取举牌拉高，庄家出货，"秋后分账"等卑鄙手段操纵股市，残酷掠夺中小投资者利益。应该清醒认识，并无规则支持这种杠杆收购，金融行业是高度敏感，关系社会公众利益、国家安全的高风险特许经营行业，不属于法无禁止即可为的范围。二是虽然有规则漏洞，监管机关也应该尽责作为，可以从法理精神出发，即从保护中小投资者利益、维护市场秩序、优化资源配置、保护金融安全出发，向杠杆收购方发出监管意见书，制止其代理越权等杠杆收购行为。三是专项检查围绕杠杆收购活动市场反应强烈的发布虚假信息、市场操纵、内幕交易和老鼠仓等违法活动，一经查实，严厉打击。四是从部门规章修订入手，先易后难，积极修法，禁止杠杆收购，明确规定金融机构对上市公司仅可实施财务投资，并限定其投资上市公司的股权比例和所占自身金融资产比例上限。

三、迷途知返，遏制金融混业

美国罗斯福总统为遏制金融资本贪婪而制定的强制金融分业的监管法规——《格拉斯－斯蒂格尔法案》在美国已经被废17年。17年来视华尔街为圭臬的中国金融界也一直为混业解禁鼓噪、探路、闯关，中国金融的分业经营在一定的程度上已经有名无实，《格拉斯－斯蒂格尔法案》所禁止的银行用民众存款直接或间接从事金融投机在中国早已不成禁忌，稀松平常，商业银行资金流入股市甚至作为融资杠杆炒股也时有发生。总之，我国金融市场的许多乱象都与学习美国、企图混业有关。

不知我国的金融界同人是否注意到，受美国民主党总统竞选者桑德斯影响和迫于美国公众的强大压力，美国民主党将恢复《格拉斯－斯蒂格尔法案》写入大选纲领，共和党也主张恢复《格拉斯－斯蒂格尔法案》。

美国金融改革的路向之所以突然变化，要纠正金融混业，是美国民众对美国金融模式频频引发金融灾难、危害实体经济的觉醒，也是美国民主、共和两党和社会各个阶层对华尔街的贪婪已忍无可忍，企图拨乱反正，通过再工业化、再实业化来纠正美国经济所犯的历史性错误。

中国金融将何去何从？

不忘初心，在任何时间、任何领域都应该是正确的选择。

省思我国金融发展方向及政策建议[①]

目前中国经济正处于一个历史性的调整阶段，粗放高速发展已经成为过去，正在向新的发展方式转型，了解清楚新时代中国经济发展的政策选择特别是金融政策选择问题，意义重大。

坚持正确的金融发展方向

前文所述一些现象说明，我国经济已出现严重的金融化趋势。金融的无序扩张和房地产的金融化，已经损害了实体经济，挤压了实体经济的发展空间。一是挤占了实体经济发展所必需的资金资源；二是金融与房地产暴利腐蚀了企业家精神，破坏了制造业的软硬环境基础，使中国制造业的持续投入乏力。

对于金融和房地产金融化的泛滥，我们切不可掉以轻心，无动于衷。如果继续放任金融自由发展，必将彻底破坏我国经济生态系统，使其难以

---

① 本文刊载于中共中央党校《理论动态》第2095期（2017年2月28日）。

为继。

一、重建被扭曲的虚拟经济和实体经济关系

金融资本具有缺乏耐性，以短、平、快方式逐利的特点。金融资本的这种短线盈利方式与工业企业的长期资金需求即投资周期长、投资风险大、资产流动性差的特点存在天然矛盾。近些年来，由于被金融发展程度代表经济体发达程度的神话所迷惑，我们放任金融自由发展，放任房地产金融化成为发展的常态，大量资金通过各种渠道流入具有杠杆暴利的房地产和金融投机交易行业，房地产业和金融业成为吸引分流资金的洼地。任央行放水多少，资金都不流入干涸的实体经济领域，却变成投机交易的银弹，一轮轮炒高房地产、大宗商品和各种金融交易标的价格，加大经济泡沫风险。

当下中国经济下行，固然有多方面的原因，但最重要的、最根本的原因却是过去一段时间支柱产业政策出了问题，即金融和金融化的房地产业等虚拟经济和实体经济的关系颠倒了。无论是从经济发展的规律来看，还是从社会主义制度初心来看，这都是一个严重的发展方向问题。

出现这种问题有两大原因：一是市场建设忘了初心。虽然我们高举的是社会主义市场经济的旗帜，但在实践中，却一定程度上放任以资本无序扩张为导向，脱实向虚，以获取高利润为目标，巧取豪夺。我们只是埋头搭建市场，"完善"市场结构，"制定"交易制度，"丰富"交易产品，追求技术"创新"，但忘记了中小投资者和广大人民的利益，忘记了建立市场、制定交易制度、丰富交易产品是为实体经济和投资大众配置资源，还是为了少数资本利益服务？二是金融界被金融神话迷惑，误以为经济金融化、金融复杂化是现代经济发展与进步的必然趋势。中国经济要走上更健康的轨道，就必须扭转虚拟经济与实体经济的关系，让金融回归本原，让

金融理性、节制发展，服务、让位于中国实体经济发展。

二、拨开金融迷雾看本原

我国经济近年来误入金融化歧途，有一个非常重要的原因，就是缺乏对美国2008年金融危机深层次内在原因、战略原因的反思，我国金融界有一个共识：美国金融创新走过了头，中国金融创新发展还远远不够。他们没有深刻认识到这哪里是度的把握问题，这分明是一个方向问题。一些人"义无反顾"地朝着美国金融的方向走下去，必将如美国前财长保尔森回顾危机时所描述的一样，走向"峭壁边缘"。

美国在这场危机过后，曾经对危机做过认真的反省，对制度做过严肃的检讨。但由于新自由主义的束缚，华尔街利益集团的强大影响力，政治制度的掣肘，美国不可能彻底解决金融的服务方向问题。即便如此，美国还是推出了被华尔街利益集团疯狂游说攻击而大打折扣的《多德－弗兰克法案》，包括其重要组成部分"沃尔克规则"。虽然"沃尔克规则"最终版本是华尔街与监管者抗争与妥协的结果，但无论怎么讲，"沃尔克规则"禁止大型银行利用政府担保的客户存款进行各类投机性自营交易，即买卖股票、债券、商品期货、期权及其他衍生品，限制银行投资对冲基金和私募股权基金等，对遏制华尔街投机、维护金融消费者利益、防范金融风险还是有相当积极意义的。

"沃尔克规则"顶着巨大的压力出台，一方面，证明美国社会中主流意见对衍生品交易的看法是其作用在总体上是负面的，即使在微观上对其有无对冲风险功能尚有争论，但在宏观上其对金融与经济的巨大危害是无人能够否定的。另一方面，这是美国对20世纪80年代金融机构脱离了为投资者和融资者、借贷双方提供中介服务的轨道之后，对自我服务的金融生态的否定，也是美国试图让金融重回服务实体经济轨道进行的努力。

"沃尔克规则"是美国受自身制度局限，金融自救的最大限度的有限之举，我国应保持战略清醒，发挥自身的制度优势，吸取美国金融的经验教训，绕过金融沼泽，选取正确的发展道路。今天，我国的银行、证券公司、保险公司等金融机构所开展的直接或间接甚至利用客户资金进行的杠杆化股票、债券、衍生品自营交易，如火如荼，早已属于"沃尔克规则"的禁止与限制范围，乱象丛生，泡沫巨大。对于这种金融乱象，不能麻木不仁，无动于衷，应该高度警惕，认真省思。

"沃尔克规则"对中国有极其重要的启示意义。但是有相当一批人错误地认为，我国当今流行的金融交易模式和杠杆化、衍生品等投机套利业态是现代金融的题中应有之义，而由此引发的金融乱象和金融风险是金融创新双刃剑中不可避免的，是现代经济、现代金融必须付出的代价。似乎唯一能应对的方法是监管，只有通过监管，才能减少混乱，减轻损害。这是一种十分糊涂的认识，这不是现代经济、现代金融的必然选择，是方向性、战略性的错误，而且一旦方向搞错，任何监管都将无济于事。市场实践证明，资本贪婪的洪流会冲垮所有高高筑起的监管堤坝。

古人云"先谋后事者昌，先事后谋者亡"，在事关国家经济命脉、国家战略安全的金融发展方向问题上一定要"谋定而后动"，想明白我们的发展方向是什么，战略选项中有哪些潜在危害。千万不可崇洋媚外，轻举妄动，毁了中华民族的复兴大业。因此，必须重新认识金融发展和金融"创新"，认识金融的本原，认清金融交易是为价格发现、资源配置而不是为投机套利，认清金融衍生品，认清金融异化发展会对国家安全产生巨大威胁，为金融重新定位。

（一）重新认识金融的本原

金融是国家现代经济的血脉，但是金融的职责是为实体经济中的借贷双方和买卖双方提供信用交易中介服务，金融应是为实体经济配置资源提供从属服务的配角,不应是现代经济系统的主角。可是正如原美联储主席、"沃尔克规则"的制定者保罗·沃尔克所言,美国自 1973 年布雷顿森林体系崩溃之后华尔街发起的所谓金融创新,已把金融的业务模式由"产业服务模式"转变为"金融交易模式",这是过去四十年来金融业最大也是最不幸的变化。这种"不幸"在于金融已经背离了早期银行资本与工业资本、产业资本的结合与服务模式,这种变化是金融业自我服务、吸噬剥削实体经济的需要,不是现代经济的需要。

因此,金融为谁服务的问题是金融业首先必须回答的问题,是发展金融的前提。前提解决了才有方向,才知道该干什么,不该干什么,才知道应支持什么,反对什么;才会在"产业服务模式"和"金融交易模式"之间做出正确的选择,才会对金融产品、金融工具做出正确的价值判断与取舍。

(二)认清金融交易

金融交易是在为实体经济配置资源、发现价格还是投机套利?多年来,我国金融市场模仿美国金融交易模式,金融交易工具和产品如雨后春笋般层出不穷,让人眼花缭乱,目不暇接。而且这些金融交易在国家服务实体经济的要求之下不能理直气壮直言套利,而是"挂着羊头卖狗肉",打着为实体经济服务的旗号为自己牟利,还美其名曰价格发现、配置资源。

首先,金融交易的参与主体绝大多数是金融机构、对冲基金,在国内还有一部分从实体经济中洗手脱身的人,或原本就是靠倒卖各种资源的套利者,以及数量可观的私募交易基金。鲜有实体企业参与其中,根本无从谈起为实体经济配置资源。

其次,金融业因交易快捷和暴利性吸引了大量资金,实体经济不仅无缘与其分羹,还因金融业吸占资金而遭受资金短缺之窘。

因此，以衍生品交易和杠杆化为主导的金融交易，不仅不是为实体经济配置资源服务的，而且是以损害实体经济为代价的，此时金融交易与实体经济是此消彼长的负相关关系。

（三）认清金融衍生品

金融衍生品不是风险管理工具，而是制造风险的工具。近二三十年以来，在金融创新旗帜下派生金融衍生品还有一个理由就是管理风险，但这也是无法成立的。

虽然理论上金融衍生品有对冲风险、平抑市场波幅的作用，但市场实践却做出了相反的裁决。一是在运行中鲜见衍生品交易能够躲过风险劫难；二是国际国内金融市场不断有因衍生品交易而使金融巨头或重创或倒闭并爆发金融风险大事件甚至爆发危机的情况。例如，1995年2月为英国王室理财的英国老牌贵族银行巴林银行，因其"天才交易员"里森在日经225指数期货合约、看涨期权和利率期货合约上的交易失误而巨额亏损，使这家享誉全球的具有两百多年辉煌历史的银行轰然倒闭，并引发了全球金融剧烈震荡，东京、伦敦、纽约股市纷纷暴跌。又如，在2008年国际金融危机之前，因自身杰出的领袖杰米·戴蒙敏锐地发现次贷风险迹象全身而退、躲过一劫的摩根大通银行，躲过了初一，却没躲过十五。四年后的2012年，其在被称为"伦敦鲸"的事件中因衍生品交易巨亏65亿美元，并造成信贷市场剧烈波动。

对衍生品而言，最具警示意义和讽刺意味的是美国长期资本管理公司的故事。

美国长期资本管理公司是由华尔街"套利之父"约翰·梅里韦瑟创建的，拥有号称全球金融业有史以来最耀眼的"梦幻团队"。在短短的两三年时间里，他们的衍生品交易规模就达万亿美元，合伙人也赚得盆满钵满。但运用高杠杆和原创衍生工具套利的长期资本公司，却没有逃脱失败的命运。其在1998年俄罗斯债券危机引发的全球金融机构集体抛售七大工业国债券的卖空踩踏中濒临破产，栽在了看似风险不大的债券市场衍生品交易上。不甘心失败的这个几乎是由原班人马组成的团队又东山再起，且吸取教训大大降低了杠杆率，但还是在2008年雷曼破产风波中重蹈覆灭命运。两位诺贝尔经济学奖获得者、一群金融天才，创造了全世界最顶尖的交易理论和模型，也拥有一流的情报和资讯系统，两次在市场上大显身手，但却两次以失败告终。这残酷的市场实践告诉我们，金融衍生工具不能对冲风险，反而只会制造风险。希望金融监管同人高度正视这个问题，不要对金融衍生品抱有幻想，也请投机逐利者不要心存侥幸。

（四）认清金融创新

认识金融"创新"对国家安全的巨大威胁。近些年来，我国在事关国家安全的国防建设和国内稳定方面大量投入，不断加强，卓有成效。遗憾的是，对于现代国家而言，特别是对于全球化背景下的现代国家而言，另外一条重要性丝毫不亚于国防的国家安全金融防线，我们却没有保持足够的警惕，甚至在不自觉地拆除——建立金融衍生品市场，放松资本账户管制。

如果说金融衍生品交易风险在微观上尚有概率或然的不确定性，那么其在宏观上的巨大危害却必然无疑。即使金融衍生品交易的立论在微观上是成立的，但是这些微观行为的叠加却会产生核裂变般的不可控能量，对宏观经济造成严重破坏。2008年美国次贷危机造成的金融海啸席卷全球，不仅对美国经济造成严重损害，对全球经济的巨大影响今天依然存在。

我国实行社会主义市场经济以来，还未发生过严重的金融危机，这让国人以为金融危机相距甚远，所以普遍缺乏危机意识。我国之所以没有发生过金融危机，是因为在此之前我国金融市场还基本上是一个结构简单、证券化程度不高、杠杆较低的现货市场。如果我国资本市场继续沿着当前的道路走下去，背离服务实体经济的产业服务模式，搞自我服务的金融交易，使金融市场不断复杂化、杠杆化、衍生品化，再拆除维护国家安全的金融长城——资本账户管制，放任美国金融大鳄进来，抄起他们原创熟悉的金融衍生工具，到那时，就会知道什么是金融危机了。

2015年我国股市剧烈震荡，就是放任股市无序发展，让杠杆交易、衍生品跨市套利肆虐的结果。股市本来是一个为实体企业提供直接融资支持的市场，诸多投资机构和投资者却把各路巨额资金以各种形式投入股市炒作；资本市场原本是为宏观经济减杠杆的直接融资市场，却莫名其妙地变成了一个加杠杆的投机交易的盛宴。短短两三周之内，杠杆牛市带来的大喜转瞬间变为大悲，巨额资金被股市交易裹挟不知所终，中小投资者被洗劫，宏观经济景气指数严重受挫。唯一庆幸的是，我国资本账户尚未开放，否则那将真是"人为刀俎，我为鱼肉"了。那些被某些人盼来"解决中国投资者结构问题，对冲中国散户"的华尔街大鳄将全面洗劫中国资本市场，那时候我们想救市恐怕也会束手无策。

2016年12月召开的中央经济工作会议强调"要把防控金融风险，放到更加重要的位置"，这是中央基于当前形势和任务所做出的重要战略部署。而要防控金融风险，不仅要加强监管，更重要的是要从社会主义价值观出发，从国家战略高度出发，重新审视金融发展方向，重新为金融定位。要破除金融迷信，美国金融市场复杂的结构和衍生工具绝不是现代经济的必然选择，而是华尔街利益集团的选择。服务实体经济的金融本不需要那么复杂，它只需为借贷双方、买卖双方、投融资双方提供简单便捷、低成本、高效率的中介服务即可，复杂并不是金融市场发达程度的标志，简单倒应是金融市场的哲学。因此，我们没有理由相信金融市场复杂化和金融危机是现代经济的必然规律和宿命。

我们要调整航向，不仅要破解新自由主义的金融迷思，还要排除业已形成的金融利益集团的干扰，这绝非易事。因此，要坚决反对与社会主义制度无法相容的新自由主义，坚持社会主义价值观，发挥社会主义制度优势，拨乱反正，让金融回归本原，把中国金融导入服务实体经济的轨道。

中国金融为实体经济服务的政策路径应该明确，简而言之便是：鼓励直接融资，限制金融交易。

应该重新定义房地产市场，使其成为一个为居民提供住房消费和为商业机构提供生产经营场地的市场，限制房地产金融化。

总之，应该通过限制金融与房地产的无序发展来解开经济困局，扭转资源配置的非理性化，为实体经济特别是中国制造业让出大道，让中国经济健康增长。

金融价值观与政策选择

金融并非完全中性，市场在资源配置中不会自动产生符合全社会利益的价值观，自由放任的金融市场倒是天然具有满足资本追逐利润需求的倾向。因此，不要幻想市场会自然而然地将资源配置妥当，特别是在金融领域。我们应该旗帜鲜明、理直气壮地在金融市场建立社会主义价值观，让金融为实体经济服务，为人民群众的福祉服务，而不允许资本以市场化为由，进行无序扩张。

一、以社会主义价值观为指导，让市场做正确的事情

我国是社会主义国家，发展社会主义市场经济的目的是更有效率地建设一个强盛并且使全体人民能够共同富裕的国家。为了使政策符合社会主义的价值观，首先应该区分在经济社会领域中什么是创造财富的生产经营活动，什么是分享经济成果的社会福利。一般情况下，生产经营活动通过

市场进行更有效率，社会福利则应该由政府承担，在社会主义国家更当如此。不能把所有的资源配置都交给市场，更不能把为人民群众提供福利的事业变成资本牟利的产业。否则，不仅效率低下，而且成本更高，会加重人民群众和国家的负担。

教育产业化和医疗市场化不仅不符合社会主义的制度原则，而且也不是科学经济的制度安排，教育、医疗等社会民生福利领域是市场严重失灵的行业，在此推行市场化只会事与愿违，把事情办糟。

受教育是社会主义中国每个人应该享有的基本权利，教育是关系子孙后代和民族素质的大事，是国之根本。因此，教育事业应该是国家承担的福利事业而不应发展成为产业。教育产业化一是会使教师偏离教书育人的正道，影响教师职业精神，加重学生、家长负担，甚至剥夺一部分人受教育的权利，破坏公平原则，固化并加大贫富差距；二是经济利益驱动下的教育产业化机构不仅会注重经济效益，弱化教书育人宗旨，降低教育质量，而且不利于青少年形成正确的价值观，误导祖国未来的建设者。总之，教育产业化不符合社会主义制度的基本原则，中国的教育事业不应该异化为产业，让资本染指。

因此，应该坚决制止教育产业化、市场化，特别是要禁止投资学校、教培机构的公司在资本市场融资上市，也不能允许其海外上市。不能坐视不允许本土教育类公司上市的西方国家，通过为中国教育类公司大开上市方便之门，使中国学生成为西方资本的提款机。

同理，也应该坚决制止同属基本民生福利的医疗卫生事业市场化，禁止投资经营医院等的医疗服务类公司在资本市场融资上市。

医疗卫生事业直接关系全体人民群众的健康保障，是解决温饱问题之外的头等民生大事。新中国成立之后，党和国家在十分困难的条件下较好地解决了人民群众的健康问题，其中一条重要的经验就是把医疗卫生定位为社会主义福利事业。改革开放后，我们一度被"市场万灵"观念误导，在医疗系统推行市场化运作，以药养医，把医院当企业经营，创收追逐利润。在这种企业化经营管理制度之下，尽管国家为人民群众的医保账户投入巨额资金，但也无法填满营利性医院的创收欲壑，看病难、看病贵、医患关系紧张的问题永远没法解决。

医院是救死扶伤的场所，医疗行业的市场化会诱导白衣天使行为异化，将医患救助关系变成商业交换关系，使医疗卫生事业误入歧途。因此，应该抛弃美国市场化医疗制度的失败样板，学习借鉴英、日、欧洲各国非市场化的公立医疗体系，重建社会主义的公共医疗服务系统。我们应转换思路，纠正公立医院的自负盈亏制度，把公立医院建设投入和医疗保险系统统筹打包进行改革，扭转无论医保账户投入多少都会被医院创收吞噬的错误机制，以比市场化更小的投入，建设好公立医院，为中国人民保健康、谋幸福。

二、用社会主义价值观建立市场秩序

秩序是市场须臾不可或缺的前提条件，是保护市场参与主体利益、界定交易标的、规范交易行为、合理配置资源的基本保证。秩序，对于不同类型的市场而言，既有共性，也因各市场交易标的不同而有不同的个性要求。即使同类型的市场也会因各自社会制度和价值观的不同，对市场秩序有不同的理解，会有不同的制度规则，不同的监管倾向和不同的资源配置导向。

以最具市场典型意义的资本市场为例，西方市场在打击虚假信息发布、市场操纵、内幕交易等方面已经形成了相对成熟的秩序规范。这些秩序规范属于资本市场的秩序共性，已有相当部分为我国所借鉴。但是，20世纪80年代之后，西方资本市场受新自由主义影响，放任金融利益集团以创新之名自我服务，衍生品、杠杆交易、高频交易等逐渐泛滥，放任非产业主体杠杆收购阉割企业长期增长能力等，对西方经济体的长期发展造成了严重的负面影响。

对于市场中出现的各种"创新"，以及其他的新情况、新问题，我们要运用社会主义的价值观分析、判断、衡量，考虑其是否服务实体经济、服务人民福祉，是否能够保护中小投资者利益、维护市场秩序。另外，我们也应该明白，金融行业是高度敏感，关系社会资源配置效率与方向，关系社会公众利益、国家安全的高风险特许经营行业，不属于法无禁止即可为的范围。

因此，在金融领域，不应放任资本无序扩张，监管者应该勇于担当，主动作为。对于市场上出现的无法规、政策可依，无案例可循的新情况、新问题，应该遵循法理精神，运用价值判断与价值选择分析研究，明确监管意见，为市场提供清晰的政策导向。

例如，对于市场中出现的以互联网金融为幌子的P2P（个人对个人借贷）问题，不能因为它穿上了一件互联网马甲，就把原本在线下属于非法集资的行为，因其移到线上就视其为金融创新。应该透过现象看清其非法集资本质，及时采取监管措施，维护金融秩序，保护广大中小投资者利益。

又如，对于在上市公司领域如传染病一样广泛出现的股权质押融资现象应该提高警惕。股权质押作为一种融资方式本不足为奇，在上市公司中有一些企业采取这种方式融资是正常现象。但是，当这种情况成为一种普遍现象时就要警惕，应深入了解其中的原因和问题，评估会不会产生系统性风险。虽然这种现象属于企业的商业行为，但是，当它可能引发系统性风险时，监管者就有责任主动作为。遗憾的是，监管层没有及时采取监管措施或提供风险警示意见，结果对上市公司和股票市场都造成了很大的负面影响。

再如，收购兼并是资本市场优化资源配置的一种重要形式，其主旋律应该是产业并购。通过同一行业或同一产业链上的产业并购可以实现资源整合、优势互补、规模经济，形成集约化优势，这是大家乐见并应该鼓励的。

遗憾的是，前几年我国并购市场的主旋律却是杠杆收购，这种从美国舶来的杠杆收购与产业并购完全不同，数十年来已经严重地影响了美国实体产业的持续发展。美国式的杠杆收购关注的是二级市场的短期资本利得，而非公司的长期投入，用削减开支、裁员和减少研发投入等粉饰报表炒作股市，逼走优秀专业管理团队，使公司失去持续创新能力和发展动力，宏观上也加快了美国产业空心化。

对于这种劣迹斑斑的杠杆收购我们本应保持警惕，可是它却在我国资本市场大行其道。一些资本玩家扛着杠杆攻城略地，恶意收购上市公司，野蛮抢摘桃子，动辄数以十亿、百亿入账。他们的行为也对被收购上市公司的正常经营发展造成了很大负面影响。

然而，对于这种现象许多市场人士视为理所当然，认为是市场行为、资本的力量，还有个别人认为不干预是遵守规则底线。其实，这些一方面是受新自由主义的误导，另一方面是缺乏对现象之下的问题实质的探究。

对于杠杆收购，我们应该清楚以下几点：

首先，资本市场是应该有价值观的，是应为实体经济发展服务的，它不是资本巧取豪夺的场所，不能一说是市场行为就可以为所欲为。

其次，这种收购并不是资本的力量，所谓杠杆就是对负债的利用，杠杆收购就是负债收购。近年来，在我国并购市场上横行的杠杆不是一般的杠杆，资金往往是保险公司以急功近利的万能险作为事实上的融资平台，联手信托、券商、银行的各种理财和资管计划集合起来的巨额资金。用这种资金进行杠杆收购，其实是对广大中小投资者事实上的绑架，剥夺了委托人的知情权，仅仅笼统地以债权投资、股权投资、组合投资等为名进行，掩盖了这些资金被用于隐藏着巨大风险的对上市公司的杠杆收购，有欺诈之嫌，是严重的违规行为。因此，出手干预这种行为没有规则障碍，维护市场秩序，制止杠杆收购者钻规则空子恰恰是监管者的责任。对于他们肆意破坏信息披露、公平交易、诚信履行代理权等基本规则的行为，以及在二级市场的操纵行为，应该坚决查处。

最后，这种杠杆收购利用的是巨额的国家公共金融资源，却是少数人在牟取私利。成功了，杠杆收购者照单全收，失败了，却要广大中小投资者和国家来承受风险。这种金融游戏会造成巨大的宏观风险，会严重危害正常的金融秩序，甚至引发金融危机，危害金融安全和国家安全。因此，应该警惕私人家族金融集团的形成和对国家公共金融资源的占用。防止资本无序扩张，重点是防止私人家族资本染指金融，防止其利用金融助推器呼风唤雨，垄断经营，损害实体经济，危害经济秩序、金融安全。

金融是实体经济的血脉，金融市场是现代经济配置资源的重要场所，也是一个利益分配的平台，是可载舟亦可覆舟之所在。因此，我们必须从国家战略和国家安全高度出发，如履薄冰、如临深渊般经常反省、思考金融领域的具体政策与国家战略的契合度，即省思金融政策的方向，使其真正为实体经济服务，造福人民群众，从而防范重大风险，保障金融安全与国家安全。

构建新型社会主义金融文化[①]

2017年7月全国金融工作会议召开之后，金融服务实体经济的宗旨重新得到重视，金融自我服务的乱象开始得到更有效的遏制。但是，应该看到，近十年来发生在中国金融市场上的诸多问题，既有外部样板文化的影响，也有经济体系里大众利益和金融服务提供者私人利益之间的冲突。而且，多年来金融从业者和金融服务使用者等对金融现状、现象已习以为常，形成思维定式，缺乏对金融本原的文化自觉。在当前中央明确要求金融服务实体经济的大气候下，也还有打着服务实体经济的旗号顶风"夹带私货"的现象。因此，为了更有效地落实中央关于金融服务实体经济、防范金融风险、维护国家安全的战略，我们应该认真分析当今中国复杂金融现象背后的金融文化影响，思考构建新型社会主义金融文化。唯此，金融方可重归本原，金融市场才可长治久安。

---

① 本文刊载于《证券时报》（2017年11月26日）。

金融文化现状

一、金融的现状

金融是为实体经济中的借贷双方、买卖双方和投融资双方提供信用交易代理中介服务的。简而言之，就是把资金持有者手里的闲置资金转移到资金需要者手里。这种转移配置就是资金融通，即金融。这种资金融通中介的专业性和存在的合理性体现在以下两个方面：

一是避免资金持有者的风险喜好和资金需求者的风险状况出现错配，即风险错配；避免资金持有者与资金需求者对资金供求时间预期的错配，即流动性错配。金融中介的职责就是根据资金供求双方的风险喜好与状况，以及对流动性的不同预期合理匹配资金，满足双方需求。

二是金融中介应该能够为资金供求双方提供便捷、高效、成本更低的代理服务，能够为资金持有者带来较高回报，降低融资者的资金成本。这正是金融中介在经济体系中担当的角色和存在的价值，也是金融的本原。

金融交易繁荣与"创新"无端增加了许多金融产品运作环节，拉长了金融服务的链条，提高了实体企业等金融服务需求者的资金成本，使实业发展困难重重，难以为继，并因此劣化了中国经济结构。近年来，金融企业利润和实体企业利润此长彼消，金融企业缴纳的所得税总规模跟整个工业部门所得税贡献相当，2016年则更上一层楼，金融企业所得税达8802亿元，工业企业所得税为7329亿元，金融企业比工业企业高出20%，加重了中国经济的脱实向虚趋向。

不仅如此，通过存款—贷款—存款的多重复杂环节衍生创造出来的资金，在多重金融产品的作用下又不断地创造出了更为复杂的债权债务关系，加大了中国金融市场乃至整个经济体系的杠杆，造成了更大的市场泡沫，给金融安全、经济安全和国家安全造成了严重威胁。

对于金融业自我服务、经济脱实向虚和国家金融安全等问题，在2017年全国金融工作会议之后，各方的认识有所转变，一些专业人士也针对金融市场发展和防控金融风险提出了一些具有较高价值的建设性意见。但这还不够，也无法防控打着服务实体经济旗号"夹带私货"的现象，更无法防止在适合的气候下金融业自我服务回潮的问题出现。对于这些基于外部样板观念影响、内部利益冲突的问题，必须深刻反省其文化根源，在中国特色社会主义新时代，拨乱反正，构建新型社会主义金融文化。唯此，金融才可能在服务实体经济的轨道上走得更坚定，走得更远。

二、流行金融文化特征

当今金融文化的主要特征包括：一是一些市场主体即金融从业者、金融服务使用者，包括少数监管者，对金融现状不假思考，感觉一切理所当然，一切仿照美国样板去做。很少有人考虑金融的本原，考虑谁应该为谁服务的问题。

二是有些人崇尚自由放任的市场，信马由缰，认为技术创新天经地义，金融复杂化是市场进步的需要，是市场发达的表现，而很少考虑资源配置的方向，配置给谁。

三是金融领域中大众利益往往没有得到金融体系参与者的重视，普通投资者在利益驱动下也很少去质疑规则、潜规则和自身利益的关系，自身权益受"中介溢价"侵蚀也浑然不知。

四是在"零和游戏"的金融交易中，一些金融机构凭借业务特权、专业、信息、资金等优势，恃强凌弱，丧失职业道德底线，自我服务，陶醉于利润和高薪奖金之中。

五是在炒作交易致富发财的氛围之中，一切向钱看，漠视和过度容忍金融市场的操控行为,放任被巧妙包装的研究报告和媒体股评误导投资者,市场各方对此似乎熟视无睹。

六是金融市场专业机构和市场炒家青睐"市场波动"。专业人士创新衍生工具多方套利,加剧了市场波动。而市场各方无视潜在风险,形成了金融衍生品可对冲风险、平抑市场波幅的"共识"。

因此,有必要认识当今流行金融文化的根源。

三、流行金融文化根源

1. 新自由主义误导。以美国为代表的西方金融市场推崇"万能"的市场机制,放任市场自由发展,放任金融机构追逐利润最大化,鼓励个人利益至上,金融价值观扭曲,很少有人考虑公众利益、经济全局问题。

2. 大众利益与金融中介利益冲突。保障大众利益本应是金融市场的价值目标,唯有大众利益得到保障,金融市场才可能持续健康发展,才可能长治久安。遗憾的是,大众即金融服务使用者在金融市场中是弱势群体,而处于强势地位的金融中介的利益则凌驾一切,凌驾于客户利益之上,凌驾于为宏观层面经济体的资源配置服务之上。当出现利益冲突时,投资者被迫接受较低回报,融资者不得不付出较高成本已成为市场常态。不同的利益动机和不同的交易行为,就构成了金融文化不同的价值取向,遗憾的是,当今的金融文化是金融中介利益动机主导的文化。

3. 西方金融利益集团强大的政治影响力。金融中介与大众在利益发生冲突时往往前者占尽上风,主要的原因是他们在市场中的影响力、专业地位、广泛的人脉、游说能力和强大的政治影响力。因此,无论是当他们推行的金融产品对客户的影响或对宏观经济的影响出现争议时,还是当他们投机套利的交易行为或自营业务可能受限时,他们总能过关斩将。

4. 金融服务受众对金融市场现状习以为常,见怪不怪,缺乏对金融现象和市场潜规则的辨识能力，缺乏对自身合法权益的保护意识。他们一盘散沙，无法形成一种抗衡甚至是平衡市场不良文化的力量。

5. 中国金融市场有些相关人士，把美国市场视作天经地义的样板，甚至把对美国造成金融危机的金融工具，拿来中国搞"创新"。他们没有对产品进行金融本原的价值判断，没有质疑，自觉不自觉地欢迎甚至出台政策鼓励以利润为导向的金融"创新"，不断引入不知服务何人、宏观风险极大的金融衍生品和杠杆交易。

社会主义金融文化构建

习近平同志在党的十九大报告中指出，"文化是一个国家、一个民族的灵魂。文化兴国运兴，文化强民族强。"① 金融文化也是一种文化现象，中国的金融文化毫无疑义属于社会主义文化范畴。

"不畏浮云遮望眼，只缘身在最高层。"在中国金融文化建设上，在中国金融制度建设上，我们必须高瞻远瞩，保持高度清醒。必须有高度的制度自觉，不能忘记我国是社会主义国家，实行的是社会主义制度。应该不忘初心，坚持"四个自信"，在学习借鉴西方的同时，划清社会主义与资本主义的界限。在金融领域理直气壮、旗帜鲜明地构建新时代社会主义金融文化，用社会主义金融文化引领社会主义金融市场建设。

制度自觉、文化自觉，是新时代中国特色社会主义建设的大前提，是中国社会主义事业成功的根本保障。

我有幸参与了中国资本市场的早期创建，经历过早期的对西方特别是

---

① 习近平：决胜全面建成小康社会　夺取新时代中国特色社会主义伟大胜利——在中国共产党第十九次全国代表大会上的报告［EB］. 中国政府网, 2017-10-27.

美国资本市场的学习和模仿。应该说早期的这种学习和模仿是必要的、有益的，这是一个必要的发展阶段。但是，在中国金融市场上，各方面都把注意力集中在技术层面对样板的模仿学习上了，而对于金融本原之上的金融战略方向，对于根据社会主义制度和价值观，我们面临的国情、任务和经济社会的需求，构建社会主义金融文化这个大课题，却重视不够。

金融文化是金融制度提供者（决策者和监管者）、金融从业者和金融服务使用者的价值观取向、思维方式、行为方式和由此导致的资源配置方式与状态。说到底，金融文化是对金融与经济本原依存关系的认识与实践。

社会主义和资本主义是两种完全不同的社会制度，社会主义制度以人民为本，以全体人民的共同富裕，即社会利益最大化为至上目标；资本主义制度以资本为本，以少数人的资本私利最大化为"神圣"目标。

社会制度不同，价值观不同，对金融属性的理解就不同。当代资本主义金融，在新自由主义的旗帜之下，在笃信市场为本的原教旨市场哲学之下，放任私欲，变"产业服务模式"为"金融交易模式"，以金融交易为其安身立命之本。在"零和游戏"的金融交易中大搞投机套利，贪得无厌地掠夺中小投资者利益，损害实体经济，不断引发金融危机和经济危机。

社会主义金融显然不应以本原异化的美国资本主义金融为样板，充其量它只能是我们借鉴正反经验、批判学习的对象之一。社会主义金融应该坚持社会主义的制度原则，坚持为大众利益服务，坚持产业服务模式，坚守中介代理职责，为借贷双方、买卖双方和投融资双方提供信用中介服务。优化融资结构，适度保持银行信贷主体地位，着力提高直接融资比重，限制非信贷股票债券融资，缩短资金链条，降低融资成本。与此同时，特别重要的是要正确处理一、二级市场关系，在为一级市场融资提供流动性服务的前提下，限制金融交易，反对金融交易复杂化和杠杆化。

我国金融业要完成好社会主义制度前提下的资源配置任务，就必须正本清源，建构社会主义金融文化。西方金融界一些有识之士也认识到，金融乱象的病根是金融文化异化，故呼吁重建金融文化。但在资本主义制度之下，在新自由主义哲学之下，再加上强大的金融利益集团的政治影响力，这是一个永远无法解决的问题。

唯有在社会主义中国，这个问题可以解决。我们从社会主义制度出发，从社会主义价值观出发，深刻反省当今金融文化问题，就不难做出正确判断，就不难构建好社会主义的金融文化。社会主义的制度原则不允许利益集团凌驾于社会利益即人民大众利益之上，我们有能力抑制金融利益冲突，把金融导入服务实体经济的轨道。这就是中国的制度优势，也唯有中国才能构建健康的也是符合人类社会经济生态规律的社会主义金融文化。

社会主义金融文化要理直气壮地以社会主义的制度特征、社会主义文化观念为前提，以社会主义价值观为导向。要以国家利益、全体人民利益、市场持续健康发展为最高目标。不允许私人利益、金融中介利益和其他利益集团利益凌驾于人民利益之上。要旗帜鲜明地为中国特色社会主义市场经济配置资源，为实体经济融资服务，为社会公众利益服务，并着重保护中小投资者合法权益。社会主义金融文化要旗帜鲜明地反对金融交易模式，抑制金融过度交易，禁止投机套利。

社会主义金融文化要规范、引导、弘扬，要培养从业者的文化自觉，但最重要的还是要用制度落实文化，要用可为、不可为的清晰界限引导规范文化。说到底，金融文化还是要落实到指导金融制度建设上，唯此，才能对优化资源配置产生积极影响。

用社会主义金融文化重塑市场

习近平同志在党的十九大报告中提出,"深化金融体制改革,增强金融服务实体经济能力,提高直接融资比重,促进多层次资本市场健康发展。"① 要贯彻落实党的十九大精神,就必须坚持"四个自信",理直气壮地摒弃资本主义金融文化,按照社会主义价值观构建金融文化,用新时代社会主义金融文化引导、指导、建设符合社会主义制度特点的金融制度、融资制度、交易制度。用制度匡正金融发展方向,理清和明确金融服务对象、服务方式、服务产品、服务规范,防止金融中介"夹带私货"自我服务。

改革开放是中国的基本国策,金融服务业对外开放也已是既定政策。金融服务业的对外开放一方面会对提升中国金融机构的业务能力产生积极影响,另一方面也会对中国金融服务业、金融服务对象、金融秩序和金融监管形成很大的挑战。在此情况下,如何将外来金融服务中介导入服务实体经济的中国金融发展轨道,抑弊兴利,为我所用,特别是与此同时有效维护国家金融安全,就显得尤为重要。

因此,从这个角度来看,构建新时代社会主义金融文化,掌握话语权,用社会主义金融文化理念引导金融制度建设,用制度引导规范金融服务业务方向,是保证中国金融改革开放成功最重要的基础。

一、坚持金融服务实体经济原则

要让金融服务实体经济,就不能漠视、默认金融市场现状,放任金融

---

① 习近平:决胜全面建成小康社会 夺取新时代中国特色社会主义伟大胜利——在中国共产党第十九次全国代表大会上的报告[EB]. 中国政府网,2017 - 10 - 27.

"创新"。要破除金融市场复杂化是市场发达程度的标志,是现代经济发展的趋势,市场愈益复杂的结构化、杠杆化是有效资源配置、对冲风险的必要条件等金融迷信。更要警惕的是,在贯彻全国金融工作会议金融服务实体经济的大气候下,打着服务实体经济的旗号,行自我服务之实,妨害实体经济发展的现象。

在坚持金融服务实体经济的问题上,应该透过现象看本质,去伪存真,由此及彼,由表及里地进行实证分析。要分析其产品属性、业务方式、参与主体。要问一问,谁人得利?真和实体经济有关吗?对实体经济的助益如何?传导机制、传导方法、传导路径是什么?由此便不难区分什么是服务实体经济,什么是金融机构自我服务和为市场投机套利炒家服务。对服务实体经济的金融业务,要积极鼓励,坚决支持。对与实体经济无关甚至对其有害的金融活动,应坚决限制乃至禁止。

在金融服务实体经济、防范金融风险问题上,一定要有"有所为,有所不为"的制度红线,不能有灰色地带。

习近平同志在全国金融工作会议上明确指出,"为实体经济服务是金融的天职,是金融的宗旨,也是防范金融风险的根本举措。"[1] 这一论断把金融宗旨和金融风险防范的辩证关系讲透了。因此,我们在金融风险防范问题上应该彻底转变观念,防范金融风险不能依赖被动监管,关键在于坚持服务实体经济主业。放弃产业融资服务宗旨,误入金融交易歧途,大搞衍生品"创新",必定会产生金融风险。不要指望通过监管来防范风险,监管是必需的,但也是有限的。金融一旦误入交易模式歧途,在利益驱动之下,无论监管大坝多高多大,也会被贪婪的洪流冲垮。

---

[1] 习近平在全国金融工作会议上强调 服务实体经济防控金融风险深化金融改革 促进经济和金融良性循环健康发展 [EB]. 央视网,2017 – 07 – 15.

二、坚持产业服务模式

要使中国金融业拨乱反正，重回产业服务正道，就必须对症下药，拿"金融交易模式"开刀！我们应该清醒认识，虽然金融交易是金融市场不可或缺的有机组成部分，承担了为融资提供流动性支持和价格发现的功能。但是，这种功能在金融活动中处于从属地位，是对金融产业服务的间接支持。当金融交易喧宾夺主，成为金融的主要业务模式时，它就不再以服务实体产业为"天职"了，整个金融业就异化了。严格地讲，金融交易是"零和游戏"，虽然金融交易创造收入，但它不创造价值。金融交易是金融机构自我服务、投机套利的滚滚财源。金融交易市场已经变成一个自成体系、自我循环的"飞地"，它不仅未能解决实体经济的融资难、融资贵问题，有些时候还会对国家金融安全乃至整个经济、社会形成极大的威胁。

总之，要彻底解决金融服务实体经济问题，并有效防控金融风险，唯一的战略选择就是：大力发展直接融资，严格限制金融交易。

严格限制金融交易，重点是要限制金融中介服务机构在中介代理业务之外进行交易谋利。金融中介机构应该恪守客户代理人天职，尽其所能为客户服务，并收取与服务相匹配的报酬。金融中介机构由于享有优于客户的资源、时机、通道等业务特权，对同一交易标的容易发生偷步抢跑，与客户存在利益冲突，容易产生不公平交易、内幕交易等问题。

三、重视一级市场建设

资本市场是通过直接融资为实体经济配置资源的重要场所。如何加强资本市场建设？资本市场建设的重点在哪里？对这些看似常识性的问题，许多人长期存在误区。毛泽东同志说："研究任何过程，如果是存在着两个以上矛盾的复杂过程的话，就要用全力找出它的主要矛盾。捉住了这个主要矛盾，一切问题就迎刃而解了。"① 在确定资本市场工作重点时，我们首先应该找到资本市场的主要矛盾。虽然一、二级市场之间是相辅相成的关系，但长期以来，大众自觉不自觉地都把对资本市场的注意力集中在二级市场上，给予了二级市场太多的关注与关照，因为二级市场实在是关系到太多人眼前的、现实的利益。但是我却不得不说，这实在是一个误区，资本市场的主要矛盾、主要问题不在二级市场。

业内人士应该清楚，资本市场的主要任务就是发行股票债券等筹集资金，而这项任务是通过发行市场即一级市场完成的。因此，无论从资本市场设立的宗旨目标，还是从目标实现途径来看，一级市场都是资本市场的主战场。抓住了这个主要矛盾，资本市场的工作重点就找到了，资本市场就会进入顺利发展的轨道。

自深沪两个证券交易所在1990年12月相继开始交易以来，中国资本市场已经经历了27年的发展，但直至今日仍无法满足各方期望。这其中固然有各种原因，但最重要的原因是对二级市场的过多关注与关照，没有抓住主要矛盾，没有把工作重点放在对一级市场融资能力的培育上。没有把一级市场作为工作轴心，反倒是一切工作都围绕二级市场，一级市场服从二级市场。近些年来，中国的股市没有成为经济的晴雨表，倒是二级市场的行情成了关心市场的各方人士心情的晴雨表。各方人士都天天关注股指，关心股价行情。结果是一级市场与二级市场的关系本末倒置，一级市场的发行规模、发行节奏要看二级市场脸色。一级市场的发行计划要根据二级市场的交投是否活跃、股指是高还是低来制订。让人遗憾的是，中国证券市场建立以来，曾九次因为二级市场持续低迷而长时间停止新股发

---

① 毛泽东. 毛泽东选集（第一卷）[M]. 北京：人民出版社，1991年6月.

行。空窗期短的有数月至半年，最长的达一年零三个月。这种不惜以牺牲资本市场融资功能维护二级市场的做法，其实没有必要。因为二级市场过于低迷，会严重影响一级市场融资能力，市场会自动做出调节。发行上市是一种融资者和投资者博弈权衡的商业行为，市场接受不了，融资者自然会知难而退，无须监管者干预。须知，一个正常、持续和可靠的一级市场，对资本市场融资能力培养和投资者的信心十分重要，对资本市场支持实体经济的重要性更自不待言。

让人欣慰的是，中国证监会一年多来已经加大了对一级市场的倾斜和融资能力培养，新股发行保持常态化，资本市场直接融资贡献逐渐加大。

各方人士对二级市场的不当关注、关照还反映在为所谓的流动性提供杠杆交易工具，为对冲风险创设各种衍生品上。结果适得其反，加大了市场波动，增大了市场系统性风险，伤害了投资者，反过来又损害了一级市场的融资功能。2015年的股市异常波动，不能不说就是这方面的一个深刻教训。

因此，应该摆脱认识误区，坚决把一级市场融资功能培育作为资本市场的重中之重，一切工作都要围绕一级市场、服务一级市场、服从一级市场而展开。

四、为二级市场正确定位

构建社会主义金融文化的重点是二级市场建设。因为金融二级市场是市场各方利益聚焦、参与者人数最多的地方，也是参与者被利益驱使，价值观容易迷失，很难清醒、自觉、自拔的地方。因此，二级市场尤其需要社会主义金融文化为其指点迷津，为其正确定位，规范其建设。

1. 二级市场定位。

要为二级市场正确定位，首先应该明确二级市场的服务对象和内容，具体包括两个方面：一方面，二级市场是为一级市场的投资者提供配置资源、转移风险的流动性支持和融资价格发现的。没有一级市场，二级市场就没有存在的前提。另一方面，二级市场也是为二级市场的投资者提供透明、便捷、安全和低成本交易支持的。

必须明确新型社会主义金融文化之下的二级市场价值观：二级市场是从属于一级市场，为其提供配套支持的；二级市场保护正当交易者的合法权益，维护公平交易原则，为投资者提供交易便利。但二级市场不鼓励除维持正常流动性、正常配置资源交易之外的过度杠杆交易，限制过度投机套利交易。

2. 二级市场规范。

规范二级市场建设，必须紧紧围绕社会主义的金融价值观下的市场定位来进行，有所为，有所不为。

有所为：就是要加强市场透明度建设，注重资源配置优化和效率，维护市场秩序，坚决打击发布虚假信息、非公平交易、内幕交易和市场操纵等违法犯罪行为。

有所不为：一是正确看待股指。

以平常心看待股市潮起潮落，改变观念和价值判断标准，不以股指高低作为衡量股市优劣的标准。建议监管部门不要每天关注行情，除非股价异动，股市震荡波动，当然市场监察岗另当别论。还是把注意力放在市场融资能力培育、市场规律及规则研究、市场秩序维护、投资者保护和金融风险防控上为要。

二是正确认识流动性。

流动性是市场融资能力的保障，适当的流动性是一个健康有效市场的基本条件。市场正常的原生态的流动是市场交易标的物的整体价值水准，交易标的的盈利增长前景，不同投资者的风险喜好差别，不同投资者资源配置的时空差别等因素相互作用的结果。正是这些因素以及投机者的参与润滑，在正常的宏观周期经济环境下促成了良性的资金流动。但是真理和谬误仅一步之遥，以流动性目的介入资本市场的融资融券，打破了原有的流动性均衡。在熊市环境下，因投资者的集体悲观预期趋同，少有人使用融资杠杆，于流动性无补；在一般市场环境下，市场流动性并无问题，融资杠杆的使用者往往都是投机者，投机加大了股市波动，加大了个股的非理性分化和市场投机氛围；当市场预期趋于集体乐观的时候，使用融资杠杆就等于火上浇油。它会造成流动性泛滥，迅速加大市场泡沫，使股市快速冲顶透支牛市。而在市场预期逆转之时，2015年股市异常波动的一幕就可能重演，使用融资杠杆的投资者可能被平仓而血本无归，融出资金的证券商可能集体平仓出逃而出现踩踏灾难。这时候，平日无人问津的融券可能就被派上用场，与股指期货跨市做空一道加速股市下跌。

三是清醒认识高频交易等技术工具。

高频交易风靡美国等西方国家，近年在中国资本市场也开始潜滋暗长，2015年我国股市异常波动时就有机构利用高频交易赚得盆盈钵满。

对于高频交易之类程序化交易现象，应该保持高度警惕，不要想当然被所谓的技术进步迷惑。首先，在判断其是否适合引入之前，应该了解，高频交易为什么人所使用？为什么人的利益服务？高频交易的使用者一般都是财力雄厚、技术实力强的专业公司，为了提高交易速度，它们往往把服务器安装在交易所主机附近，或者铺设光缆专线、租用通信卫星。由此不难了解，这种纯逐利交易和支持一级市场融资毫无关系，获利者是市场专业炒家；普通中小投资者无力和它们竞争，不符合资本市场的公平交易原则，这种交易方式不符合新型社会主义金融文化的价值取向。其次，高频交易具有很大的技术风险。2010年5月6日，美国标普500指数闪电崩盘，20分钟下跌了6.2%，账面损失8620亿美元。事发当天，所有的人都深感震惊却不知祸起萧墙，直到很久才发现，原来是高频交易惹的祸。因此，应该考虑在中国金融市场禁止高频交易。

五、警惕金融衍生品的巨大破坏力

自 2008 年美国金融海啸发生以来，中国金融界对金融衍生品交易的巨大风险似乎仍未予以高度重视，还陆续推出了一系列衍生品如股指期货、国债期货、期权甚至场外期权。很少有人对此提出质疑。

香港前金融管理局总裁任志刚先生，曾经在 1998 年亚洲金融风暴中与金融大鳄索罗斯实战搏杀，还经历过 2001 年互联网泡沫，2008 年金融海啸，并多次帮助香港渡过险情、化险为夷。他对金融衍生品一直持否定态度。他还曾撰文指出："过度聚焦于利润和花红的金融文化，催生了金融机构赢得零和博弈的欲望，投入大量精力去建立被格林斯潘美名为尖端金融的运作手段，创造复杂的财务安排和商业模式，迟早会令金融机构面临前所未见、无从量化并因此无法管理的风险，在不知不觉间甚至会酿成系统性危机。"他还指出："监管机构似乎有一种集体倾向，会向以利润为主导的创新意念伸出欢迎之手。例如，监管机构接纳创新的金融衍生工具市场及产品，却没有质疑这些金融衍生产品对实体经济的功用。"久经沙场、在国际金融界广受赞誉的任志刚先生的真知灼见，应该引起我们深思。

可能还有人会有幻想，虽然衍生品有风险，但只要加强监管，层层设限，利用技术手段抑弊扬利就可安全无虞。但我却不这样认为，理由如下：

一是金融衍生品在中国资本市场出现是一个战略方向上的误会，它不符合社会主义金融文化，是与服务实体经济相冲突的，不存在尺度把控的问题，不必浪费监管资源。

二是金融衍生品就像毒品，不能指望"瘾君子"克制。2008年美国金融海啸之后，国内在引进金融衍生品时就有人给自己找理由，说美国衍生品交易引发危机的原因是场外交易，我国要搞的衍生品交易是场内（交易所）交易。姑且不论衍生品的场内交易有无风险，曾几何时，国内的场外期权交易在"创新"的旗帜下做得风生水起。让人无语的是，场外商品期货期权等竟也打着为实体经济服务的旗号大行其道。目前开展场外期权交易的机构众多，期权标的广泛，交易对手复杂，但尚无规则可循，仅靠自律。近期场外期权市场规模陡增，市场透明度更成问题，高杠杆风险、跨市场影响风险、借道隐蔽违规风险、投资者适当性管理风险等都在积聚。由此不难看出，如果方向错了，不要指望监管全知全能，再优秀尽责的监管者也防不胜防。

金融衍生品就像一个魔盒，只要打开盒子，它就会不断衍生裂变，愈益复杂，直至无以量化无从管理，爆发系统性风险。例如，近年来中国因金融衍生品交易的发展，市场复杂性、风险性增加，就有国内金融界颇具影响力的人士提出要推出CDS来管理风险的动议。正如任志刚所言，"只要有一个合理的解释或借口，他们便会冒险。最常见的便是以恶名昭彰的CDS去管理信贷风险及市场风险的改变。"这是一种危险的倾向，用一种风险工具去对冲另外一种风险，只会把这个市场搞得更加复杂，引发更大的风险。2008年美国金融海啸过程中最让人担心的就是62万亿美元的CDS风险总爆发。不要指望利用金融衍生品避险，还是不相为谋为上。

党的十九大报告明确了在新时代全面建设社会主义现代化强国的新目标，明确了资本市场在新时代的历史重任，为我们构建新型社会主义金融文化提供了历史机遇。让我们不忘初心，坚持"四个自信"，用社会主义价值观重塑社会主义金融文化，让金融为中华民族伟大复兴贡献力量。

中国资本市场的制度与政策选择[1]

党的十九大和全国金融工作会议之后,金融必须服务实体经济已有定论,然而在资本市场采取什么样的制度规范和政策路径来为实体经济服务这个十分重要的问题上,金融界却似乎缺乏周全思考、深入讨论,在部分问题上没有摆脱思维定式。如今,无论是近十年模仿舶来的金融业务模式,还是新近借鉴创新的交易产品,无不打着服务实体经济的旗号,但是并未给出服务方式的实证分析与说明,也没有看到其服务实体经济的传导路径。如果继续在金融服务实体经济的有些问题上瞒天过海,热衷金融交易,自我服务,长此以往,不仅中央要求的金融服务实体经济和防范金融风险的重大战略决策无法落实,而且万众期待、刚刚风生水起的股票市场牛市气象,也将难逃"其兴也勃焉,其亡也忽焉"的短暂宿命。

---

[1] 本文刊载于《21世纪经济报道》(2019年4月1日)。

资本市场的两大功能

多年来，我国资本市场熊长牛短，特别是近年来牛市往往疯狂而短暂，熊市则低迷而漫长。究其原因，人们大多将其归咎于中国股市投资者中散户比例过高，非理性、投机性过强。虽然此说不无道理，但也有些偏颇。从美国二十世纪五六十年代以来的市场实践看，正是所谓的机构投资者出现之后，随着他们在上市公司股权结构中的权重逐渐增加，市场的换手率却不断提高，市场的投机性更强了。机构投资者和传统的企业家大股东相比，无心也无力追求公司的长远发展与治理，追求的只是短期的市场资本利得。同时，这也是如今误导市场的"市值"概念风行的主要原因。同理，被寄予厚望、着力培养的中国机构投资者也差强人意，其投机性比起散户有过之而无不及，被市场视作"大散户"。其实，也没有理由责怪中国的机构投资者，机构投资者也无力承担市场道德责任。至于有人开出的"用外国机构投资者对冲中国散户"的市场治理药方，不仅荒唐而且十分危险。应该明白，在某些方面来看，资本市场是一个逐利的场所，无论是机构还是散户，无孔不入地逐利出于人的本性，无可厚非。寄希望于自律、节制、内控甚至监管，必然失灵。因此，要改变金融机构以"为实体经济服务"为幌子的金融自我服务，将其导入服务实体经济的轨道，改变牛短熊长、要么疯狂要么死寂的尴尬局面，就必须从制度入手，重新按照资本市场的定义选择制度与政策，用制度去引导和规范资本市场的各类行为主体。

简而言之，资本市场有两大功能：一是为实体经济融资，为实体企业在一、二级市场配置资源；二是让广大人民群众搭乘中国经济列车，分享中国经济成果，增加财富获益渠道。

鉴于此，要使资本市场胜任服务实体经济、让人民群众分享中国经济成果这两大任务，就要主题明确，去芜存菁，去伪存真，删繁就简，排除一切干扰，让资本市场回归本原。

1. 上市资源有限、宝贵，应该珍惜上市资源优化使用。

（1）发行上市安排与再融资安排应该以实体企业为主，优先安排符合经济社会发展趋势和产业政策方向的高新技术企业利用资本市场融资。

（2）限制娱乐企业上市。娱乐业不仅有满足人民群众娱乐休闲的文化功能，而且有社会教化的作用。娱乐企业上市会受市场利益驱动，过度追求商业利益和票房价值，扭曲社会文化价值取向，妨害社会主义文化建设，还会挤占实体经济上市资源。

（3）限制金融类企业上市。如今，金融类上市公司在整个上市公司中已占据太高的比例。截至2019年3月15日，金融类上市公司95家，总股份2.05万亿股，占比31.19%。截至2017年末，金融类上市公司总资产169.9万亿元，占比75.64%；净利润1.7万亿元，占比47.15%。金融类上市公司在整个上市公司中占比过高，喧宾夺主，势必助推中国经济的金融化，拉长实体经济资金供给链条，增加实体经济成本，助长经济杠杆化和泡沫化。过多的金融企业供给，非但不能更好地为实体经济服务，还会挤占实体经济资源，其短、平、快的盈利模式和高额的利润，还会误导更多的实体企业放弃投资周期更长、利润更低的制造业等实体产业转行金融，不利于实体经济发展。因此，应该限制金融类企业上市。

（4）禁止教育类、医疗类公司上市。教育和医疗是社会领域中最重要的民生保障，发展教育和医疗是国家特别是社会主义国家的重要责任，不是市场的责任。社会领域不同于经济领域，是不能市场化和资本化的。市场有市场的规律，资本有资本的逻辑，放任市场配置社会领域的教育、医疗资源，让学校和医院变成资本逐利的工具，人民群众不仅无法公平享有最基本的教育和医疗保障，而且还将不堪重负。因此，作为典型市场化的、为经济领域配置资源的资本市场，不应染指社会领域。不应为资本错误地进入它本不该进入的社会领域提供支持。成都七中实验学校事件也许应该引起我们警觉与反省。鉴于此，必须禁止教育类、医疗类企业上市。已经上市并控制教育、医疗资源的企业，应该剥离有关业务，或重组，或退市。

（5）实行坚决的退市制度。优胜劣汰，吐故纳新，是生命进化的基本规律，也是资本市场健康发展的基本要求。无论从辩证认识保护投资者利益来讲，还是从腾笼换鸟为服务实体经济集约化配置资源来讲，都应该义无反顾地实行退市制度。深圳早期实行坚决退市制度的经验，以及深圳证监局2009年向证监会建议的退市实证方案，都说明上市公司退市处置风险可控。

2. 要树立一级市场为主、二级市场为辅的正确理念。从中国资本市场的实践来看，近些年我国在资本市场建设中没有始终清醒地把一级市场建设作为最重要的工作，而对二级市场给予了太多的关注，搞了太多的交易创新。毋庸置疑，二级市场是为一级市场提供流动性支持的，是不可或缺的，但它必须紧紧围绕一级市场融资主线，其创造的流动性以满足一级市场融资为目的，不能自成体系，自我扩张，以金融交易为目的，以金融创新为借口，投机套利，肆意加杠杆，吹泡沫。这样的二级市场，不仅不能为一级市场提供持续支持，而且会引爆金融危机，洗劫投资者，制造经济社会灾难。因此，应该重整资本市场价值取向，旗帜鲜明地一方面大力支持直接融资，另一方面坚决限制金融交易。

3. 保护广大中小投资者。要改变观念，改变对中小投资者的偏见，应该清楚中小投资者不是资本市场的负资产，机构投资者并不比中小投资者更高尚。应该客观承认，中小投资者的广泛积极参与就是中国的国情、民情，而且这种中小投资者作为中国股市重要投资者的状态还将长期存在。他们的参与，支持了中国股市的发展，支持了中国经济的发展，为中国的股市提供了流动性，已经成为中国股市不可或缺的重要组成部分。因此，监管者的任务不应该是寄望于机构投资者收编并代替中小投资者，而应该是基于现实重新审视原有政策，注重对中小投资者的保护，让他们参与并分享中国经济红利。

无论从资讯掌握、投资经验还是从技术手段等方面来看，中小投资者都是资本市场的弱势群体，是最容易受伤害的。因此，应该针对他们的弱项，制定切实可行的中小投资者保护制度。对中小投资者的保护，除信息披露改进之外，应该包括两大类：一是防范市场强势主体伤害，二是防范非公平交易制度伤害。

（1）改进信息披露。中国资本市场的信息披露制度相对比较完善，未来需要改进的方面包括：一是信息披露的可读性；二是加大对违反信息披露法规的处罚力度，特别是对财务造假等虚假信息发布行为要推动修改《刑法》，加大刑事处罚力度，震慑图谋不轨者。针对中小投资者信息披露解读能力较弱的特点，应该考虑改进信息披露方式，在年报摘要版和其他信息披露文件中针对中小投资者做一些简明扼要的专门提示。应该要求证券公司针对其中小投资者客户投资的产品，向客户提供针对性信息提示服务。

（2）加强对证券信息咨询机构等其他市场主体股评信息的监管，尽可能保护中小投资者，使其免受误导干扰。

（3）对市场操纵、内幕交易等严重侵害中小投资者利益的违法犯罪行为持续高压监管。无论市场形势如何变化，坚持无差别严厉打击惩处，对打着"市值管理"旗号的市场操纵行为严厉打击，对"市值管理"过程中的一些内幕交易严查深究。

（4）坚持三公原则。应该审视资本市场现行的交易制度、交易模式和交易产品是否有违公平原则，是否侵害了广大中小投资者的利益。对广大中小投资者无法参与或大多数不能参与的高频交易、金融衍生品交易，应该按照公平原则反省检讨。在零和博弈的二级市场，一方的收益必然意味着另一方的损失。拥有雄厚资金和技术优势，采用高频交易的一方利用其优势谋利，没有资金和技术优势的广大中小投资者作为另一方就只有挨宰的份儿。同理，大多数中小投资者不可能参加的衍生品交易虽然侵害方式相对复杂曲折，但有利无缘、有灾陪葬，同样是不公平交易。如果允许这种不公平、不合理的现象存在，那就意味着我们坐视广大中小投资者遭受非公平交易制度侵害，就是失职。在新自由主义的西方市场可以放任这种弱肉强食，这是他们的"公平"观，社会主义资本市场的公平观是必须保护广大中小投资者免受非公平交易制度侵害。

和中国投资者利益相关的还有一个不容忽视的问题，即应该有意识安排优秀的高科技企业在中国资本市场首发上市，不要让这些企业流失到海外市场。当初我国因为市场规模所限，不能满足大规模融资需求，只好让一些较大的优秀企业去海外上市。今天我国资本市场有了这个能力，就应该尽可能安排优秀大企业在国内上市，让中国投资者参与分享中国经济增长成果。另外，中国优秀大企业在国内上市，也有利于国家经济安全。需要说明，我这里说的是安排中国优秀高科技企业在国内首次发行上市，不包括海外市场回归。

中国金融对美国金融的误判

让资本市场回归本原，恢复其为实体经济融资、让广大人民群众参与分享中国经济成果两大功能，是适应中国经济社会发展国情、民情客观需要的，也是符合国际资本市场一般规律要求的，是常识性的，但是却与当今中国资本市场的实践不甚合拍。

如前所述，当今中国金融发展的悖论表现在：一方面，国家战略要求金融服务实体经济，要求金融机构和资本市场为实体企业提供融资，特别是直接融资服务，要求防范重大金融风险；另一方面，在市场实践中，政策又允许热衷金融交易的金融机构在交易市场不断创新。虽然这些说不清道不明的交易创新如何服务实体经济人们不甚了了，而且大家也隐约感觉愈益复杂的金融市场存在巨大的风险隐患，但是大家还是身不由己地径直前行，只是把风险防范重任交给了监管者。殊不知金融风险防控需要用制度规范把金融资本关进笼子，使其有所为、有所不能为，使其服务实体经济而不能自我服务。否则，不要指望金融机构在金融交易中自律、节制、内控，贪婪会冲垮任何人们自以为固若金汤的监管大坝。

因此，再也不应该一边放任金融自由化、复杂化，另一边又幻想通过监管控制风险，给自己和国家带来无穷烦恼了。

中国金融为什么会出现如此悖论？我认为问题正出在我国金融界对美国金融的迷信上。有人认为，今天的美国金融应该就是明天的中国金融样板，美国金融制度、交易模式和金融产品都应该是现代金融市场的标准配置，连美式金融危机大概也是一个国家金融市场现代化的宿命和所必须付出的代价。

要学习借鉴美国金融的经验，就必须翻开美国金融历史，最起码也应该了解1929—1933年大萧条、罗斯福新政和2008年金融海啸这近百年的美国金融发展三部曲，从而思考它们能给我们什么启发。

有一本真实再现清末北洋水师从建立到战败的书《海军，海军!》，其扉页上有一句话值得我们思考："如何诠释历史，反映着如何界定现在与将来。"

美国近百年来金融发展三部曲如下：

一是1929—1933年的大萧条。

在一战和1920—1921年的经济衰退之后，美国经历了一段科技驱动的快速增长期。股票市场在两只科技股美国无线电公司和通用汽车公司的引领下大涨，当时人们感觉美国经济进入了传统经济周期已经终结、永久繁荣、股票将持续上涨的"新时代"。在美联储的宽松货币政策作用下，人们开始利用高杠杆融资购买股票，利用衍生工具投机或保值，新的股票买家纷纷冲进市场。1927—1928年，美国股市又在前七年股票投资收益率150%的基础之上上涨了近一倍，在高杠杆融资的支撑下，尽管股票的市盈率已经处于极高的水平，但投机者还在继续加杠杆。投机者的巨额利润，吸引了更多的买家如法炮制。股价越上涨，投机者就越大胆地豪赌股价还会涨得更高。

随着美联储政策的收紧，泡沫终于被刺破，恐慌性抛售开始。道指下跌，融资利率飙升，杠杆投资者收到追加保证金通知，被迫抛售股票，加剧了股市下跌。随后的美国股市上演了一次次下跌与反弹的悲喜剧。在一次次大跌后，被人一次次断言"最坏的时候已经过去""股市似乎达到了永久性的高位""未来看起来一片光明"。然而，无可避免的崩溃和恐慌还是发生了，"黑色星期四""黑色星期一""黑色星期二"接踵而来，纽约交易所一片混乱，华尔街布满了防止骚乱的警察。

这一幕幕人们似曾相识，虽然2015年我国以体制之力控制住了风险，但杠杆融资买股的悲喜剧逻辑却如出一辙。遗憾的是，人们已经开始健忘。

股市暴跌带来的金融和人们的心理影响开始损害美国经济。尽管政府实施的经济刺激措施和美联储的连续降息提振了市场的乐观情绪，但经济依然明显下滑。经济的下滑，又使市场抛售潮再起。由于信贷环境恶化，当年的关键产业铁路业陷入困境。以拥有美国最多储户的合众国银行为代表的银行倒闭潮开始涌现。美国的危机在1931年开始外溢，全球美元短缺导致全球债务危机，引发了欧洲的流动性紧缩、奥地利危机、德国支付危机、英镑抛售潮。到了1931年第四季度，美国引发的国际危机又回到美国，萧条恶化。美国股市大幅下挫，纽交所再次禁止卖空。年底再次出现银行倒闭潮，美国经济开始跌落悬崖。1932年美国经济极度恶化，企业大面积破产，失业率高达30%，麦克阿瑟将军率领美国陆军用坦克和催泪瓦斯驱散了活不下去、讨要退伍津贴的退伍军人及其家属。这场危机直至1933年罗斯福上台之后才逐渐化解。

1929年美国大危机给美国经济社会和劳动人民造成了巨大的灾难。在大萧条中有30%的工人失业，有占总人口7.72%（700多万）的人被饿死。美国的股市道琼斯指数在1932年时仅相当于1929年9月3日381点的20%，直到25年后才重新回到当年的这个峰值。

而断送了当年科技进步推动下的欣欣向荣的经济成果，造成这场全球灾难的正是投资者今天津津乐道、争相追捧的融资融券和金融衍生工具。正是这些金融工具为人们的贪婪插上了翅膀，帮助人们在疯狂中自我毁灭。殷鉴不远！

二是罗斯福新政。

罗斯福新政对许多国人而言可谓耳熟能详，但大多数恐怕是只知其一，不知其二。人们往往只是知道罗斯福应对大萧条的经济刺激政策，而不了解罗斯福的金融抑制政策。事实上，罗斯福已经清醒地认识到自由放任、贫富悬殊的资本主义难以为继，利用杠杆和金融衍生工具投机套利的金融资本对市场秩序和实体经济造成了极大的危害，必须采取较为全面的社会改良政策。因此，罗斯福实施新政改革：一方面，以财政刺激为手段，从公共工程建设入手创造需求，增加就业，解决生产过剩和投资不足，缓解贫富差距；另一方面，限制金融自由化，限制各种金融投机，禁止商业银行利用社会存款参与金融投机，禁止其利用储户存款为购买股票提供融资，禁止融资融券，禁止交易具有高度风险的金融衍生品。虽然罗斯福时代还是保留了如农产品期货等少数利大于弊的衍生品，但明确要求期货交易规模与现货避险需求相适应，限制投机。

罗斯福新政中非常重要的一项改革是制定了限制金融投机的《格拉斯－斯蒂格尔法案》，严格实施分业经营，吸收存款的商业银行不得从事证券类投资和经纪业务，从事证券交易的投资银行不得吸收存款。

罗斯福新政的成功从短期来讲得益于其恰当的财政刺激政策，从长期来看得益于缓解贫富悬殊的政策，特别是其抑制金融自由化，遏制金融投机的政策。当然，金融抑制政策与缓解贫富悬殊政策是正相关的。金融抑制收效明显：一是遏制和收缩了贫富差距，扩大了中产阶级队伍，缩小了需求缺口；二是在罗斯福金融抑制政策实施期间，金融回归了中介本原，服务和支持了实体经济的发展；三是限制了金融投机，禁止融资融券，禁止交易高风险金融衍生品，实行利率、汇率和资本管制，使得罗斯福新政实施之后几十年里美国基本没有发生大的金融危机。

罗斯福在位十二年推行的社会改良政策和金融抑制政策，使美国的GDP增长了2.8倍，人均国民收入也从1932年的6300美元上升到1944年的16 181美元（按2009年美元可比价格计算）。这十二年是美国历史上仅见的持续高增长时期，也使美国走出了长达十一年的中等收入陷阱（人均国民收入从1926年的8000美元下滑至1932年的6300美元，1937年才再次达到1926年的水平，以上均按2009年美元可比价格计算）。

人们对大萧条的惨痛记忆和罗斯福新政在美国成功的示范效应，在二战之后一直影响着西方各国。西方各国的共识是金融自由化会引发金融危机和经济危机，因此都采取了金融抑制政策。这期间，采取社会改良的西方各国改善收入分配、缓和社会矛盾,实行国有化,实行金融管制,把金融纳入服务实体经济的本原轨道,使曾经不可一世的金融经历了一段黯然寂寞的时光。金融的寂寞相对的是实体经济的高速增长,从罗斯福新政到20世纪80年代之前,是美国经济史上的黄金年代。这期间也是美国政府金融监管最严的阶段,也是美国科技创新的一个喷发期,飞机、火箭、原子弹、电子通信、计算机技术先后获得或即将获得重大突破。①

三是2008年金融海啸。

20世纪80年代,随着里根、撒切尔夫人上台,他们抛弃了社会改良和金融抑制政策,转而推行新自由主义,奉行金融自由化政策,侵蚀实体经济发展资源,造成了经济空心化,为频频发生的金融危机埋下了祸种。2008年危害全球的美国金融海啸,正是新自由主义的产物。

关于2008年美国金融海啸,中国金融界不能说不了解,遗憾的是似乎对他们没有多少警示作用。记得2008年美国金融海啸之后不久,中国金融界就形成了一种奇怪的"共识":美国做过了头,中国还不够。这也就是2008年之后,我国金融自由化加快,经济金融化逐渐形成,金融险象丛生的根本原因。

简单概括,2008年这场灾难的根本原因是美国放弃了罗斯福时代及二战后的金融抑制国策,实行金融自由化政策,废除了《格拉斯-斯蒂格尔法案》。混业经营,拆除了公众资金和金融投资的隔离墙,恢复了融资融券,进一步发展了金融衍生品,放任金融投机套利。在具体原因上,美联储犯下了仅仅关注与商品和服务相关的通胀率、经济增长率,而忽视债务增长和债务的偿付能力的错误。美联储长期将利率维持在低位,使房价得益于宽松的贷款政策不断上涨,使放贷者和借款买房者都感到有利可

---

① 黄树东. 制度与繁荣 [M]. 北京:中国人民大学出版社,2018年4月.

图，其示范效应吸引了更多的人疯狂地参与放贷和借款，不断吹大了房地产泡沫。其中，偿付风险较高的"次级"贷款占到了20%的市场份额，而且银行又对"次贷"进行证券化，层层打包转移，掩盖风险。这期间金融衍生品泛滥，截至2008年6月，衍生品名义价值为672.6万亿美元。为这场危机起了推波助澜作用的是CDS，数千亿美元次级房贷却衍生出了数十万亿美元的美其名曰为次贷违约提供保险的CDS。出售这类"保险"的机构，因为仅有极少准备金，一旦出现大规模违约，它们根本无力赔付。应该说，次贷危机是一场金融衍生品的灾难。

让人瞠目结舌的是，如此荒唐可怕的CDS，今天已被人以对冲风险之名堂而皇之地引进中国。

总之，推动泡沫增大，造成金融海啸的原因不仅仅是宽松的货币政策，最主要的原因是金融自由化下宽松的监管制度，金融机构利用高风险的金融衍生工具疯狂投机套利。

金融海啸之后，美国对这场金融危机进行了反省，制定了金融改革法案《多德－弗兰克法案》，"沃尔克规则"是其中的重要部分，该规则提出改组监管机关，限制大型银行利用政府担保的客户存款进行各类投机性自营交易，即买卖股票、债券、商品期货、期权及其他衍生品交易，限制银行投资对冲基金和私募股权基金等。应该说，这场改革是美国政府在与强大的金融利益集团博弈之后的妥协产物，是对金融自由化的有限改良，远远没有罗斯福新政对金融改革得彻底。一方面，华尔街并未伤筋动骨，依然高举新自由主义旗帜为所欲为，依然主导左右着美国经济。尽管如此，华尔街还是认为金融改革法案束缚了他们，不断地在游说抗争，希望推翻"沃尔克规则"。另一方面，美联储一次次通过量化宽松政策救市，换来的不是美国产业空心化的逆转、实体经济的复兴，只是成就了美国股市的再度繁荣，让华尔街赚得盆满钵盈，进一步拉大了贫富差距，让泡沫再度积聚，酝酿下一场被索罗斯称为没有任何一个国家知道怎么处理的特大金融危机。

中国资本市场的制度自觉

我赞同北京大学潘维教授提出的如下定义，"资本和资本利润至上是资本主义，社会和社会利益至上是社会主义。"正因为我国是社会主义国家，所以在中国资本市场的建设中一定要有社会主义制度下的制度自觉，要利用资本而不是放任资本、服务资本。要用社会主义的价值观去进行资本运作。中国资本市场向美国学习时，要深刻了解美国金融历史三部曲中的利害得失。中国没有理由模仿造成1929—1933年大萧条和2008年金融海啸的西方金融自由化制度，复制投机套利、制造灾难的融资融券和金融衍生工具，而应该借鉴罗斯福新政及其金融抑制政策，加强金融监管，实行分业经营，遏制金融投机，强制执行金融服务实体经济的政策，将无序资本关进制度的笼子，只能服务实体经济的金融是兴不起恶浪的。

1929—1933年大萧条、2008年金融海啸两大金融危机和罗斯福新政金融抑制的实践，给学习美国金融的中国金融人从正反两面上了最生动、最深刻的一课。何去何从，将决定中国人的命运。

有位四十多年前就随父亲来过中国，并随后多次与中国音乐界做过交流的美国音乐家大卫·斯特恩如今在与中国音乐家合作时感叹道："如果说二十年前这里的一切都希望向西方看齐，那么现在这里所发生的一切都只会在这里发生。"中国资本市场已经经历了近三十年，面对音乐界中国同胞的自信，我不知道中国的金融人会作何感想。

我曾多次说过，中国的金融要回归本原，服务实体经济，其制度原则就是鼓励直接融资，限制杠杆，限制金融交易，特别是要限制投机套利交易。这也是罗斯福新政推行直至 20 世纪 80 年代最重要的美国金融监管政策。限制金融交易，就是要限制金融在交易市场、交易环节的所谓创新。金融创新应该严格限定在为实体经济直接提供融资中介服务的业务模式、路径方法上。限制金融交易，就是要将二级市场限定在为直接融资提供流动性的前提下，禁止任何投机套利，包括禁止以服务实体经济、对冲风险为幌子的各种金融衍生工具。

今天的中国金融界自由化现状让人担忧。我国的银行、保险公司、证券公司等金融机构混业或变相混业严重，所开展的直接或间接甚至利用客户资金进行的杠杆化股票、债券、衍生品自营交易如火如荼，早已超出了"沃尔克规则"的禁止限制，风险巨大。我们要落实中央提出的防范金融风险的重大任务，不能只靠被动监管，必须采取制度规范。

一、禁止融资融券

融资融券是以为市场提供流动性为名而登场的，但事实上它是杠杆炒作的投机工具。一级市场的融资功能发挥需要二级市场良好的流动性支持，而交易活跃的二级市场不仅需要投资者也需要投机者的参与，融资融券存在的理由正是投机。但问题是，资本市场是为实体经济配置资源的场所，客观需要投机但不能过度，更不应该使用杠杆刺激投机，把市场变为赌场。大家知道，我国的股市从来都不缺投机者，但投机者是否入市和大多数投资者一样是要看大市氛围的，市场低迷时再鼓励投机，投机者也不会挺身而出制造流动性，这就是在市场冷清时很少有人使用融资杠杆的原因。而当市场进入上升通道时，虽然已不需要投机提供流动性支持，但此时的投机者不仅会踊跃入市，还会疯狂使用融资杠杆，迅速毁掉为实体经济提供融资支持所需要的牛市。而当市场反转进入下行通道时，投机者手里的融券工具又派上用场，在做空套利的同时，加速股市下跌。

不仅如此，在股市反转下行时，恐怖的结果包括：一是融入资金的投资者可能被平仓而血本无归；二是融出资金的金融机构如出现恐慌性集体平仓行动，那将势必出现集体踩踏无路可逃，只得坐以待毙。我在2015年5月29日的《上海证券报》上发表了长文《政策的作用力方向与国家战略》，文中对融资融券助长疯牛并会引起集体踩踏以及股指期货与之呼应跨市做空的风险做了预警。遗憾的是，仅仅过了半个月我的预警（不是预测）就不幸言中。2015年6月之后的那一幕幕我想许多人还记忆犹新，让人不解的是并没有人组织深刻反省检讨，大家还在机械麻木地重复着昨天的动作。

总之，融资融券不是为股市提供流动性支持的必要工具，是投机者手里的套利工具。它助涨助跌，制造杠杆疯牛和股市恐怖。1929年、2008年和2015年的市场实践告诉我们，融资融券是股市的灾星，中国金融界应该学习罗斯福的胆识，禁止融资融券。

二、禁止交易金融衍生品

理论上，金融衍生品是用来对冲交易风险、平抑市场波幅的。从微观推理上来看，这似乎可以成立，但我们不能只见树木，不见森林，应该从宏观影响出发去评估，从市场实践结果去审视。事实上，近几十年的市场实践却给出了相反的答案：一是鲜见因使用衍生工具对冲交易风险挽救了谁；二是近几十年来不断有西方百年金融老店或具有系统重要性的金融机构要么被金融衍生品葬送、要么被重创的噩耗传来。1998年拥有由华尔街"套利之父"约翰·梅里韦瑟和两位诺贝尔经济学奖得主等人组成的号称全球金融史上最耀眼的"梦幻团队"，衍生品交易达万亿美元的美国长期资本管理公司，因俄罗斯债券危机而引发的全球金融机构集体抛售七大工业国债券卖空踩踏而濒临破产。后来这伙人不甘心失败，几乎原班人马又东山再起，并大幅降低了杠杆率，却因 2008 年雷曼兄弟倒闭而再度败走麦城。一群最顶尖衍生品理论模型的创造者、业界领袖，却两次失败，是运气不好，还是衍生品的宿命？2008 年雷曼兄弟因次贷危机破产；2008 年摩根大通的 CEO（首席执行官）杰米·戴蒙能够在风起于青萍之末时收手次贷全身而退，然而躲过了初一躲不过十五，2012 年，在"伦敦鲸"事件中，摩根大通因做债券衍生品指数对冲风险交易，巨亏 65 亿美元。

从宏观上看，衍生品错综复杂的叠加效应会释放出无法估量的破坏力。随着科技和服务等非周期性行业在经济结构中权重的增加，以及货币政策和财政政策的改善，来自实体经济的周期风险越来越小，但金融危机却屡屡爆发，而且频率和强度越来越高，这些危机无一例外都可以在衍生品交易、金融市场本身的创新和日益复杂的结构中找到根源。

首先，金融衍生品不是风险管理的工具，是会给资本市场本身和实体经济带来巨大风险的投机套利工具。其次，尽管今天市场上从事衍生品的交易者都声称是为实体经济服务，但事实上金融衍生品交易和实体经济没什么关系，参与衍生品交易的鲜有实体企业。

美联储原主席保罗·沃尔克曾说："谁能给我一丝客观证据，证明金融创新带来了经济增长，只要一丝也行。"

总之，金融衍生品不是风险管理工具，而是制造风险的工具。不能一方面放任衍生品以风险管理为名泛滥，另一方面又寄希望于靠监管防止衍生品"惹是生非"。风险防控不能靠被动监管，最好的监管就是制度规范，让市场有所为、有所不能为。要管理防控金融风险最安全可靠的方法就是限制金融交易，禁止金融机构利用存款等客户资金参与股市、房地产投机，禁止融资融券等杠杆投机，禁止衍生品交易。唯此，资本市场方可长治久安，防范重大金融风险的攻坚任务方可完成。

三、禁止高频交易

有人认为，金融市场拥抱技术进步的潮流不可逆转，我认为这是一个伪命题。技术在任何时代都是创造财富、为人类社会进步服务的工具。但是，技术是一把双刃剑，它既可造福社会，也可能贻害社会。技术是冷血的，但人是有价值判断的。在技术进步面前，人一定应该首先判断其是否造福社会，趋利避害，做出正确的选择。2008年美国金融海啸就是技术创新导致的。前几年以技术进步为名出现的互联网金融乱象，也是由于一些人被技术进步所迷惑。线下的非法集资穿了一件互联网马甲就被当作金融创新，结果致使一些人进退失据，给投资者造成了不应该的损失。今天资本市场高频交易呈现无政府状态，原因大概也是我们被技术进步潮流所迷惑，投鼠忌器，犹豫未决。

判断高频交易是否适合中国资本市场，最起码应该从三个方面来分析。

一是看其是否是为实体经济服务的。高频交易的借口是为市场提供流动性，但它提供的高频流动性，是非利他、非稳定的，而且会产生严重的流动性风险，不同于为实体经济提供融资支持所需要的稳定流动性。连赌博业亿万富翁也参与其中，为谁服务不言自明。

二是看其是否符合社会主义资本市场的价值观，是否符合资本市场最基本的公平原则。高频交易的使用者都是财力雄厚、拥有计算机科学高学历人才、技术实力强大的专业公司。为了提高交易速度，纽约证券交易所、纳斯达克证券交易所等提供一种服务，美其名曰"主机托管"并收取巨额费用，允许高频交易公司将电脑直接连接到交易所的服务器上，这样就能抢在其他公众前率先得到信息，在其他人未觉察到发生了什么之前就已进行了无数次交易。这也是交易所容忍高频交易横行无忌背后的利益动机（这就是美欧交易所公司化的弊端之一，中国主张交易所公司化者应该深思）。除此之外，他们还铺设光缆专线、建造微波发射塔，或者租用通信卫星，以凭借潜伏手段在其他基金公司、证券公司、银行和散户知道价格改变之前，利用股价波动牟利。

由此不难理解，高频交易这种掠夺式盈利方式不仅不符合社会主义资本市场的价值观，也不符合资本市场的公平原则。一般市场主体和广大散户完全没有能力和条件与高频交易者竞争。毫无疑义，这是地地道道的不公平、不公正竞争，只要你参与了这个有高频交易者参与的市场，你的利益就会在不知不觉中被悄悄吞噬，这差不多就像所有的投资者都在无意识中被动为高频交易者"赋税"。

高频交易不仅对普通投资者不公平，近年来我国本土建立的高频交易团队也不是海外高频交易公司的对手。从 2012 年开始就陆续潜入（有的竟然以"商贸公司"为名在我国注册）中国资本市场的外资高频交易公司，利用压倒性技术优势，如今已经占据中国高频交易市场的制高点，并呈现出垄断中国高频交易业务的趋势。2015 年时，这些公司就曾趁火打劫，掠夺式斩获利益惊人。放任其发展，国家安全堪虞。

三是高频交易具有很大的系统性技术风险隐患。2010 年 5 月 6 日，美国标普 500 指数闪电崩盘，20 分钟下跌了 6.2%，账面损失 8620 亿美元。事发当天所有的人都深感震惊却不知祸起萧墙，直至很久后才发现，原来是高频交易惹的祸。2011 年 10 月，我在伊斯坦布尔参加美国证监会组织的一个会议时，美国证监会有位专家就用了两个半天时间介绍他们对高频交易的跟踪研究，虽无定论，但可以看出他们深深的忧虑。

总之，高频交易与服务实体经济无关，与社会主义价值观不符，与资本市场公平原则不符，并潜伏着巨大的系统性技术风险。在自由放任的资本主义国家高频交易可以横行无忌，在社会主义的资本市场，不能任其在监管真空下恣意妄为，无政府状态发展。因此，应该禁止高频交易。

中国资本市场应禁止融资融券、禁止金融衍生品交易、禁止高频交易的建议，是我在认真学习研究美国金融发展史正反两个方面经验与教训，回顾中国资本市场实践基础之上深思熟虑后提出的。我坚信这些建议符合党中央让金融回归服务实体经济本原、打好防范重大金融风险攻坚战的战略部署，也符合社会主义的价值观。

但冰冻三尺，非一日之寒。当今的中国资本市场现状，既有认识方法论的问题，也有利益集团或市场习惯势力的问题，短时间很难统一认识，改革资本市场这一重大工程，不可能一蹴而就。

然而姗姗来迟的牛市似乎已经在途。一场牛市，不仅是万众期待，也对当今中国经济极具积极意义。如果能够形成一个持续的慢牛周期，其财富效应便能从需求和供给两侧对中国经济提供良好的支持。因此，培育牛市、呵护慢牛已经是刻不容缓的当务之急。治大国如烹小鲜，牛市亦如小鲜，需要轻烟慢火，如果耐不住性子，用火过猛，不仅可能一把火烧掉牛市，还会引火烧身，引发金融风险。

历史是一面明镜，要培育牛市、呵护慢牛一定要以史为鉴。不仅要以他人为镜，还要时刻谨记过往经历得来的经验与教训。我是一名经历和旁观了中国资本市场创建至今全过程的老战士，多年来我一直有一个遗憾，就是感觉我国金融界缺乏一种检讨反省的传统。例如，2007—2008 年南航认沽权证的交易与创设、2015 年的股市异常波动等，我们至今没有专门检讨总结，包括内部也没有开展过这项工作。其实，2018 年的系统性股权质押融资风险，我们也应该认真检讨总结。

我认为人总是会犯错误的，奋斗总是会伴随挫折和教训。党就是在失败和挫折中一步步走向胜利，取得了今天举世瞩目的伟大成就。中国资本市场也一定会循着这种历史规律，在绕不开的挫折中一步步成长壮大，并警示后人，不再重复错误，更上一层楼。

呵护牛市的政策探讨

呵护牛市的指导策略：轻烟慢火、细水长流、遏制投机。

一、严格控制融资融券

1. 坚决禁止场外杠杆配资。严禁证券公司为海内外私募基金等机构理财提供接入其交易系统的服务，防止各种变相配资。证券、银保监管机关应统一政策，防止银行资金流入股市，合作查处各种为股市提供杠杆融资的行为。

2. 严格控制场内融资融券规模。在总规模控制的前提下，市场交易活跃时不再增加融资额度，市场呈现下跌时不再增加融券额度，遏制投机。

为防止流动性塌陷风险，调减融资融券额度时，应该从增量入手，存量到期前不动，自然渐进调整存量。

二、严格限制金融衍生品交易

1. 禁止场外衍生品交易。

场外衍生品因为信息不透明，非标准化、分散化，结构复杂，合同嵌套，杠杆叠加，风险非常大。再加上它往往是纯粹套利的，和实体经济更无关系，应该禁止。2008年美国金融危机之后，我国开始发展衍生品交易，当时给出的理由是美国发生金融海啸的原因是场外衍生品交易泛滥，我国搞的是场内的，没什么风险。可曾几何时，我国场外衍生品开始泛滥，其风险状况与程度监管者无法估量，必须高度警惕，坚决禁止。

场外衍生品的渗透蔓延，说明衍生品的发展一定是得寸进尺的，只要错误地为衍生品开个头，就不要指望控制，它一定会以各种理由、利用一切机会做大，直至彻底失控引爆金融危机。

2. 严格控制场内衍生品交易。

随着股市回暖，我注意到了一些机构就像约好了一样在主流媒体呼吁放开股指期货限制，一些人还通过各种方式游说监管机关放松管制。他们站在自己的职业立场上希望放松管制自有道理，但是面对这些意见我建议监管机构还是应该站在更高的视角上，继续把金融衍生工具严格限定在对冲风险的范围内，限制投机。首先，应该坚持套保额度现货和期货匹配原则，限制非套保客户。其次，继续坚持现行的保证金率、交易手续费、挂撤单次数等方面的限制。

总之，应该加强对金融衍生工具交易的监管，限制投机套利，防止其对股票市场产生负面冲击。在金融开放的背景下，更要严守衍生品交易规则，防止被人利用，导致金融市场失控。

3. 严格监控高频交易。

在高频交易法律地位未定之前，要谨慎处理，严格监控。建议在过渡期由开展高频交易的企业向交易所实时报备业务，严格限制业务动态资金规模，如不得超过原有业务资金规模上限。

4. 依法监控外资金融投资。

2018年下半年之后外商看好中国经济前景和A股投资价值，开始加大对我国股票市场投资，客观上对股市回暖起到了促进作用。但是也应该清醒地认识到，外资作为一种流动性强的短期资金，管理得不好，其积极作用就会骤然剧变为一场做空的金融灾难，发生在拉美和东南亚割韭菜式投资的一幕幕就会在我国重演。因此，必须高度警惕，趋利避害。

扩大对外开放是中央既定的战略决策，吸引外商投资有利于中国经济发展。我认为，吸引外资还是应该以吸引直接投资为主，直接投资可以与实体经济直接对接，利大于弊。债券、股票，特别是金融衍生品投资会产生流动性冲击，弊大于利。美国自 2008 年金融海啸以来，为救市采取的量化宽松刺激政策没有对实体经济产生什么作用，美国股市的风险却已经积累到相当高的程度。我国金融决策层一定要高度关注这个问题，防止美国股市的外溢风险对我国资本市场产生冲击。因此，我建议：一是不宜盲目不断扩大合格境外机构投资者（QFII）、沪港通、深港通规模，尽量使股市景气度少受没法控制的外资干扰冲击。二是应该立刻着手建立资本市场外资进出实时统计、监控系统，实时掌握外资在中国资本市场的流入流出动态、趋势，以便在紧急状态下可以及时采取处置控制措施，不能只是上彭博社等国外数据系统找数据。我们不仅要自己掌握实时数据，最重要的是要建立切实可行的金融风险处置实战预案。"凡事预则立，不预则废。"

因为憧憬牛市，所以要呵护牛市，而呵护牛市最重要的是制度与政策的选择，有所为，有所不为。

希望中国资本市场不断进步，更好地为中国实体经济发展服务，为中国百姓增加财富收入服务。

"沃尔克规则"对中国的启示[①]

  2008年席卷全球的金融危机让美国经受了切肤断腕一般的巨大伤痛，美国痛定思痛，很快于2010年7月颁布了《多德-弗兰克法案》，"沃尔克规则"正是这部法案中的一项重要内容。该规则由美联储前主席、担任奥巴马总统经济复苏顾问委员会主席的保罗·沃尔克提出，旨在禁止银行从事投机性交易活动。《多德-弗兰克法案》自公布之日起就因严重影响华尔街的生存方式而受到利益集团的强烈反击和阻挠，作为法案的重要组成部分的"沃尔克规则"也饱受争议。经过三年多的博弈，终于在2013年底经过美联储、美国货币管理局、联邦储蓄保险公司、美国证监会、美国商品期货委员会五家金融监管机构表决正式通过。

  自2010年1月"沃尔克规则"确定到获批实施的近四年时间里，出现了大约2万份反对意见，其最终版本是华尔街与监管者不断抗争与妥协的产物。无论怎么讲，"沃尔克规则"对遏制华尔街投机，维护储户利益，防范金融系统性风险还是有相当积极意义的。

---

① 本文刊载于《上海证券报》（2014年1月23日）。

"沃尔克规则"要求银行应当将自营交易与商业银行的主营业务分离；禁止大型银行利用政府担保的客户存款进行各类投机性自营交易，即买卖股票、债券、商品期货、期权及其他衍生品；限制银行投资对冲基金和私募股权基金等。

　　据标准普尔有关人士估算，"沃尔克规则"的实施将使美国最大的八家银行每年损失220亿—340亿美元。这也将意味着，华尔街金融生态将发生变化，这也是保罗·沃尔克等有识之士力挽华尔街金融异化狂澜，试图将美国金融的商业模式从"金融交易模式"重新逼归"产业服务模式"，使其从"自我服务"回归"中介服务"的一次艰辛的努力。毫无疑问，这番努力对美国金融、美国经济是有积极意义的。但效果将如何？众说纷纭。支持者和反对者都不满意。利益集团声称它限制了美国金融的活力；原本的支持者认为，监管机构做出了太多的让步，它对遏制华尔街投机不会有什么作用。"沃尔克规则"于2014年4月1日生效，但美联储批准银行机构履行该规则的最后期限延长至2015年的7月21日。这个规则的效用究竟如何还需要时间检验。

　　无论怎么样，"沃尔克规则"经过这四年的博弈最终能够得以出台，对中国还是有启发意义的。

　　首先，"沃尔克规则"是监管者顶着巨大的压力出台的，禁止大银行自营交易、从事金融衍生品买卖，证明美国金融市场中主流意见还是认为衍生品的风险是难以控制的。即使在微观上业界对衍生品有无对冲风险功能尚有争论，但衍生品交易在宏观上对金融与经济的巨大危害还是没人能够否定的。

　　其次，"沃尔克规则"禁止大银行自营交易，除基于保护储户利益、金融系统安全的考虑之外，也是对美国20世纪80年代之后愈演愈烈的金融机构脱离为投资者和融资者、借贷双方提供中介服务轨道的否定和约束，是美国监管者试图让金融重回服务实体经济轨道的努力。

回首我国金融市场，除证券、保险类金融机构参与自营业务交易之外，商业银行虽然受制于《商业银行法》，不得从事证券投资业务，但通过各种间接方式，银行投资证券业务甚至衍生品业务的通道实际已经打开。资金在金融系统体系内循环，金融机构自我服务已成趋势，对实体经济的妨害和对整个经济体系的危害已经愈发严重。加上对金融衍生品的错误认识和对金融"创新"的不当理解，中国金融大有不重犯美国金融异化错误不罢休的态势！问题是我国正处于经济转型、社会转型的过渡期，若重蹈美国覆辙必定会输得更惨，是会影响中华民族伟大复兴大业的。

因此，一定要深刻认识美国金融异化错误，积极从正反两方面吸取美国经验教训，认真省思中国金融发展方向、模式，给中国金融定位，给中国金融"创新"重新定义。

我们应该清醒地认识到，"沃尔克规则"的实施，是美国对其20世纪80年代之后的金融异化导致2008年金融海啸的深刻而痛苦的反思结果，是在其新自由主义框架之下和经济、政治、法律制度之中所能做出的最大限度的有限调整，是美国有识之士为了国家根本利益的一次挣扎，或他们与华尔街利益集团的一次博弈。但这是治标不治本，并不能解决金融为谁服务的本原问题，依然是在资本主义制度框架下进行的改良。

既然"沃尔克规则"是美国金融自救的最大限度的有限之举，我国金融界就应该发挥制度优势，吸取美国金融的经验教训，绕过金融沼泽，选取正确的金融道路前进。

一是要拨开金融衍生品所谓"对冲风险"的谎言迷雾，让金融回归本原，忠实地做服务实体经济的"服务中介"，不是扬汤止沸，而是要釜底抽薪，坚决限制搞金融衍生品，坚决不把金融衍生品这只潘多拉盒子在中国打开！而不是像美国那样待其泛滥成灾后无可奈何之下仅禁止大银行参与交易。

二是应该为金融"创新"重新定位。应该清醒认识到,西方以沃尔克为代表的一些经济学者、从业者和监管者已经指出金融"创新"只是在经济发展的初期是有用的,20世纪80年代之后的金融深化和实业投资事实上是成反比的。而且不仅如此,金融"创新"已经成为金融风险的源头。

因此,中国金融应该老老实实为实体经济提供"中介"服务,不要"创新"花里胡哨的"自我服务"。如果一定还要"创新"的话,就一定要走出一条与美国完全不同的"创新"道路,不要搞衍生品!那不是"创新",那是低层次的、迈向峭壁边缘的危险模仿!不要挂羊头卖狗肉,打着为实体经济服务而"创新"的幌子,干着妨害实体经济(与实体经济争抢资金资源)的勾当。

中国金融应该调整聚焦点,下功夫调查研究实体经济需求,认真思考如何为实体经济服务。金融为实体经济服务,第一,是为制造业服务。中国是制造业大国,制造业是一个大国安身立命、持续发展的基础。金融为制造业服务,要有支持甚至引导制造业完善体系、优化结构、升级产品的主动意识和战略思维;金融为制造业服务,要支持建立以行业领军大企业为骨干,带动广大中小企业专业细分市场发展的产业生态系统,提供针对不同行业特点、企业特点的多样化适配金融产品。

第二,是支持服务业发展。服务业发展关系我国增长方式转变和经济结构调整,关系就业增长,关系人民群众生活质量提高,是金融服务的重要对象。但服务业门类丰富,服务方式复杂,金融为服务业提供的服务难以规模化,需要提供精细化服务,需要创新。

第三,金融服务应当关注农业、农村、农民。农业、农村和农民是我国经济、社会生活中重要但落后的部分,关系到中国的持续发展。金融应该为农民提供金融便利,为其提供信贷支持,帮助偏远农村解决水、电、交通等基础设施建设问题，并探索提供抗农业周期风险的保险服务。农业金融是中国金融最应该考虑"创新"的方向。

第四，金融应在正确的方向上为城市化服务。金融服务城市化应改变观念，支持为城市新居民提供如水电气、交通、教育、医疗和文化等系列公共服务，让新居民安居乐业。

我国目前正处在一个发展路径、增长方式改革的转型期，金融作为国家经济的动脉尤为重要，在这个关键点上，应该以史为鉴，殷忧启圣，切勿因麻痹大意贻误复兴大业。

后疫时代警惕中国经济金融化

席卷全球的新冠肺炎疫情不仅是一场严重的公共卫生大危机，而且会对全球化下的人类社会发展模式和世界秩序产生深远的影响。因此，在这场打乱人们习以为常的生产、生活秩序的大疫面前，不能就抗疫而抗疫，应该摆脱思维定式和思想惰性，从哲学层面思考人与自然的关系，人的欲念与经济社会的持久存续问题，社会主义的发展目的问题；还应重新思考国家发展战略，国家安全战略，以及与之相适应的经济结构、产业结构等问题，特别是对金融的认识和定位问题。

金融，无论从什么角度来看，它都处在现代经济社会网络的枢纽位置，其发展模式与状态关系到经济社会资源配置的效率、安全，以及经济社会能否长治久安和持续发展。

近几十年来，我国金融界一直自觉或不自觉地把美国当作现代金融的样板，并呈现出相当程度的盲目性，这种盲目性的根源是新自由主义的影响。三十多年前弗朗西斯·福山"历史的终结"之说风靡一时，也使部分国人对美国的一切顶礼膜拜。曾几何时，中国的成功崛起却使福山不得不重新思考他的"终结论"。美国在这场大疫中的混乱表现，让全世界吃惊，使不同意识形态、不同价值观的人都在思考,这是为什么?美国诺贝尔经济学奖得主约瑟夫·斯蒂格利茨近日说:"美国过去一直沿着新自由主义的理念前行……认为市场自身就能够解决所有的问题。在过去的半个世纪,美国一直在做这项实验,现在我们应该承认:实验失败了。"也许这些已经发生并在继续的变化,能够帮助部分国人破除对美国的迷信。

当前,我国正在面临自抗美援朝战争之后最严峻的挑战,美国留恋世界霸权,极端敌视中国的和平发展成就,我国的外部环境错综复杂、云谲波诡。因此,必须从国家战略高度,全面审视各项政策方针,响应习近平总书记号召,做好"进行伟大斗争"的各种准备。当务之急,是把自己的事情做好,理顺内部关系,做好内部治理,富民强国,应对外部挑战。

只有做好自己的事情,除补高端产业链之短外,拉动传统产业链更新升级,培育国内市场,共同富裕,在这场百年未有之大变局面前,我们才能克服内部困难,战胜外部挑战,继续为中华民族伟大复兴事业辛勤耕耘,勇往直前。要为金融重新定好位,就必须破除对美国的迷信,在中国金融界开展一场思想解放运动,没有中国金融界的解放思想,"金融为实体经济服务"将永远是一句空洞的口号。

伦敦国王学院中国研究员克里·布朗认为,西方社会对中国文化的认识存在思维定式,首先需要的是解放思想。我认为,今天的中国金融界也需要解放思想,立足中国国情,立足社会主义的价值观去思考中国的问题。我们必须来一场思想解放,破除"洋迷信""洋八股"。

2008 年之后的中国金融

自 20 世纪 80 年代开始,新自由主义旗帜下的美国,一反罗斯福新政下长达四十年的金融抑制政策,放任金融业背离为实体经济担任融资中介的产业服务模式，以创新为名，通过金融衍生品和金融杠杆投机套利，疯狂追逐利润，逐渐转变为赤裸裸的金融交易模式。至 2008 年，该模式"登峰造极"，随即爆发了波及全球的金融海啸，重创全球经济并影响至今。

我们没有深刻思考 2008 年美国金融危机深层次的前因后果，在稍作停顿之后反倒加快了仿效美国金融的步伐，开始了经济金融化。人们对投资金融、投身金融趋之若鹜，大量新设的银行、保险公司等金融机构不断涌现。美国金融海啸前的 2006 年，我国商业银行、保险公司共计 238 家。2019 年，我国商业银行、保险公司增加至 447 家，13 年里增加了 88%。其中，保险公司增加更多，增加了 120%。以赌上市、投机套利为宗旨的私募基金如雨后春笋，仅在基金业协会登记的就高达 2 万余家，除此之外，还有数十万家未登记的类似企业。影子银行业务、各类金融机构的理财业务、P2P、上市公司垃圾股的"借壳""炒壳"等泛滥成灾，房地产、大宗商品金融化。金融衍生品以金融创新为名，甚至打着为实体经济服务的旗号，从场内蔓延到风险更大的场外，从金融期货蔓延到商品期货，风险不断叠加，结构愈发复杂。杠杆交易、高频交易等以计算机技术为基础的算法交易像病毒一样四处流行，使得金融市场更加脆弱，危机四伏。

近年来，无论央行怎么放水，资金都很难流入实体产业干涸的田地里。这不是央行的货币政策有问题，而是金融和金融化的房地产来钱快、赚钱多的示范效应产生的巨大虹吸作用。这些被虹吸的资金一方面在金融市场空转让金融机构赚得盆满钵满，正如前几年一位银行行长所说："企业利润那么低，银行利润太高了，自己都不好意思。"另一方面，实体经济在渐渐收缩，慢慢吹大了金融泡沫，酝酿着金融危机。近年来，中国经济动力减弱，逐渐下行，一个重要原因就是经济的金融化。但是，恰恰在这个问题上我们缺乏足够的清醒与警惕。

这里，我想用一组数据来简单描述一下我国近十几年来经济金融化的趋势。我还是以美国金融海啸前的 2006 年为例来进行比较。2006 年我国规模以上工业企业利润总额 18 784 亿元，2019 年我国规模以上工业企业利润总额 61 996 亿元，后者比前者增加了 2.3 倍。

2006 年，我国金融企业利润总额 3950.10 亿元，2019 年，我国金融企业利润总额 29 612.74 亿元，后者比前者增加了 6.49 倍，该增长幅度为同期规模以上工业企业利润增长幅度的 282%。

2006 年，我国规模以上工业企业利润与金融企业利润的比值为 4.8∶1；2019 年，我国规模以上工业企业利润与金融企业利润比值为 2∶1。短短十三年，工业企业利润在整个经济总量中权重的迅速萎缩和金融企业利润比例的大幅提升说明了中国经济的金融化已经十分严重。2020 年新冠肺炎疫情暴发后的第一季度，中国经济受挫下滑 6.8%，中国上市银行净利润却同比增长 5.62%，这种匪夷所思的现象说明，金融已经脱离了实体经济，另轨循环，自我服务，自行发展。

金融化的经济从历史规律和现实样板两方面来看都将难以为继，让人忧虑，应该高度警惕。

经济金融化的危害

要认识经济金融化的危害，首先应该正确认识大国经济的合理构成和持续发展的基础。

一、制造业是中国经济的安身立命之本

中国是一个幅员辽阔、人口众多、影响力无论自觉与否都在不断增加，地缘政治环境十分复杂甚至恶劣的大国。不同于靠自然禀赋吃饭，可

以被动或主动接受国际分工，偏安一隅的小国，中国无论从人民群众安居乐业、经济良性循环持续发展来看，还是从维护国家安全角度来看，都必须建立相对完整、自成体系、健康均衡的产业系统与经济生态。我们不能过度考虑比较优势，幻想国际分工，否则将"不能呼吸"，不仅经济发展难以为继，还会严重影响国家安全。中国经济系统的基础动力就是制造业。制造业的重要地位无论在前工业时代（手工业）、蒸汽机时代、电气时代还是今天的互联网时代都是不可动摇的。制造业和给人们提供食粮的农业一样重要，是真正的物质财富的创造者，是一切经济活动的源泉、动力，其他行业与其有着一荣俱荣、一损俱损的依存关系。没有制造业的支持，其他行业将难以为继，所有虚拟经济、所有服务业的基础都是制造业，包括风光无限的互联网经济都概莫能外。制造业是整个经济系统的核心、基础，处在一个最为重要的关键位置。制造业产业链的完整与否，成熟程度如何决定了国力、国运和国家的经济安全、公共卫生安全和国防安全。

制造业是中国经济安身立命之本。我们必须心无旁骛，以举国之力全力以赴。

为了维护中国制造这个国之根本，还必须澄清服务业与制造业的主次关系。多年来，有些人看见西方国家包括一些经济落后于我们的发展中国家服务业占GDP的比重远高于我们，就提出了要建立服务业大国的观点。这种观点不仅错误，而且危害极大，也是经济金融化的重要原因。

首先，服务业在经济结构中比重增加是由于制造业的发展为社会生活领域提供了技术支持，创造了需求。同时，制造业劳动生产率的提高和技术进步也为劳动力向服务业转移提供了可能，间接支持了服务业的发展。简而言之，服务业的发展是因为经济技术进步、社会生活变化而出现的一种自然而然的变化，不应该是人们刻意追求的目标，不能揠苗助长，不能本末倒置，盲目推动发展。

其次，服务业特别是生活性服务业劳动生产率相对较低，单单发展服务业会影响经济增长水平。我们既要发展满足人民群众日益增长的物质生活和文化生活需求的生活性服务业，又要引导发展生产率更高的制造业和为制造业提供配套支持的生产性服务业。在推动中国产业发展的问题上，要建立正确的观念，引导产业优化升级。诺贝尔经济学奖获得者库兹涅茨指出，产业结构升级的关键是资源从生产率较低的部门向生产率更高的部门转移，从而使经济整体的资源配置效率得到提高。因此，我们在制定产业政策时应该有正确的方向，不要逆库兹涅茨的资源优化配置方向而动。

最后，美国等西方国家近三十年来盲目发展服务业、金融业，推行"去工业化"政策是失败的。实施"去工业化"政策，不仅导致美国产业失衡、产业软化，严重影响整体经济体系正常循环，而且造成大片"铁锈地带"，贫富差距加大，出现社会分裂。这次新冠肺炎大疫来临之际，因制造业的缺失，号称世界头号发达国家的美国连最基本的公共卫生安全也无法保障，一片混乱。

因此，我们在经济发展战略中切忌盲目模仿美国，坚定而踏踏实实地建设制造业大国、强国。

二、金融放任发展侵蚀工业体系

制造业是中国经济安身立命之本。若放任金融越位发展，不仅不可能使其安于服务实体经济本职，而且会妨害实体经济的发展，侵蚀中国制造，造成前文所示的工业与金融此消彼长的现象，原因如下：

1. 金融繁荣使支持实体经济的资金短缺、昂贵。放任金融发展而涌现的大量金融机构服务对象、业态模式异化，轻融资中介，重金融交易投机套利，吸噬挤占的大量资金在金融市场空转。央行虽然不断放水，增加货币投放，但资金却被金融机构截流在金融交易套利市场，很难流入实体经济。资金即使流入实体经济，也因为众多的金融企业要吃饭分羹，拉长了资金链条，增加了融资环节，环环相套，层层相扣，加大了实体企业的融资成本，导致实体企业不仅融资难，而且融资贵，举步维艰。

2. 金融的超额利润削弱了实业投资冲动。制造业等实体产业因为投资周期长，资产流动性差，技术、市场等方面不确定因素多，风险大，理应获得更高的投资收益，唯此，经济活动才能进入良性循环。但近几十年来新自由主义误导金融业痴迷交易，进行自我服务，过高的息差收入、花样百出的业务模式和自营交易套利等使金融投资收益和实体投资收益严重倒挂，颠覆了实业净资产收益率两三倍于金融投资收益率的基本规律，金融业利润大大超过实体经济。来钱快、赚钱多的金融业示范效应，使许多人放弃投资实体经济的机会，转而投资创办金融机构，或者投资、投机金融市场，使实体产业发展相对萎缩，后继乏力。长此以往，中国经济将失去持续动力，令人担忧。

3. 金融业的高薪收入误导青年学子择业。金融业的超高利润不仅扭曲产业资源配置，金融从业人员的超高薪待遇还误导了青年学子的择业。大批优秀的青年学子在选择专业时往往选择金融，而不是科学、技术、工程、数学（STEM）领域专业。许多苦读多年的理工科毕业生也放弃所学，选择到金融机构就业。顶尖优秀青年纷纷投身虚拟经济，势必对我国科技和实业发展，以及经济增长产生负面影响，特别是会对与科技竞争关系极大的国家安全产生严重负面影响。美国国防部创新小组发布的《为中美"超级大国马拉松"做准备》报告写道，对于美国学生青睐于法律、金融等高薪职业，科学、技术、工程、数学领域学生大幅减少的现象深感忧虑。难道我们就不需要忧虑吗？一方面，优秀学子青睐金融；另一方面，清华北大等顶尖学府培养的数以万计的高科技人才留美不归。这些都需要我们从战略层面深刻反省。

三、金融盲目发展制造危机

党的十九大报告提出的坚决打好三大攻坚战的首要任务就是防范化解重大风险，而防范化解重大风险的重中之重是防范化解重大金融风险，为此，必须明确两个问题：一是重大金融风险可能出现在什么地方？二是出现这种重大金融风险是现代经济社会发展必须承受的代价吗？换句话说，现代经济社会发展是否必须采取充满风险的金融自我服务模式，只能一路沿着伴随风险的独木桥小心前行，别无他途？难道必须像美国一样，一次次遭受金融风暴的蹂躏吗？要防范化解这些如影随形的金融风险，只能是加强监管，小心防范，这就是现代经济的宿命，果真如此吗？下面一起来条分缕析。

第一，重大金融风险可能会在哪里出现？

金融风险有多种类型，在许多经济活动中都可能出现，而重大金融风险往往发生在金融交易市场。在金融交易中发生风险概率最大、冲击烈度最高的就是杠杆交易和同样具有杠杆放大作用并有跨市场风险的金融衍生品交易。

第二，为什么要有金融交易市场？

金融交易市场也有多种类型，这里以最为典型的股票市场为例。为了给实体经济提供直接融资服务，我们需要发行股票的一级市场；为了给持有股票的股东提供配置资源、转让股份的便利，需要为他们提供一个交易股票的二级市场。一级市场的融资能力与二级市场的流动性成正比，息息相关。因此，为实体经济提供直接融资服务，必须有一个交易比较活跃的股票交易市场。

第三，股票等交易市场一定会有重大风险吗？

毫无疑问，任何交易都存在不确定性，都会有风险，金融交易也不能例外，但却不一定会有重大风险。从历史和市场实践来看，传统股票现货市场风险有限，重大金融风险往往与杠杆交易和衍生品交易密切相关。

第四，为什么会有杠杆交易和金融衍生品？

杠杆交易与衍生品"创新"的理由是为市场提供流动性，抑制市场波幅和管理对冲风险。

第五，杠杆交易与金融衍生品的市场真相。

融资融券是杠杆交易的主要形式。名义上，融资融券是为市场增加流动性，促进市场双边交易、稳定市场。但在市场实践中，却是另外一回事，在股票市场，无论是投资者还是投机者是否积极入市要看大市氛围。熊市或市场冷清时使用融资杠杆的投机者鲜有入市，在市场需要流动性时不可能为市场提供流动性。当市场进入牛市热闹起来，问题不再是市场缺乏流动性，而是防止市场过热流动性过剩时，投机者却会利用融资杠杆大举入市，迅速吹大股市泡沫，透支牛市，缩短牛市周期，加大股市风险。当股市泡沫破裂、市场进入下跌通道时，投机者不仅不会继续融资增持股票，主动或被动平仓抛售股票，还会反向操作利用融券工具与其他衍生工具做空股市，反方向套利，助推股市暴跌。在市场实践中，融资融券不是逆市场周期提供流动性和有助于市场平稳的管理工具，而是投机者顺周期投机套利的工具。实践是检验真理的唯一标准，2015年疯狂短暂的杠杆牛市转瞬间变成股灾的事实，已经充分说明杠杆交易不是善类，而是助涨助跌的灾星。

品种纷繁复杂的股指期货、期权，外汇期货、期权，期货期权等场内、场外金融衍生品，无一例外都是以对冲风险、平抑市场波幅的风险管理工具为名堂而皇之设立的。在理论上简单推导，这种说法在微观状态下可以成立。但放在宏观层面来看，它却是错误的。金融衍生品在多种内外因素的叠加作用下，甚至是在小概率事件的影响下，将会发生无法估量也无法控制的核裂变，非但不能控制风险，还会造成金融危机。

要了解金融衍生品的本质面目，一是可以看看都是些什么人在使用衍生工具，二是应该了解一下市场实践中使用衍生工具的过往案例与后果。

在衍生品市场中鲜有实体产业主体参与衍生品交易，个别被金融机构忽悠，侥幸参与"套期保值"者往往赔得找不到北。参与金融衍生品交易的主力机构大多是对冲基金等以投机套利为目的的金融机构。以外汇衍生品交易市场为例，2020年，全球日均外汇交易额6万多亿美元，但其中与国际贸易和对外投资有关的交易量只占约3%，97%的交易都属于投机套利。这么多的外汇交易难道都是为实体经济服务吗？

实践是检验真理的唯一标准，下面以此为标准来看看使用衍生品的实际后果。多年来，我一直在关注衍生品交易防范化解风险的具体案例，但是遍访各种财经媒体的金融市场资讯、历史资料，鲜闻有人因使用衍生品而躲过了风险劫难，却屡屡看到欧美金融巨头因衍生品交易被断送或遭受重创。

金融衍生品不仅会重创普通市场主体，国家也难于幸免，国家有可能因衍生品交易遭受金融攻击，也可能因金融机构的误导面临难以承受的金融灾难。希腊被美国投资银行高盛误导深陷债务危机就是典型案例。2001年，为"帮助"希腊加入欧元区达标，高盛为希腊量身定制了一套"货币掉期交易"方案，冲减希腊政府的公共负债率，掩盖希腊政府预算赤字，后来使失去约束的希腊深陷债务危机无法自拔。与此同时，高盛购买了CDS来对冲明知有风险的对希腊的借贷。不仅如此，高盛还利用知情人地位，廉价收购CDS，做空债务抵押债券，一方面加大了希腊的借贷成本，另一方面使得CDS大涨获取暴利。高盛不仅把希腊玩弄于股掌之间，使其深陷灾难，还和美国评级公司配合默契，引发了整个欧元区危机。

正如一位在 1984 年被邀请开始参与华尔街开发金融产品和交易模型，并被认为是他引发了 20 世纪晚期两次最重大的金融危机的麻省理工经济学博士，理查德·布克斯塔伯，在他所著《金融的魔鬼》一书所指出的那样："我们试图改善金融市场的状态，却直接导致了金融市场的结构性风险，而风险的源头正是我们通常认为的创新。我们采取了许多措施……增加了金融衍生工具的复杂性，因此不可避免地引发种种危机。复杂性下边潜伏着大灾难。"

历史和市场实践，以及开发设计金融衍生品的始作俑者已经十分清楚地告诉我们，金融灾难来自杠杆和愈益复杂的金融衍生工具。金融衍生品不是改善金融市场状态、管理金融风险的工具，而是被金融机构用来满足其贪婪与投机套利的冒险工具。它们的冒险，会给金融市场和国家带来巨大风险。这种风险和实体经济没有关系，甚至和正常的金融服务也没有关系，更不是现代经济社会发展必须承受的代价。

因此，防范重大金融风险不能仅仅依靠被动监管，正确的做法应该是把金融关进服务实体经济的笼子里，用制度限制金融业以"创新"为名为所欲为，自我服务。对于擅长衍生品交易、专事投机套利的海外金融机构，我们也应保持高度警惕。应该鼓励直接投资，限制金融衍生品投资。

四、放任金融发展会拉大贫富差距

所谓放任金融发展，即忽视金融的融资中介服务本职，任由金融机构在金融交易市场"创新"，将金融交易复杂化，虹吸大量资金空转套利。这样的后果一是使实体经济缺水干涸，二是拉大贫富差距，使经济社会发展难以为继。

2008 年金融危机以来，美国并未在经济金融化的道路上停步，从该年开始的三轮量化宽松政策为美国经济注入的 4.125 万亿美元大部分流入金融市场，美国标准普尔500指数从2009年3月9日的最低值676点，一路上升至2020年2月19日的3386点，不可谓不辉煌。可这种辉煌却和实体经济几乎无关，不仅如此，还使美国富人更富、穷人更穷，拉大了美国的贫富差距。

美国前1%的最富有人群拥有的财富占比逐年增长，至2008年已经升至36.33%。2008年金融危机之后，继续一路上升，2019年美国前1%最富有人群拥有全美42.5%的财富。此消彼长，占总人口90%的大众拥有的财富和收入水平却连续30年下降，后50%的低收入人群拥有的财富仅占美国财富总额的3%。

贫富差距在任何社会都难以避免，但是一个贫富悬殊的社会是丑陋而邪恶的，也是难以为继的。美国在这场新冠肺炎大疫中感染失控，伤亡惨重，大规模的抗议活动和暴力骚乱交织。表面上是防疫失当、种族歧视，以及国家治理能力、领导人的问题，但根子却是制度性的经济金融化所必然导致的巨大的贫富差距、严重的社会两极分化。对于这种不可抗拒的规律，我们不可仅隔岸观火看热闹，要赶快筑好自家的防火墙。

招商银行与贝恩财富每两年联合发布的"高净值客户"报告显示，2006年以来，我国的财富集中度增长迅速。2018年，197万高净值客户拥有61万亿元可投资资产，已经占到总额为147万亿元的全国居民+企业存款（企业存款包含非银行业金融机构和非金融企业存款）余额的41.5%，而2006年这一比例为16.1%。这种快速增长的财富向少数人集中的趋势，与近些年来快速发展的经济金融化趋势，以及房地产行业的金融化不无关系，对此必须高度警惕。

我们应该不忘初心，检视社会主义根本目标，努力实现"让一部分人先富起来"向全体人民"共同富裕"的伟大过渡。我们还应坚决铲除加剧贫富分化的金融自由化。

从历史周期看金融与国运

历史是一面明镜，面对当今如火如荼的经济金融化，我们应该回顾历史，特别是回顾资本主义在西方兴起后500年以来的历史，看看历史中帝国的兴替周期能告诉我们什么，能给我们什么启示。

历史的发展往往不以人们的意志为转移，其因果关系更是历史的当局者、创造者所无法预料、无法自觉的。7世纪中叶被唐帝国灭亡的西突厥部分部落一路西迁，历经700多年后却在小亚细亚建立起了一个奥斯曼帝国，极盛时期横跨亚欧非大陆。来自东方的西突厥后裔，在这里却阻断了西方与亚洲的陆上商路，迫使欧洲人冒险驶入茫茫大海，开启了影响深远的大航海时代。

从公元1500年前后开始的大航海时代，先后造就了西班牙、葡萄牙王国和热那亚城邦周期、荷兰周期、英国周期以及美国周期四个不同的"百年周期"，开创了现代资本主义世界体系。新航路的开辟和新大陆的发现，使得欧洲人实现了在美洲掠夺黄金、白银、新大陆经济作物，在非洲掳掠贩运奴隶至美洲，用美洲白银购买亚洲商品卖回欧洲的商业循环，为资本主义的生产方式在欧洲的滥觞积累了财富，创造了条件。这种跨大洋商业模式与原始资本积累方式是这四个周期早期共同的特点。

虽然在兴起过程中四个周期的霸主各有特点，例如，西班牙、葡萄牙等以对新大陆印第安人种族灭绝、暴力掠夺为主；荷兰人采取暴力与商业并举的方式，为顺应日益增长的海洋贸易，建立了当时世界上最庞大的低成本、高效率的远洋船队，成为世界的"海上马车夫"，并建立了与世界商业霸权相适应的股份公司、银行、证券交易所；英国在海洋霸权与武装式商业扩张的基础上，完成了工业革命以及世界殖民与市场体系的构建；

在欧洲殖民地的基础上，美国利用欧洲的人才和技术，自身得天独厚的资源，大西洋与太平洋的天然屏障迅速发展，并借两次世界大战之机获得强大的工业制造能力，成为为全球提供商品的市场引领者。

但是这四个先后兴替的"百年周期"都有着相同的规律，都经历了差不多的兴衰阶段。在早期的兴起和壮大阶段，霸主无一不是依靠实业起家和发展壮大，而当其所倚重的产业发展到一定的阶段，追求利润最大化的资本就会转向似乎更加轻松快捷、利润更高的金融业。在产业资本大规模进入金融领域之际，一定是这个百年周期最繁荣、财富最充盈的阶段。然而，盛极而衰，这也标志着这个周期开始衰退。随着产业资本向金融领域的大规模转移，实业开始萎缩，物质财富开始枯竭，经济逐渐失去动能，金融泡沫逐渐增大，加之新兴经济体的挑战和挤压，周期性的大危机将不可避免地爆发，霸主终究被不可避免地取代。

西班牙王室为追求更高的金融利润，没有把从美洲掠取的大量白银投入实业，却将其作为金融财富投入尼德兰金融中心谋利，无意中增强了低地诸省的经济力量，为自己培养了敌人。独立后的荷兰打败并取代了西班牙，成为一个新的百年霸主，称雄17世纪。

建立在发达的农业、渔业、毛纺业、造船业、航运业基础上的荷兰在为这些产业提供融资服务并成为欧洲的金融中心之后，金融泡沫越来越大。18世纪初的荷兰，已经蜕变为主要依赖借贷利息的食利者，其把大量资金输入海外，导致国内的生活费用和生产成本大幅攀升，国内工业生产日渐凋零，海外呆账坏账越来越多，风光不再。荒唐的是，荷兰竟然向自己的主要竞争对手英国放贷，终不免被英国取代。荷兰向英国放贷，对于21世纪的今天也不无教益。

通过战争和贸易控制了大西洋的英国，在工业革命的推动下，逐步成为世界的制造业中心、贸易中心和金融中心，开始了日不落帝国引领全球的新百年周期。然而，工业革命的开启者英国也在资本利润最大化的牵引下舍其兴国的实业之本，求可获超额利润的金融之末。从19世纪后半叶开始，英国将其储蓄的一半以上投向海外，也成为主要依赖金融收益的食利者，其国运无可避免地开始了衰退，再加上在两次世界大战中遭受后起的经济军事强国德国的挑战和沉重打击，终被渔翁得利的美国取代。

以实业立国的美国在1894年工业产值已居世界第一。欧洲经济受一战、二战的连续重创和摧毁，使得美国成为战争中的世界兵工厂。二战后，美国更是成为世界制造业中心，拥有世界工业制造2/3的产量。美国强大的工业制造能力，雄厚的经济实力和军事实力，促使美国在战后牵头建立起了由布雷顿森林体系、关贸总协定、联合国等组成的一整套全球治理体系，开启了美国主导世界的历史新周期。

利润最大化是资本主义社会的价值观和自然法则，产业资本稍成气候便向金融领域转移，追逐超额利润是资本的本能冲动，美国也概莫能外。当美国凭借强大的工业生产能力在第一次世界大战中大发横财，还尚未正式开启美国引领世界的新周期之际，美国资本就按捺不住了，冲进股票市场，使用杠杆豪赌，结果引发了1929年金融危机，造成了波及全球的大萧条，差一点儿断送了美国周期。此时多亏了富兰克林·罗斯福实施新政，才得以力挽狂澜。罗斯福新政一方面采取经济刺激计划；另一方面采取金融抑制政策，限制金融交易，把金融逼进了服务实体经济的轨道。该新政挽救了美国经济，开启了美国主导的资本主义世界的第四个周期，创造了美国产业发展更大的辉煌。

20世纪80年代里根上台之后，抛弃了罗斯福的金融抑制政策。在新自由主义的旗帜下，经济金融化愈演愈烈，脱离实体产业进入金融交易市场投机套利的资本越来越多，投入实体企业的资本越来越少。而投入实体企业的资本也往往是通过股票市场投资，且急功近利，缺乏耐心。20世纪 50 年代，美国股市的股票持有时间平均为八年，现在已经不到一年。美国公司 CEO 的任期也越来越短。一方面，企业关心的是取悦华尔街的股价和短期利润、资本效率，对能带来革新性发展但需要长期投入和高风险的研发投资缺乏兴趣，使美国经济失去了持续动力。另一方面，为了降低成本，追逐利润，将生产大规模转移至海外。虽然跨国巨头们赚得盆满钵满，但却导致美国产业空心化，实体经济大幅萎缩，出现大面积"铁锈地带"，也使美国经济社会高度依赖国际市场供应，抵御风险能力很差。这次新冠肺炎疫情，让美国深受产业空心化之苦。

经济金融化是 500 年来每个资本主义历史周期由鼎盛走向衰亡的宿命，不同的是美国周期的金融化程度更高，问题更严重。实体经济与金融经济此消彼长，当年实业立国的美国已经变成金融立国的国家，金融收益和金融财富成为美国经济的主要构成。一方面，华尔街为了攫取更多的利润，以金融创新为名，把更多的资金投入到金融衍生品交易、杠杆交易、高频交易和大宗商品交易中投机套利，使美国的金融业更加危险。另一方面，美国利用美元霸权和金融工具，在全球资本市场和大宗商品市场收割发展中国家利益果实，破坏实体经济。

越来越大的金融泡沫和利令智昏的华尔街终于引爆了 2008 年金融海啸，使美国的国运发生了由盛而衰的转折。不思悔改，也不可能悔改的华尔街在美国实体经济持续疲软的条件下，依然疯狂地吹出了一个让不少国人艳羡的十年牛市"奇迹"，继续在透支美国国运。美联储等监管机构在华尔街的游说下，已批准修订旨在约束华尔街、执行仅六年的"沃尔克规则"，为华尔街松绑，增加华尔街的盈利空间。美国对金融化的执着，是资本的执着，是历史规律使然，只能一条道走到黑。

从伊比利亚周期开始，荷兰周期、英国周期和今天的美国周期的历史都告诉我们，资本主义经济，或者说 500 年来主导世界经济的主要经济体发展到一定程度都必然会进入经济金融化阶段。金融化是其发展的顶峰，同时又是其衰退的开始，这似乎是一条不可抗拒的历史规律。

资本主义的周期不是社会主义的规律

"人不能两次踏进同一条河流"，况且我们今天所从事的是社会主义事业，是对迄今为止的人类文明包括与我们共存的资本主义的批判与继承，是扬弃中的创造，是一种新的生产方式，是新的伟大历史的开创。我们不是在因袭，而是在遵循历史、传统、国情和社会实践创造新的历史与规律。因此，500年来交替出现的百年周期是中国的一面镜子，我们必须引以为戒，另辟坦途。

要实现社会主义对资本主义的超越，就应该清醒认识资本主义金融自由化就像传染力极强的新冠病毒一样，不能放任不管，必须高度警惕，严防死守。正如美国政治经济学家尼克·哈诺尔所说，"病原体是不可避免的，但它们变成大流行是可以避免的。"我们应该正视美国金融病毒，像防治新冠病毒那样发挥我们的制度优势，避免其在我国大流行，破坏我们的国运。

要避免被金融误导陷入资本主义周期命运，最重要的是要有社会主义制度自觉。

1. 用社会主义制度重塑金融。社会主义的根本目标是实现共同富裕，即为全体中国人民谋求最大利益，也就是社会利益最大化，不同于资本主义的资本利润最大化。在资本主义的价值观体系和制度范畴之中，资本追求利润最大化天经地义，金融业以创新为名自我服务，使金融市场复杂化、风险化，产业空心化，贫富两极化而无所顾忌。虽然不乏有识之士忧虑、批评金融异化妄为，但却无力改变这种愈演愈烈的趋势，这是资本主义制度的悲剧。

这种金融异化的悲剧唯有社会主义可以避免。在社会主义制度下，社会利益最大化的发展观要求金融的发展观必须也是社会利益最大化。它要求金融为全社会的利益服务，为实体产业服务，为人民群众服务；而不允许金融以创新为幌子效仿美国，以为实体经济服务为名，行自我服务之实。不仅如此，重要的是，我们有在社会主义发展价值观指导下的制度优势。我们可以在社会主义的价值观指导下，制定在资本利润至上的资本主义国家不可能有的，为人民而不是为资本服务的新型金融制度，规范金融服务，抑制金融放任发展，抑弊兴利，使金融有所为，有所不能为。

这就是我们的制度优势，这就是我们能避免资本主义"百年周期"的理由、底气与法宝。但是，一切取决于我们有无制度自觉。

2. 在金融领域倡导简单哲学。在当今世界，简单，应该是我们追求的理想境界——人与自然关系简单，经济社会关系简单。尽管现实世界远不是那么简单，但我们还是应该向往简单。尤其在社会治理、经济运作方面，我以为最佳状态应该是把复杂问题简单化，而不是把简单问题复杂化，越搞越复杂。在金融问题上，我们目前就有复杂化倾向。本来金融就是为实体经济提供融资中介服务的。要提高服务水平，搞金融创新当然可以，但创新的前提是为客户提供低成本、高效率、方便快捷的金融服务。

一些人"错把他乡当故乡"，将借复杂化自我服务的美国金融视为圭臬，把杠杆化、衍生品、计算机高频交易等十分凶险的金融流行病当作现代金融市场的标准配置。复杂不仅与金融服务无关，而且让美国金融更加危险。最近《纽约时报》刊载了专栏作家托马斯·弗里德曼的一篇文章《我们是怎样破坏这个世界的》，文中不仅探讨了新冠肺炎疫情、人类对物种自然平衡的破坏等问题，而且指出，金融衍生品交易使"我们都进了赌场"，"我们突破了金融常识的界限"，还说，"这一次可能更加危险，因为计算机交易现在占全球股票交易的一半以上。这些交易员利用运算法则和计算机网络以千分之一秒或百万分之一秒的速度处理数据，买卖股票、债券或大宗商品。"他认为，这些都是对现代世界的破坏。我们必须急流勇退，坚决反对金融复杂化，让金融老老实实地做融通资金的中介服务，做它应该做的事情。政策当局和监管者应坚持社会主义金融价值观，坚持金融服务实体经济底线原则，注重政策的作用力方向研究，在面对金融机构的"创新"申请时，要谨慎评估，实证分析所谓服务实体经济的服务方式、传导路径、业务流程；坚决抵制借服务实体经济之名、创新之名搞金融复杂化，自我服务。

3. 在金融市场谨慎对待外资。鉴于美国等西方国家严重的经济金融化，金融交易投机套利泛滥成灾，外资进入中国金融市场的主要目的必定是投机套利。因此，在对待外资的政策上我们应该鼓励直接实业投资，限制金融投资、金融交易。在允许外资投资金融市场的政策存续期间，除应该策略性限制外资对冲基金入市外，当务之急应该是建立外资特别是短期游资进出的实时统计、监控系统，制定不同情况特别是极端情况下的实战应对处置方案，防范市场大幅波动和金融攻击。

当今世界，网络化的金融高度复杂并不总能为人所透彻了解或观察至清，加之又具有病毒传染般的传播能量，所以十分凶险。因此，监管当局要有清晰的"防疫抗病毒"意识，要有定力，要能顶得住套利者的游说，抵制住金融中心之间竞争带来的诱惑和压力，任凭风吹浪打，我自岿然不动。坚守金融服务初心，坚持简单哲学。

经济金融化是资本主义向周期顶峰冲刺并导致早衰的制度性宿命，唯有党领导的社会主义中国才有可能也有能力超越这种历史局限。然而，前提是必须有高度的制度自信，清醒的制度自觉！让我们按照习近平总书记要求坚持"四个自信"，不忘初心，解放思想，破除美国金融迷信，重新构建社会主义金融服务制度体系。

应该明确建立资本市场的社会主义价值观

近大半年以来，面对蚂蚁上市被叫停、平台公司反垄断、滴滴被联合调查、教育"双减"政策落地、禁止教育培训机构上市等一系列措施出台，一些人直呼不懂、不解。其实，如果明白中国资本市场是社会主义事业的组成部分就不会感到奇怪。从另一个角度来看，这也说明我们在资本市场的建设过程中还缺乏对其社会主义属性进行定位，还没有旗帜鲜明地在资本市场建立社会主义的价值观，或者说对资本市场内外的宣传还不够。

价值观建设是资本市场的当务之急

习近平总书记在庆祝中国共产党成立 100 周年大会上的讲话中，以中国共产党一百年来的奋斗史和中华人民共和国七十余年的发展史为鉴，说出了无可辩驳的事实："只有社会主义才能救中国，只有社会主义才能发展中国！"[1] 社会主义不仅昨天、今天是中国人民的根本与命脉，中国人

---

[1] 习近平：在庆祝中国共产党成立 100 周年大会上的讲话 [EB]. 新华网，2021-07-01.

民明天的福祉也寄望于社会主义事业。

社会主义是引领中国人民各项事业的基本制度，中国的资本市场也概莫能外，是中国特色社会主义市场经济的重要组成部分。建立和发展资本市场，目的不是成立一个新的与西方相似的资本中心，取而代之，而是要坚守以人民为中心的初心，让资本市场为发展社会主义事业服务。

虽然我国今天的资本市场是以西方资本市场为蓝本建立起来的，西方资本市场最基本的融资与资源配置功能不仅可以服务资本主义，也同样能够服务社会主义建设。但是，正如美联储前主席保罗·沃尔克所言，20世纪80年代，里根上台推行新自由主义以来，美国金融已经异化，由原本的"产业服务模式"演变为"金融交易模式"，早已不再满足于做融资中介的本分职责。在这过程中，西方资本市场从业者唯一的价值观标准就是追逐利润，为此，他们以各种衍生工具和金融杠杆投机套利，而不考虑经济社会均衡发展以及民生福祉与环境保护，导致产业空心化，实体经济难以为继，经济严重依赖金融虚拟交易，并且由于经济金融化，不断加剧了社会贫富两极分化。

资本市场并非完全中性，在不同的社会制度之下因其主要服务对象不同，具有不同的社会属性。

建立价值观，是中国资本市场最重要的顶层设计。我们应该摈弃唯利是图的美国金融价值观，开宗明义、旗帜鲜明地建立起中国资本市场的社会主义价值观，要用社会主义价值观引导资本市场为社会主义事业服务、为人民服务、为实体经济服务。资本市场有了价值观指导，才能理解我国资本市场与西方的异同，保持社会主义的制度自信，在发展过程中理顺社会主义价值观逻辑，一以贯之，健康稳定地发展。

建立价值观，也是中国资本市场最重要的透明度建设。明确中国资本市场的社会主义价值观，有助于各类市场参与者了解中国资本市场的社主义性质，建立起一个理性稳定的市场预期；有助于人们理解中国资本市场发展过程中各种深化改革的新政策及其价值观逻辑。

中国资本市场的价值观构建

中国资本市场的价值观首先应该是社会主义制度性质的，即以人民为中心，谋求社会利益最大化，而不是资本利润最大化。这是资本市场的大纲。

第一，在资本市场的发展过程中，要时时、处处、事事旗帜鲜明地贯彻社会主义基本原则，唯此，才能防止资本市场异化，真正使其为中国特色社会主义事业服务，也有助于各类参与者依据我国资本市场的社会主义性质和价值观逻辑，对资本市场的政策建立合理预期，确定自己的投资策略。

第二，遵循中国资本市场的社会主义价值观，应该坚守服务实体经济的原则，以服务实体经济为本、为宗旨、为标准、为优先，实实在在地将主要资源向实体经济倾斜。同时，要防止一些市场主体打着服务实体经济旗号自我服务。

第三，遵循中国资本市场的社会主义价值观，应该坚持金融的融资中介本质。应把各项工作重点放在提高一级市场的融资能力、融资效率上，而不是本末倒置，把主要精力和资源用在二级市场上。一个交投活跃、流动性良好的二级市场对资本市场更好发挥融资功能不可或缺，但不能喧宾夺主，要适度、适当、适可而止。要警惕以创新为名，在二级市场以衍生品投机套利推动金融市场复杂化，要限制金融机构自营交易。

第四，遵循中国资本市场的社会主义价值观，不仅要在市场内保护广大中小投资者的合法权益，而且要防止资本利用资本市场无序扩张，在市场外侵蚀人民群众在教育、医疗等方面的公共福利和其他利益。要通过对发行、交易、并购、退市、税收等制度的深化改革，优化资源配置，让资本市场有助于人民群众分享国家发展成就，增加财富，而不是让资本市场变成资本造富的机器。要持续、无弹性重点打击财务造假、内幕交易、市场操纵、挟公共金融资源的野蛮收购等行为，熄灭各种企图利用中国资本市场大发不义之财的幻想。

第五，遵循中国资本市场的社会主义价值观，要建立清醒、牢固的国家安全观。一个强大、健全的资本市场可以增强国家安全，同时，资本市场又可能因为金融对外开放和金融风险传递成为国家安全漏洞最多、风险最大的地方。

因此，在经济利益和国家安全相悖之时，资本市场要以国家安全为本，舍末求本。一是遏制经济金融化、金融交易化、交易杠杆化和衍生品化，防范发生金融危机，威胁国家安全；二是要高度警惕金融开放条件下，外部滥发货币形成的货币洪流对我国资本市场的流动性冲击，以及不可不防的金融攻击；三是高度重视经济金融化对实体产业投资动力的根本打击，由此突出产业空心化对我国经济安全的损害；四是重视海外上市并非个案的敏感数据外泄、经济情报外泄、财富非法无序转移等一系列问题。特别是大量的中国概念股公司包括部分游离海外的离岸注册公司，因其上市地和相当一部分投资者在国外，不仅会在一些方面对国家安全形成负面影响，而且会对国家的一些政策制定与贯彻形成掣肘，对国家治理形成干扰。这些中概股公司会不会受制于上市地国家，成为与我国博弈中的棋子，这都是必须认真考虑的问题。

海外上市是我国资本市场早期融资能力有限的情况下中国企业融资的一种正确选择。时至今日，中国融资能力已经大幅提升，发展了沪深交易所，还有回归多年的香港交易所。为国家安全和国家治理计，我们应当重新权衡海外上市问题。虽然今天外资对中国经济依然具有十分积极的意义，但是无论从支持实体经济效果，还是金融安全、国家安全来说，吸引外资还是以产业直接投资为上。另外，对于互联网平台巨头背后的国内外股东构成、其广泛投资参股的各类企业也应该予以严格审查，特别关注，真正做到心中有数。

价值观逻辑下的政策导向

构建资本市场的社会主义价值观，最重要的就是制定符合这一价值观逻辑的系列政策，并坚决贯彻，认真执行。

第一，应该从供给侧界定资本市场的服务对象和提供给投资者的投资标的，即上市公司。从社会主义的价值观和国民经济的持续健康出发，资本市场应该主要服务实体经济，而不应该是任何人出于任何目的都可以借助的融资平台。为此，要注意以下几个问题：

一是资本市场应该全心全意为实体经济服务，把主要上市资源用于支持高新技术研发、制造，传统制造业升级换代，交通、电信业发展上，适度支持商业流通、旅游等服务业。

二是限制金融领域企业上市融资。一些不规范的金融机构上市融资非但不能满足对实体经济的金融服务需求，还会因其挤占金融资源，造成金融交易泛滥、金融泡沫膨胀、金融服务短缺。同理，也要限制互联网平台企业上市融资。互联网平台融资上市后往往偏离主业，异化为一个超级融资平台，成为一个垄断型投资中心，并跨界发展金融。互联网平台利用垄断数据展业，破坏消费文化，危害金融安全，应该限制其支付之外的一切金融业务，禁止其上市融资。

资本之所以能够无序扩张，就是因为其染指金融，我们要驾驭资本，使其服务实体经济，就必须阻断资本的金融驱动器。我们应该防止互联网平台一边大规模上市融资，一边大肆扩张金融资产、金融业务，演变为金融垄断资本集团。另外，应该限制影视娱乐业企业上市融资，消除其过度商业化对大众文化的消极影响。

三是禁止教育、医疗、养老行业企业上市融资。资本逐利在一般意义上是经济进步的动力，无可厚非，但仅限于普通商业领域。教育、医疗、养老行业属于社会公共福利事业，是最基本的民生。欧洲各国、日本等资本主义国家在这些方面也限制企业的营利性。我国是社会主义国家，由国家而非资本负责人民群众的社会公共福利是社会主义制度属性使然，义不容辞。我们应该清楚，资本因有逐利的天性不可能为人民群众提供令其满意的公共福利，它对利润的追逐必然使人民群众享受公共福利更难、更贵。从这个意义上讲，如果放任资本进入社会公共福利领域牟利并上市，那就不是资本的过错了，它们只是在一个本不该进入的领域做了它们习以为常的事情。

因此，我们应该在社会公共服务领域坚守这个社会主义的基本阵地，承担起社会主义国家对人民的责任。按照中国资本市场的社会主义价值观逻辑，不仅要禁止学前教育机构、校外培训机构上市融资，也应该从增量入手，逐步禁止中等教育和高等教育机构在国内外市场上市融资。在西方国家，由于有对教育机构营利限制的监管政策，这些国家本土教育类上市公司数量几乎为零。西方国家都不允许它们自己的教育机构在本土上市融资牟利，同样，我们也不能允许它们到中国来投资，把中国的教育类机构打包上市，改造成它们营利的摇钱树，把中国学生家长的钱包变成资本利润的提款机。

同理，上市公司的利润诉求与医院等医疗机构救死扶伤的公益性天然相悖，上市公司介入医疗服务事业不仅不可能增加医疗服务供给，缓解看病难、看病贵问题，而且其逐利性会使患者和医保账户不堪重负。因此，必须禁止医疗机构上市融资。

第二，资本市场的政策着力方向。在社会主义价值观下，资本市场是为实体经济服务，不是为资本服务。因此，政策着眼点就应是提高融资质量与效率，而不是为投机套利者搭建交易平台。应该从提高供给质量与效率出发，实事求是、扎扎实实地搞好上市公司注册制改革，全面提高中国资本市场的融资能力，更好地为实体经济提供融资服务。

对于二级市场中的衍生品交易、杠杆交易、高频交易等西方流行的金融交易方式，应该从服务对象、服务方式、服务路径、服务传导、服务效果，即谁参与、谁获利出发，实证分析推演其如何服务实体经济。还应该从微观效果、宏观影响，以及客观的历史经验与教训等方面，全面辩证分析，权衡利弊得失，评估收益风险。更应该从国家战略、国家安全高度来认识这个问题，审慎决策。

第三，维护资本市场秩序，保护中小投资者的合法权益。中国资本市场不是冒险家的乐园，不允许任何人违法犯规，恣意妄为，破坏秩序，弱肉强食。对违法违规行为必须零容忍，坚决打击。中办国办印发的《关于依法从严打击证券违法活动的意见》是我国资本市场近年来最重要、最给力、最有意义的深化改革举措，对维护市场秩序，保障资本市场长治久安将产生深远影响。证监会近年来也加大了对证券违法活动的打击力度，市场秩序明显好转。

维护市场秩序，一是要坚持刚性执法，无论牛市、熊市都要保持零容忍高压态势，持续震慑，不给证券违法活动者留下任何幻想空间。二是从政策层面进行检讨评估，实证分析原有制度、政策的作用力方向，查找可能被违法违规分子利用的政策漏洞。及时改革补漏，既要预防违法活动，又要优化资本市场的资源配置。

例如，前些年出现的绩差公司重组、"借壳"上市泛滥、上市公司退市梗阻等现象，不仅导致资本市场资源被绩差公司挤占，资源配置劣化，需要资本市场支持的实体产业融资需求难以被满足,而且还导致财务造假、内幕交易、市场操纵等案件频发。

另外,我们前些年对于一个本来中性的市场概念——市值,给予了不必要的过多关注,这本是一个受公司、市场内外多种主客观因素影响,无法管理的概念,却"创新"出一个"市值管理"概念。结果不仅误导了许多企业,还引发了许多财务造假、内幕交易和市值操纵案件,也引起了监管机关的高度关注。

因此,一方面,要按照中央的要求从严打击证券违法活动,特别是重点打击虚假陈述、财务造假。另一方面,应该全面审视评估政策的作用力方向,查漏补缺,与时俱进。把加强透明度建设、完善退市制度建设、加大退市力度和退市速度作为深化资本市场改革的牛鼻子,优化资本市场资源配置效率。

第四,用税制维护资本市场稳定公平。2005年的股权分置改革使我国资本市场的上市公司股份实现了全流通,扫除了资本流通障碍,提高了资源配置效率。但是,由于市场制度不够完善,所以不断出现了大股东解禁股票对市场形成压力。一方面,大股东解禁股票影响了正常的市场供求平衡,冲击市场,对市场稳定产生了一些负面影响;另一方面,大股东等解禁股票套现,使一些人一夜暴富,对上市公司持续发展、维护市场价值观和公平原则产生了一些负面影响。

因此,我们应该进行针对性治理,推行资本利得税。无论从维护资本市场稳定、有序和健康发展的角度考虑,还是从实现共同富裕的角度出发,资本市场都应该考虑开征资本利得税。

中国的资本利得税不应该是人头税,即普通中小投资者不用缴纳资本利得税。在开征初期,对二级市场投资者购买股票获得的资本利得也不应征税,以后随着市场的发展,以不影响市场活跃为原则再考虑是否征收。

征收的对象应该是公司发行上市前的发起人和其他大股东的解禁交易股票，以及定向增发解禁交易股票的资本利得。征收原则应该是鼓励长期投资，随着持股时间的延长，征收税率逐步递减，长期或超长期投资实行低税率，甚至零税率。也可以考虑对不同规模的股份区别对待，实行累进税率。

除此之外，为抑制资本非法无序外流，建议考虑增设资本离境税。同理，资本离境税也不必是人头税。

走社会主义道路是中国人民各项事业成功的保障，同样，社会主义道路也是中国资本市场健康发展的不二选择。让我们认准方向，坚定信念，走出一条中国特色的资本市场之路。

中国资本市场三十而立再出发[①]

中国资本市场自 1990 年 12 月 1 日"深安达"在深圳证券交易所发生第一笔场内交易记录以来，转眼间已经经过了三十年的风雨历程。三十年来，中国资本市场不断发展壮大，成就辉煌。截至 2020 年 7 月，沪深两市已经成为一个拥有 1.7 亿户投资者，3951 家上市公司，4030 只股票，累计为中国经济发展融资 14.4 万亿元人民币的巨型资本市场。中国资本市场为促进中国实体产业发展，助推高科技产业等新经济成长，均衡中国经济融资结构，为老百姓提供财产性收入新渠道做出了积极的贡献。虽然在成长与发展过程中尚有许多不尽如人意的地方，但实事求是地讲，无论从发展速度还是从市场质量等诸方面来衡量，成绩不可谓不大，功绩不可谓不显著。

如今，中国资本市场已经进入而立之年。三十而立，标志着中国资本市场将由新兴加转轨的初创阶段进入成熟发展阶段。

中国资本市场要进行超越自我的新长征，就应该按照习近平同志的要

[①] 本文创作于 2020 年底。

求坚定"四个自信",按照社会主义的原则建设中国的资本市场,要用资本之"器",服务社会主义之"道",要一切从中国特色社会主义实践出发,而不是从西方资本市场的抽象概念出发,应该把西方金融当作一面镜子,而不是模板,兴其利、抑其弊,使中国资本市场服务社会、服务人民,坚定地走服务中国实体经济的正道,防止金融自我服务。

展望未来,经过三十年艰苦创业的中国资本市场已经为再出发打下了坚实的基础,必将大有可为。

近年来,中国证监会、沪深交易所和市场各方着力改革,为续写中国资本市场新篇章做出了许多具有积极意义的准备。

忆往昔,鉴今朝,以我个人之见,中国资本市场再出发还应该在未来更多地关注以下问题:

中国资本市场的供与求

任何市场,都是由供给方和需求方构成的,其主要矛盾就是供求关系,处理好供求关系,是市场的主要任务。要建设好中国资本市场,首先应该了解和明确供给方和需求方。

从严格意义上来讲,在资本市场上,投资者是供给方,融资者是需求方。因此,应该明白,谁是资本的投资者主体,谁是融资者主体。同时,也应该清楚,投资者主体是基于国情、民情别无选择的客观存在;融资者主体却是基于社会制度性质、价值观可以做出不同选择的。

首先,让我们来一起审视中国资本市场的投资者现状。

经过多年不懈的努力,尽管我们建立了大量的公募基金,引入了各种机构投资者,但是截至 2020 年 7 月底,在 1.7 亿户投资者中仍然有 1.69 亿个人投资者在 73.9 万亿元总市值中持有 22.6 万亿元市值股票,占沪深两市市值总额的30.6%，他们依然是中国资本市场中举足轻重的力量。因此，我们要正视这一现象，要充分认识这种现象是国情、民情的客观体现，并将长期存在。我们应该承认，个人投资者是中国股市的重要供给方。

同时，我们也应该客观认识机构投资者，不要相信神话。以美国股市为例，在20世纪50年代，美国股市还没有今天这么多的共同基金、对冲基金和风险投资者，美国上市公司的主要股东是企业家和个人投资者。企业家作为企业所有者和企业是命运共同体，他们不仅对企业富有感情，而且熟悉行业，深谙企业发展战略与经营管理，注重企业的长期发展，愿意投资研发。因此，企业家作为资本市场的主要股票持有者，其行为无论对于企业的长期持续发展，还是对于股市的稳定，均是正相关的。随着共同基金、对冲基金，特别是风险投资者等机构投资者不断发展，成为市场的主要参与者之后，由于他们不同于企业家的立场，他们关心的是由短期股票价格决定的资本效率，这些机构投资者对于市场的作用并不像我们想象的那么正面。一是市场的投机性更强了。20世纪50年代美国股市的股票平均持有时间为8年，从2006年开始至今，美国的股票持有时间大多数已不足一年，美国的股市波动更大了。二是上市公司的CEO任期更短，平均任期仅5年，更加注重短期利润和资本效率，对公司长期战略缺乏兴趣。三是侵蚀了美国的制造业，不仅造成了产业空心化，而且由于制造业专业技能乃至设计技能转移，以及机构投资者对供应商基础缺乏了解，美国的创新能力逐渐受到影响。

我们近些年着力培养的机构投资者与我们的预期尚有一定距离，某些机构在股市中的行为与散户无异，对股市稳定难言积极。这种现象并非我们的机构投资者之过，而是由其角色决定的，是其生存利益使然。美国机构投资者对其制造业的侵蚀，也应该引起我们警惕，我们应从长计议我国有关机构投资者的战略定位与引导。

因此，我们应该重新认识中国股市散户，认清散户并非中国资本市场的阻碍，而是正能量，是中国股市的重要供给方，为中国股市提供了流动性，支持了中国经济的发展，是中国资本市场不可或缺的重要组成部分。因此，我们应该把保护广大中小投资者利益作为资本市场的重中之重。中小投资者无论从资讯掌握、投资经验还是从技术手段来看，都是资本市场的弱势群体，我们应该针对他们的弱项，制定切实可行的中小投资者保护制度。一是改进信息披露，为中小投资者提供简明扼要的专门提示，并着力防止形形色色的针对散户的股评信息误导与欺诈。二是防范中小投资者被市场强势主体伤害，严厉打击市场操纵与内幕交易。三是防范中小投资者被非公平交易制度伤害，对广大中小投资者无法参与或大多数不能参与的高频交易、衍生品交易应该按照公平交易原则进行反省检讨。

其次，中国资本市场融资者现状。

三十年来，我国资本市场融资者股票融资资源使用情况大体如下：

截至 2020 年 7 月底，融资累计规模达 14.4 万亿元人民币。其中，制造业融资达 55 918 亿元，占比 38.7%；金融业达 30 024 亿元，占比 20.8%；交通运输、仓储和邮政业（含快递业）6529 亿元，占比 4.5%；医药制造业 5487 亿元，占比 3.8%；文化体育和娱乐业 1889 亿元，占比 1.3%；住宿和餐饮业 273 亿元，占比 0.2%；教育业 263 亿元，占比 0.2%。

虽然从总体来看，我国工业交通运输业等实体产业上市公司在资本市场股票融资中占了约一半份额，但是，鉴于实体经济是经济发展的原动力，资本市场的上市资源十分宝贵，我们应该按照中央提出的金融服务实体经济的要求，重新规划上市公司资源分配。发行上市安排与再融资安排应该以实体企业为主，应优先安排符合经济社会发展趋势和产业政策方向的制造业、战略性新兴产业等实业类企业利用资本市场融资。

应该限制娱乐业企业上市。娱乐业企业上市不仅挤占实体经济上市资源，而且会受市场利益驱动过度追求商业利益和票房价值，扭曲社会主义文化价值取向，妨害社会主义文化建设。

限制金融类企业上市。过多的金融类企业上市，喧宾夺主，本末倒置，挤占实体企业发展资源，拉长实体经济资金供应链条，抬高资金成本，削弱中国制造业投资动力，促使中国经济金融化，金融自我服务，妨害实体经济发展。

禁止医疗、教育类公司上市。教育和医疗是社会领域中最重要的国计民生保障领域，是国家特别是社会主义国家的重要责任之所在，不应与市场挂钩。让市场配置社会领域的教育、医疗资源，学校和医院将变成资本逐利的工具，人民群众不仅无法公平享受最基本的教育和医疗保障，还将不堪重负，使经济的消费支柱无法擎起，国家的内循环战略也将深受影响。因此，为经济领域配置资源的资本市场，不应染指保障国计民生的社会领域，不应该为资本的误入提供支持。

中国资本市场治理的两大关键

中国资本市场三十年来成就巨大，但是有些方面仍不尽如人意。例如，融资方面未能充分满足经济社会发展需要，资源配置功能欠佳，尽管监管者为保护广大中小投资者利益做了大量的工作，中小投资者利益还是会遭受大股东和市场强势主体的侵犯……凡此种种，按照毛主席先抓主要矛盾的方法论，究其原因，我国资本市场的诸多问题虽然有方方面面的原因，但其根本原因还是在虚假信息和市场梗阻这两大病根上。

一、以透明度为纲，治理散布虚假信息

资本市场是配置资源、利益交换、信息交换的场所，汇聚了巨量财富，参与者众多，信息量巨大且纷繁复杂。因此，对于资本市场而言，透明度建设是头等重要的大事，不仅关系到投资者的投资判断与选择，也关系到市场秩序、市场效率和投资者的利益保护。

然而，我国资本市场的透明度却差强人意，信息混沌，财务造假屡禁不绝，严重地干扰了市场秩序，影响了市场效率，损害了投资者利益。

多年来，为提高市场透明度，监管者和市场各方不遗余力，做了大量积极的工作。无论是新修订实施的《证券法》，还是国务院金融稳定发展委员会多次会议提出的打击虚假信息要求，以及证监会、交易所的不懈努力，对资本市场透明度建设都产生了十分积极的影响。尽管如此，我们仍然应该以透明度为纲，把透明度建设当作资本市场发展与规范的头等大事，继续不遗余力地狠抓共管。

（一）继续改进信息披露

我国资本市场的信息披露制度经过三十年的持续建设，已经相当完备，如今需要改进的是让投资者对信息易读、易懂、易获取。因此，在保证"真实、准确、完整"的前提下，应该着力在信息披露报告、年报摘要之外再编制简明扼要、重点突出的信息披露要点指引，借助多种信息技术手段，方便广大中小投资者及时了解发行人经营、财务信息。

（二）加强审计监管

注册会计师作为专业审计机构，有能力、有责任对上市公司等发行人的经营与财务信息的真实、准确、完整负责，其审计工作是市场透明度建设的关键一环。因此，监管机关在加强对监管对象现场检查的基础上，应该把监管资源的相当部分配置在对注册会计师的审计业务监管上，通过对

中介机构的审计业务监管，实现借力间接监管，抓住关键环节，使监管效率事半功倍，有效提升信息披露质量。

（三）重点打击编造和传播虚假信息

虚假信息编造和传播、财务造假欺诈是资本市场中的万恶之源，是所有违法犯罪行为当中最恶劣、危害最大的犯罪行为，应该将其作为资本市场监管工作的重中之重，监管层面应倾其行政、司法等所有监管资源重点打击，使造假者倾家荡产、闻风丧胆。对于参与编造和传播虚假信息、财务造假、欺诈上市的上市公司控股股东、实际控制人、董事、监事和高级管理人员、直接责任人应该在现有法律规定条件下顶格处罚，从重打击。

对于在审计执业中未充分履行"检查验证、专业把关"职责，对编造和传播虚假信息、财务造假负有责任，甚至协助造假的注册会计师亦应严厉处罚，从重打击，并将其作为此类案件的重点追究对象，震慑同类假"看门人"。

二、化解市场梗阻，改善市场生态

资本市场是优胜劣汰、优化资源配置的场所。然而我国资本市场却良莠不齐，尚未完全担负起资源优化重任。究其原因，就是市场发生梗阻，没有淘汰机制，未能形成良性循环，几乎只进不出，很少退市。

我国资本市场向来喜欢学习借鉴西方，但恰恰在最需要学习之处，我们却疏于学习。2007年至2018年10月期间，全球上市公司退市数量累计达到21 280家，超过同期IPO数量累计值16 299家，退市规模大于IPO规模。其中，伦敦证券交易所退市2959家，退市率达9.5%；纽约证券交易所退市1823家，退市率达6.6%。

然而，2007年至2018年沪深两市退市仅58家，退市率为1.6%，同期我国上市公司退市率远远低于英美两国。

上市公司退市少而不易的最大危害就是导致"劣币驱逐良币",绩差公司挤占绩优公司上市资源。这不仅使优秀公司上市困难,而且使二级市场环境恶化、秩序恶化、资源配置劣化,资本市场生态劣化。退市制度过于宽松,留给一些人较大运作空间,"空壳"被追捧,"保壳""卖壳""借壳"乱象层出不穷。

退市梗阻导致资本市场生态恶化的最典型表现,就是绩差公司重组泛滥。并购重组原本旨在支持产业实现规模经济,围绕产业链上下游开展产业优化整合升级,并实现对制造业、符合国家战略方向的新兴产业等领域实体企业的支持。但是,如今的并购重组却在相当大的程度上变成了投机套利的工具。绩差公司并购重组和"借壳"上市就属于这一类。此类重组不仅误导投资者,扭曲资源配置,毒害市场文化,而且诱发市场犯罪案增加,滋生了大量的财务造假、市场操纵、内幕交易行为,严重破坏了市场正常的交易秩序,侵害了广大中小投资者的利益。因此,应该严格限制绩差公司重组与借壳上市,同时坚决实施严格的退市制度。退市制度的贯彻,不是多退几家少退几家的问题,它关系资本市场资源配置是否有序有效,能否正常吐故纳新、良性循环、长治久安,是资本市场生命力与品质的重要保障。我们应该把退市工作作为中国资本市场建设的重中之重,完善退市制度。

当务之急,是从制度层面化解退市梗阻。一方面,应该实行更加严格的财务标准,在收入核算中扣除非经常性损益等,杜绝人为调节空间;另一方面,革除退市流程复杂,设置条件太多,时间周期太长,没有效率的弊端。

纲举目张,我们应该把打击编造、传播虚假信息以及化解退市梗阻作为中国资本市场有效治理的关键点。

中国资本市场建设的两大观念

一、融资观

资本市场是为实体经济提供融资服务的市场。因此，我们应该把一切工作的重点放在融资上，把主要的资源和心思用在融资方面。我们进行金融创新，就应该把着眼点放在融资创新上，千方百计为实体企业开发出便捷、高效的创新性融资渠道、融资方式，提供高品质、低成本的融资服务。

当然，融资市场不仅需要一级市场，也需要具有较高流动性的二级市场为一级市场融资活动提供支持，且二者互相依存，须臾不能分离。但是我们必须清楚，就一、二级市场的关系而言，一级市场是矛盾的主要方面，是本；二级市场是为一级市场服务的，不能主次颠倒，本末倒置。

遗憾的是，近些年来我国资本市场出现了重交易、轻融资的现象，我们在二级市场用了太多的心思，搞了太多的"创新"。二级市场虽然十分重要，但是过火过度就会发生质变。人们如今一提起金融，似乎就是交易市场，津津乐道的都是行情，融资反倒成了交易的配角。这种不正常的现象不仅使二级市场虹吸了实体产业发展需要的大量宝贵资金，而且还诱使上市公司不务正业，在二级市场动歪心思。

在重交易、轻融资的错误观念影响下，我国资本市场也出现了一些奇怪现象，如市值管理等。市值本来是一种市场中的客观存在，是由于上市公司的经营业绩、盈利前景、行业市场、宏观经济、股市周期，以及投资者的认知、喜好等多方面因素综合作用而形成的，既有上市公司可以有所作为的主观因素，又有上市公司无可奈何的客观因素。因此，市值是无法管理的，市值也不代表上市公司的优劣。管理市值，就有可能诱发财务造假、股市操纵。又如股票回购，大多数情况下都是为大股东二级市场利益服务的，会对公司的投资发展产生负面作用。再如被热议的T+0，许多人只讲该方式在世界各国市场流行，但是否考虑过于市场稳定、安全何益？方便投机套利，于融资效率何益？

因此，我们应该树立正确观念，回归资本市场本原，重融资，轻交易。

二、安全观

树立正确安全观的前提是树立正确的价值观，有所为，有所不为。如今，我们的资本市场愈益复杂，存在的风险也越来越高，但是人们似乎认为这种风险是中国资本市场发展必须付出的代价，别无选择，只能是加强监管，小心防范。然而，现实果真如此吗？

一是我们应该认真思考杠杆交易、衍生品交易、高频交易等的必要性，为谁服务？杠杆交易能够逆周期带来流动性，还是顺周期流动性泛滥透支牛市？衍生品交易是风险管理还是投机套利，是否会引发风险？高频交易等对中小投资者公平吗？是否会引发交易系统性风险？对于这些问题的思考，我们既要在微观层面进行理论分析、技术推导，又要从宏观全局、战略安全方面研判展望，更要从市场实战案例中汲取失败教训，敬畏失败教训。

二是正确理解监管。作为曾经的职业监管者，我知道监管的重要，也深知监管的局限，人性的贪婪冲动，往往会将貌似固若金汤的监管大堤冲垮。因此，监管者的首要任务是定规矩，按照金融服务实体经济、资本市场为实体产业提供融资服务的价值观进行价值判断与价值选择，建立资本市场的制度规范，使其市场主体有所为，有所不能为。这是最好的监管，唯此中国资本市场方能长治久安。

"逝者如斯夫，不舍昼夜。"三十年辉煌已成过去，中国资本市场当励精图治再出发。

改革与资本市场尚未如烟散去的往事[①]

我们在新中国成立后出生的这代人,正可谓生在红旗下,长在新中国,从小深受为社会主义祖国、为人民奉献的理想信念熏陶,属于理想主义者,渴望奋斗与奉献。然而,我们毕竟生活在革命先辈为我们创造的和平环境里,没有经历腥风血雨与枪林弹雨,似乎有点没有参与和见证的遗憾。可我骨子里还是有军人情结的,还有战士的激情,正如我退休之际《中国证券报》为我送别的长篇报道标题"张云东:我是一个兵"一样。其实,这种遗憾是幼稚的,每一代人都有每一代人的使命,都有有待攻克的艰难险阻,都有可以或轰轰烈烈或波澜不惊报效祖国、报效人民的机会,只要你有家国情怀。在和平年代,也大有可为。我们这代人有幸赶上了改革开放的大潮,有幸为社会主义祖国的更加美好参与了改革开放和早期资本市场的创建,我在这里也延续了自己在和平年代里的兵之歌。

自鸦片战争开始,中国陷入了百年之乱,中华民族到了最危急的时刻。为了救亡图存,中华民族无数有识之士前赴后继,流血牺牲。但阴霾

[①] 本文刊载于《证券时报》(2018年8月9日)。

依旧，前路茫茫。直至中国共产党诞生，中国革命才出现了希望，经过28年艰苦卓绝的奋斗，终于建立起一个崭新的社会主义新中国，中国人民从此站起来了，开始了中华民族独立、自主、逐步繁荣昌盛的新纪元。在建设前无古人的伟大社会主义事业过程中，尽管我们也犯了"文化大革命"那样的严重错误，但社会主义事业的成就是巨大的。在短短三十年的时间里，在旧中国一穷二白的基础上，基本解决了中国人的温饱问题，并已建成门类齐全的现代工业体系，教育医疗体系初步形成。特别是在全社会建立起了一支具有社会主义新风尚的有知识有文化的劳动力大军，其中包括科学技术队伍和具有工业从业经验的劳动者队伍。

"文化大革命"结束之后，我们深刻总结了新中国成立之后的经验教训，特别是"文化大革命"的教训。为了完善社会主义制度，充分发挥社会主义制度的优越性，解放生产力，满足人民群众日益增长的物质文化生活需求，党中央决定开始伟大的改革开放。建立在前三十年社会主义实践中积累起来的宝贵的物质文化和经验教训基础之上的改革开放，极大地调动了全国人民的改革与建设热情，我们这一代人也有幸投入其中并成为中坚力量。

南下深圳

改革开放之初，我就积极关注、思考国家的经济体制改革问题，在这期间我的一篇关于国有企业改革的研讨论文在北京获奖。深圳经济特区当时是中国改革开放的一面旗帜，为了能够在改革开放前沿亲身参与改革，我1988年由陕西家乡南下深圳，成为原国家体改委体改研究所副所长，并成为曾经为我国价格双轨制等改革方案做出重要贡献的徐景安同志的部下，加入了他领导的深圳市政府经济体制改革委员会，成为一名专职改革工作者，进入了改革最前沿。

徐景安同志具有很高的使命感和责任感，受过系统的马克思主义理论教育，对我们的体制有清醒深刻的认识，对改革的方向、改革路径和改革方案的可行性感知敏锐，思想系统、深邃、超前。时至今日，我依然深感自己的理论修养与他相比相去甚远，自叹弗如，但我十分庆幸能做他的部下和学生。在徐景安同志领导下的这段改革工作经历，我终生难忘，深感弥足珍贵。在这里，我不仅能够亲历丰富的改革实践，有幸应对各种从未遇到过的问题和挑战，而且使自己此前人生三十多年的积累有了用武之地，自己憧憬向往的事业开始进入快速轨道。在徐景安主任的指导下，我个人事业价值观进一步得以明确：做智力型干部，不做权力型干部。这种价值观定位影响了我之后的整个职业生涯，也影响了我后来领导的深圳证监局的年轻干部。我不仅要求他们按照徐景安主任的教导做智力型干部，不做权力型干部，而且根据一些年轻干部专业精湛但缺乏工作方向感和价值判断能力的特点，进一步要求他们在做智力型干部的前提下，做思想型干部，不做工匠型干部。

深圳体改委处于改革开放先行地深圳经济特区，得地利与风气之先，在中共深圳市委、市政府特别是李灏书记等领导同志的信任支持下，在徐景安同志的领导下的深圳体改委方向明确，价值观正确，改革活跃，成为全国体改战线的排头兵，取得了诸如股份制改革以及社会保险和医疗保险制度改革等一系列首创性改革成果。

改革助推科技企业成长

我在深圳体改委的第一份工作是审核有限责任公司型的民间科技企业和私营企业。当时民间科技企业的设立申请流程是首先由深圳市科技局审核申请人拟生产的产品是否具有科技含量，市科技局通过之后再向市体改委申请，注册资本不低于一万元人民币。私营企业是直接向市体改委申请，注册资本不低于三万元人民币。深圳体改委的审核工作主要是根据有限责任公司规范对发起人的设立条件、股份构成、公司章程等进行审核，对公司治理规范给予指导，并代市政府办公厅拟定批复文件。

深圳市当年进行的民间科技有限责任公司和私营有限责任公司改革试点在三十年后的今天来看太"小儿科"了，但在当年却有着十分重要的意义并深刻地影响着今天的深圳，华为正是1988年那批注册成立的企业中的卓越代表。深圳的这个试点工作意义重大：一是股份化的民间科技企业和其他私营企业是对社会主义初级阶段以国有为主的多种所有制企业形式的初探实践，也是对深圳特区最初的"三驾马车"，即深圳国企、外资企业、内联企业（内地国企）的突破，激发了民间投资热情，推动了经济发展，增加了就业。二是在特区初期"三来一补"（来料加工、来样加工、来件装配、补偿贸易）低层次产业基础中埋下了新型科技产业的种子。特区早期对民间科技企业的扶植和培育，反映了深圳市委、市政府的远见卓识，也是深圳特区最大的成就。难能可贵的是，对科技产业发展的重视和支持是历届深圳市委、市政府领导的共识、传统、一以贯之、一脉相承。1998年我亲历的一幕令人永远不能忘记。

1988年为推动"内联外引"，"一骑红尘妃子笑"的源头南国深圳举办了首届"荔枝节"，从此每年一届，成了深圳广招天下客的盛会。到了1998年，已经举办了十届。按惯例，1998年春季要召开市政府常务会议研究第十一届"荔枝节"筹备工作。记得那天我们进了会议室之后，每位与会者的座位前面早已摆好了一套打印整齐的"荔枝节"筹备材料。刚坐定，时任市长李子彬同志走了进来，他坐下后说的第一句话就是："我和高丽同志（时任市委书记张高丽）商量了，每年搞的这个'荔枝节'闹哄哄的，就是个热闹，没啥意思，不如搞个中国国际高新技术交易会，对推动高新技术产业还有些积极意义，你们同意不同意？"我们都异口同声地回答同意。市长随即宣布散会。于是就有了1999年10月举办的首届中国国际高新技术成果交易会（以下简称"高交会"）。

高交会对深圳的高新技术产业发展起到了十分重要的推动作用。初具规模的高新技术企业通过在"高交会"展示，赢得了更多客户的青睐，扩大了市场，进入了规模经济的快车道。初出茅庐的高新技术企业在"高交会"上见了天光，不仅被许多潜在客户发现，有了订单，而且被"高交会"吸引而来的"星探"投资者发现了这些小企业，使它们得到了宝贵的融资支持。这也就是深圳后来能够在私募基金市场领风气之先的一个重要原因。"高交会"的举办对深圳的高新技术产业发展，包括深圳的产业金融发展的引领和推动都产生了积极的作用。但我认为，更重要的是，深圳市委、市政府举办中国国际高新技术成果交易会的这个高瞻远瞩的决策以及对深圳高新技术产业发展的超前意识、持续专注和推动支持，奠定了深圳特区卓尔不群的产业基础。

2000年8月，因沪深两大交易所分工而筹备创业板市场的深圳证券交易所停止了主板新股发行。后因全球科技股泡沫破裂，海外创业板市场纷纷失败或步入低谷，深交所创业板筹备受阻，但主板新股发行却难以恢复。之后长达三年零九个月的深圳资本市场因不再有新鲜血液输入而备受打击，投资者及部分从业者纷纷弃深赴沪。当时网上出现一篇《深圳，你被谁抛弃？》的文章被全国热议，一时间深圳风雨飘摇，似乎步入穷途末路。这种议论真是杞人忧天，他们不明白深圳早已步入良性循环发展的健康轨道，岂是他人能够抛弃得了的！我的自信和底气正是来自深圳如雨后春笋般层出不穷的高新技术企业。多少年来，我一直在讲深圳真正的优势和财富不在金融，而在深圳有中国最大的一个优秀民族品牌企业群体，而且这个群体是动态的，持续壮大的。深圳的经济结构不同于上海，上海是"自己搭台，请人唱戏"，海纳百川。深圳是本土培育，注重原创。道生一，一生二，二生三，三生万物，深圳形成了自己的高新科技产业链和产业气候乃至广阔的发展空间。如今的深圳已世界瞩目，不会再有人替深圳惋惜被"抛弃"了，这就是当年播下的种子在深圳生根、开花、结出的丰硕果实。

深圳的实践和成功也充分证明了一个地方乃至一个国家要想持续健康发展，必须老老实实、脚踏实地地把实体经济做好，并持之以恒、一步一个脚印地致力于符合时代发展方向的高新技术产业。

参与股份制改革

除负责民间科技等企业的审核之外，我也参与了深圳国有企业的股份制改革工作，随着改革的推进，股份制改革和资本市场筹组成了我的主业。再往后，在资本市场初具规模之后我又成为这个市场的职业监管者，在和平年代里的金融战线哨位上为祖国站岗放哨。

早在1982年，深圳市宝安县联合投资公司就发行了国内第一只股票。1988年4月，深圳发展银行的股票开始在1987年9月成立的全国第一家证券公司深圳特区证券公司柜台挂牌交易。

1987年底，徐景安同志任深圳体改委主任之后，深圳特区的国有企业股份制改革工作开始走向正轨。当时的股份制改革和股票发行不像1992年时那样人们争相参与，也不像今天司空见惯，还非常困难。那时人们或受意识形态影响，或存在保守观念，或不了解股票是何方神圣，怕自己的钱打水漂。因此，那时我们不仅要为拟改组股份制的企业上课，宣传动员，讲解股份制的意义和运作知识，帮它们制定改组方案，还要向企业上级单位做说服动员。当年为万科的股份制改组，徐景安主任就曾多次向万科的上级单位深圳特区发展公司做了许多耐心细致的说服动员工作。

万科是1988年12月首次向社会公开发行股票的，也是深圳当年股份制改革中第一家比较规范的企业，除了我们对股份制改组企业有较高的规范要求之外，万科的自我规范要求也很高。当时有两件事我印象深刻：一是王石说万科的股份制改革和股票发行方案是按照上市标准来制定的。因为当时还没有证券交易所，公开发行的股票是在证券公司柜台交易，所以也就不存在上市问题，没有上市规则，没有上市标准。但万科却自觉提高规范标准，相比较三十年后的今天还有人造假蒙混上市，难能可贵。二是万科在《招股通函》的封皮上印有一句话——人才是万科的资本。的确，万科当时的团队就是由一批志存高远的年轻知识分子组成的，几十年如一日，直到今天郁亮统率的万科队伍依然保持着当年创业时的理想、信念、作风和品位，作为行业翘楚领风气之先。

在万科之后，我们又陆续推动帮助了金田、安达、原野等公司进行股份制改组并向社会公开发行了股票。连同这之前的深圳发展银行，这"老五股"陆续在深圳特区证券公司、深圳国投证券营业部和深圳中行信托证券营业部公开转让交易，直至1990年12月1日开始在深圳证券交易所上市交易。

从"老五股"开始，无论是在证券公司柜台转让还是在证券交易所上市交易，交易的仅仅是向社会公众公开发行的那部分股票，公司发起股东的存量股份都没有进入市场。为什么会出现这种情况呢？这与当时面临的历史环境有关。我记得大约在1990年，时任国家体改委副主任刘鸿儒同志有一次在深圳证券市场领导小组办公室召开的会议上，向我们讲解了国有股份在那个阶段不能流通的政策考虑。他说，国有企业股份制改革在一些老同志中还有不少顾虑，他们担心国有资产流失。因此，为了减少改革阻力，必须在原有国有股份和向社会公众发行的新股之间设置一道"篱笆墙"，国有股暂时不能流通交易，只有新发行的公众股可以流通。在当时的情况下，也只有这样，股份制改革才可能排除阻力，顺利推进。

让人没有想到的是，当年因为政治问题国有股不能流通，几年之后就演变成因市场压力问题而使国有企业等发起人的股份不能流通。这个"暂时"十分漫长，直到十六七年后的2005年股权分置改革才得到解决。至此，中国的股票市场才真正成为可以担负资源配置使命的完整市场。

中国资本市场第一部法律文件

股份制改革和中国的经济体制改革一样都是摸着石头过河，先试点，摸索出一些经验之后再逐步推行和规范立法，深圳的股份制试点也是循着这样的路子起步的。深圳最初的股份制改革试点是依据1986年10月深圳市政府发布的一个文件《深圳经济特区国营企业股份化试点暂行规定》进行的。因为当时深圳市还没有立法权，所以这个文件只是一个指导性的意见，没有法律效力，再则还没有相关实践经验，比较简单。尽管该文件是粗线条的，但是却吹响了深圳股份制改革的号角，具有十分重要的意义。

改革开放走到了1990年，深圳股份制改革试点的示范效应已经显现，深圳证券交易所（1990年12月1日）、上海证券交易所（1990年12月19日）相继开始股票交易，全国其他地方的股份制改革热情也开始点燃，并出现了失序现象。为维护改革秩序，避免一哄而起，保证改革成功，1990年10月26日《国务院办公厅关于向社会公开发行股票的股份制试点问题的通知》（国办发明电〔1990〕37号）发布，该通知明确：一是除上海、深圳之外，暂不扩大向社会公开发行股票试点范围；二是要求上海市政府、深圳市政府在继续搞好试点的同时，研究制定有关向社会公开发行股票试点的规范制度和管理办法，在报经国家体改委、国家国有资产管理局、中国人民银行审查批准后发布实施。国务院办公厅的这个通知的确恰逢其时。因为一方面，全国各地的股份制改革热情高涨；另一方面，改革秩序和改革规范却难以保证。为了在股份制改革中维护和保证国有资产权益，保护投资公众的合法权益和保证改革顺利成功，股份制改革必须有序试点，探索实践，总结经验，并将其规范为具有法律效力的规章文件，指导规范股份制改革和股票发行交易。

深圳市政府将研究制定向社会公开发行股票试点管理办法的任务按照政府职责分工交给了深圳体改委，深圳体改委领导把这个重要任务分配给了我，由我来主笔起草这个管理办法。

新中国成立以来，我国不仅没有公司法，连具有法律效力的公司规范文件也没有，股份制公司实践当然也谈不上。因此，要起草这样一部法律文件，夸张点儿说，差不多是前无古人了，对我而言也是头一回，困难可想而知。还好，在这之前我对股份制改革比较关注，有一些研究积累，特别是来深圳之后跟随徐景安主任获得的股份制改革实践经验和感悟，对完成这项重要任务有帮助。为了起草这部文件，我认真学习参考了当时条件下所能找到的所有国外的公司法律文本。不仅如此，为了深入了解股份有限公司内在的不同主体之间的法律关系、经济联系和财务关系，我还找蛇口工业区研究室的陈安捷借了一本《西方财务管理》的复印本，为了方便学习，我还将整本书都复印了下来，应该说，这个复印本对我的起草工作帮助很大。

在起草过程中我清醒地认识到，学习借鉴国外的有关法律文件是必要的、必需的，但是不能照抄照搬，也必须充分考虑我们国家的社会主义制度背景、国有企业改革需要和深圳特区改革实践。因此，我把我们在股份制改革实践中面临的问题、难题、偏差、误区、亟待规范的问题，结合股份制改革的基本价值取向，一一列出并作为整个文件框架中重点解决的问题，尽可能使这部规章不仅结构完整，而且规范性和实践性有机结合，有利于指导股份制改革和向社会公众公开发行股票的证券市场建设试点。

从1991年1月开始，我就进入了紧张繁忙的起草工作之中，记得那年的除夕夜春节联欢晚会我也没有时间看，因为当天晚上我要赶完第一稿，第二天也就是大年初一一大早要向徐景安主任交稿汇报。完成初稿之后，我们在体改委内部讨论修改的基础上，就开始广泛征求意见。我们分别用各种形式征求了市政府有关部门、人民银行深圳分行、深圳证券交易所、证券经营机构和股份制企业的意见，它们从不同方面对我们起草的稿本提出了许多宝贵的意见。在这些讨论意见的基础上，我们又修改出新的一稿。此后就是不断地征求各方意见，一遍又一遍地结合股份制改革和股票市场实践讨论修改。在这期间，上海市体改委还来人和我们交流过该文件的起草工作。

起草过程总的来讲还比较顺利，基本可以按照我们对市场实践的理解和对市场发展方向、结构的设想进行。在外资投资中国证券市场的制度设计上，我们起初设计的是一个内外投资者统一的市场。我们认为，建立一个统一市场，一是内外投资者的权益和市场估值、资本利得一致，符合股东公平原则。二是方便管理，管理成本低。三是我们设计的境外合格投资者安全阀制度，能够有效控制外资流动性冲击风险。但是上海组的方案与我们的不同，他们设计了一个AB股（区分A股和B股）方案。国家体改委领导希望沪深两地方案一致。有一次时任国家体改委副主任刘鸿儒同志来深，我随徐景安同志去东湖宾馆向他汇报，力陈我们方案的理由，希望得到支持。刘鸿儒同志听完汇报后，没有接受我们的意见，明确要求我们采用AB股方案。因为B股方案和深圳的合格境外投资者方案的区别只是引进外资股的不同路径选择问题，不是原则性分歧，我们就没有再坚持，尊重并服从刘鸿儒同志的意见。随后，我就将我们的外资股方案调整为AB股方案。

到了1991年下半年，我们起草的《深圳市股份有限公司暂行规定》基本成熟，我开始赴京向国家体改委汇报沟通这部规章，国家体改委具体负责审稿的同志是时任生产体制司所有制处处长李小雪。让我佩服的是，当时的电脑操作系统还是DOS系统，操作起来远比后来的微软操作系统困难得多，他竟然能够使用得十分娴熟。我俩就坐在电脑旁边打开我带来的文稿逐章逐条边讨论边修改。小雪同志具有极高的政治素养和专业能力，方向感好，宏观把控能力强，而且对细节精益求精，把握到位，专业在行。我们俩价值观相同，脾性品味相投，在一起合作起来沟通交流顺利，协作默契，非常愉快。在一起讨论修改的过程中，他提了许多宝贵意见，对我的稿子帮助很大。这期间我多次赴京和小雪、人民银行金管司时任副处长聂庆平等人讨论修改这部文件。庆平当时非常年轻，还不到30岁，但十分干练，悟性高，专业能力强，是当时主管证券市场的人民银行金管司司长金建栋的得力助手。庆平对这部文件的修改也提供了许多宝贵意见并给了很大的支持帮助。

当1991年底这部文件最终定稿的时候，和我一起又一次在电脑旁工作了几天的小雪同志把他的手伸向我笑着说："怎么样？从此我们就结下了深厚的无产阶级革命战斗友谊！"两只大手紧紧地握在了一起……的确，打那以后，我们俩之间就建立起了珍贵的友谊与长久的信任。

《深圳市股份有限公司暂行规定》的起草历时一年，先后修改了十三稿，共十六章，一百八十八条，一万九千七百余字，包括股份有限公司的适用范围、设立、股份、公司债、组织机构、股东的权利义务、财务与会计、合并分立、终止与清算、罚则等方面。1992年1月8日，国家体改委、财政部、人民银行、国家国有资产管理局批准了《深圳市股份有限公司暂行规定》，深圳市人民政府于 1992 年 3 月 17 日发布实施。

这部按照国务院办公厅通知要求起草，并授权国家体改委等四部委批准的文件具有部门规章效力，是中国资本市场第一部具有法律效力的文件。它当时不仅对推动我国股份制改革和证券市场发展，指导规范向社会公开发行股票的股份制试点有重要意义，而且也得到了法学界的重视和较高评价，对全国的股份制改革规范文件制定和后来的《公司法》立法也起到了重要的示范作用。

随后由国家体改委会同有关部门制定的《股份有限公司规范意见》（1992 年 5 月 15 日）就把《深圳市股份有限公司暂行规定》作为蓝本，在制定工作中参考了这份文件。我本人也参与了《股份有限公司规范意见》的起草工作，在文件送印刷厂付印之前，李小雪同志还将文件传真给在深圳的我，让我最后再审校一遍。

十多年后，有一次聂庆平同志对我说："你对中国资本市场的贡献就是起草了中国资本市场第一部具有法律效力的文件。"我非常感激赶上了一个伟大的时代，让我能够在改革开放中为国效力，也十分感谢当年信任我并把这个任务交给我的深圳体改委的老领导。

1994—1995 年，我借调中国证监会工作的两年间，虽在发行部任职，却有一半时间在法律部工作，和高西庆、陈大刚、张继平等同志，包括海外上市部的李小雪一起参与了《国务院关于股份有限公司境外募集股份及上市的特别规定》（H 股）、《国务院关于股份有限公司境内上市外资股的规定》（B 股）的起草工作。

在参与创建资本市场的过程中，我和高西庆同志也结下了不解之缘。高西庆是改革开放后赴美留学生中最早拿到律师牌照的法律博士（JD），为了报效祖国，于 1988 年回国筹划创建中国资本市场。西庆是一位勇于实践的理想主义者，具有强烈的使命感和很深厚的专业素养。在一起共事的过程中，他给过我很多帮助。我与他之间让我最珍视的还是他对我的信任，无论是起草法规，还是监管工作，他都十分尊重我的意见。

在《证券法》立法调研期间，我也间接参加了一些工作。除参加了在北京钓鱼台国宾馆的《证券法》立法研讨会之外，1998年11月李鹏委员长来深圳做《证券法》立法调研时，我也曾作为政府有关部门的主要代表向李鹏同志做了《证券法》立法建议汇报。会上我就《证券法》的调整范围、发行、交易，市场实践中反映出的需要法律规范的问题，特别是国有发起人等大股东的股份流通问题、证券公司作为企业法人的贷款负债权问题、认股权证激励问题等阐述了自己的建议，并回答了李鹏同志询问的一些问题。会后我得到了时任深圳市委书记李灏同志、时任广东省常务副省长王岐山同志的表扬，让我感到特别意外并十分珍视的是，原《人民日报》总编辑、时任全国人大教科文卫委员会副主任范敬宜同志对我的汇报发言也给予了高度评价。

为H股搭建法律桥梁

20世纪90年代初，我们吸引外资的主要方式还是外商直接投资，虽然随着第一家B股中国南方玻璃于1991年10月31日在深圳证券交易所上市，我们已经有了吸引外资的B股市场，但融资规模有限，难以满足我们经济发展的需求。此时，深圳对岸的香港为了做大资本市场，也看到了内地巨大的企业融资需求潜力，希望内地企业去香港上市。因此，内地和香港在这个问题上一拍即合。为了推动内地企业于香港上市，内地、香港联合小组成立了，内地负责人是刘鸿儒同志，香港是时任香港联合交易所主席李业广先生。联合小组下设法律专家组、会计专家组等由内地和香港专家组成的专业组。法律专家组内地成员有孙效良、李小雪、高西庆、沈四宝，后期孙树义也经常参加法律专家组工作，聂庆平作为联合小组秘书，也经常参加法律专家组会议。内地法律专家组成员除我一人来自深圳外其余全部来自北京。港方成员是梁定邦、史美伦、何美欢、顾希雍等，另外，孙玮、王小军作为港方工作人员参加会议。

法律专家组的主要任务是根据内地和香港有关法律法规的异同，讨论谈判内地企业香港上市法律障碍的解决方案。双方当时确定，内地企业香港上市的法律规范依据是国家体改委发布的《股份有限公司规范意见》，再在此基础上根据香港的法律和投资者可能会关心的问题进行一些必要的补充。双方商定，补充内容以公司章程必备条款的形式予以确定。这样一方面尊重了内地现有的法律规范，另一方面也和香港的法律实现了有效对接，满足了香港的上市条件。

在讨论谈判过程中，内地和香港专家都表现出了高度负责的专业精神和优良的专业素养，彼此都很注意倾听对方的意见，畅所欲言，互相学习，合作非常愉快。在此期间，双方每一位专家都从不同角度、不同方面提出了专业意见，做出了积极贡献。在这当中，需要特别提到的是，香港大学法学院的何美欢教授发挥了别人无可替代的重要作用。梁定邦大律师在确定方向和总体架构方面发挥了非常重要的作用，但具体法律问题的提出和解决却是由何美欢女士承担的。何美欢瘦小、文弱，生活中寡言少语，但工作中却十分专业、干练、犀利，让人产生一种信赖感。何美欢女士是学识深厚广博、学风扎实、注重法律实践的法律专家，在法律界享有很高声誉。每一次会议前，她都会不辞辛苦十分清晰地一一列出我们将要讨论的问题，并针对每一个问题附上各国类似问题的法律条文供我们参考。每一次讨论，她都旁征博引，提供许多宝贵的专业意见。应该说，她在法律专家组的工作中发挥了最重要的作用，也是最辛苦的一位。

法律专家组的工作结束之后，我没有再见过她，听说她在清华大学法学院任教,开设《普通法精要》课程,培养了许多优秀学生和青年教师,被学界誉为中国普通法判例教学第一人。没有想到的是,2010年8月她竟因病英年早逝,事后很久我才知道,让我深感痛惜。何美欢大姐是我最敬重的博学、勤奋、品格高尚的学者之一。

法律专家组的工作从1992年初开始,一直持续了一年多。其间大多数会议都是在深圳银湖宾馆召开的,另外也采取过去拟赴港上市企业边调研边开会讨论的形式。1993年春节刚过,我们赴江苏仪征化纤公司考察、开会,在正月无花之际还顺访了扬州,并考察访问了马鞍山钢铁公司。在法律专家组工作期间,因北京同志赴港不便,有时也有我单独赴港就某些问题和港方讨论的情况。记得有一次,我应梁定邦先生之邀,带刚刚在深圳证券交易所报到不久的张颖博士去香港联交所,讨论同一公司在内地上市的A股和香港上市的H股出现二级市场价位差的影响问题(H股的名称就是在法律专家组的会议上议定的)。

经过一年多紧张而细致的讨论谈判,经过双方专家共同的努力,我们终于完成了《到香港上市公司章程必备条款》制定工作。该文件内地由国家体改委以"体改生〔1993〕92号文"于1993年6月10日发布实施,香港同时修订《香港联合交易所有限公司证券上市规则》,将《到香港上市公司章程必备条款》作为该规则19A载入。至此,中国内地企业香港上市的法律准备工作完成。1993年7月15日,青岛啤酒作为中国内地第一家企业在香港敲响了上市的锣声。

由参与创建到资本市场的职业监管

1992年10月,国务院证券委员会和中国证券监督管理委员会成立,标志着中国资本市场统一管理时代的开始。深圳和上海自我规划、自主创建、自定政策、自行监管资本市场的自主模式逐渐成为过去。我们不再需要自己制定市场规则和政策，作为执行者，监管成为我们的主业。

1995年底，从证监会发行部回到深圳证管办之后，我一方面为给B股市场输送新鲜血液，在全国范围内挑选优秀企业而忙，另一方面逐渐把精力转向监管工作。1998年1月，我开始主持证管办工作，便把全办的工作重心转向主动监管。要做好监管工作，就必须有一支价值观正确、作风过硬的队伍。因此，在监管实践中，我把队伍建设作为我的首要任务。经过多年的努力，通过理想信念教育，思想方法引导，意志品质和工作作风培养，持续十年的徒步重走红军长征路革命传统教育，深圳证监局逐渐培养出了一支具有"思想、责任、创新、强势"理念，"不畏难，不信邪，勇往直前"精神，思想方法正确，监管作风过硬，被誉为"没有信仰危机"的监管铁军。

有这样的铁军，当然也就创造出来了资本市场监管的一系列第一：第一个股市操纵大案"中科创"的查处，第一个上市公司大股东巨额占用上市公司资金案查处，第一个基金公司"老鼠仓"案查处，第一个在深圳辖区上市公司中建立独立董事制度，第一个对证券公司开展强制审计并制定审计指引。深圳证监局还做出了许多监管创新：制定证券公司客户保证金第三方独立存管方案，建立证券公司远程实时非现场检查（稽查）系统，对注册会计师年报审计业务实施同步审计监管，建立上市公司内幕信息知情人名单报备制度，上市公司财务会计基础治理，证券公司投行业务治理，证券、基金、期货经营机构内控治理，等等。

这些在监管实践中创造出来的第一和监管创新都对中国资本市场的规范与发展产生过积极的影响，有的还在继续发挥着它的作用。

作为中国资本市场的监管老战士，我想特别回顾一下发生在2001年的对"三九医药"大股东巨额占用上市公司资金案件的查处工作，这对今天资本市场和金融监管也会有一定的启示作用。

2001年初，深圳证监局上市公司监管处在对上市公司"三九医药"进行现场检查中发现，大股东"三九集团"占用上市公司资金，数额巨大，达26亿元之巨（加上后来的担保责任实际共30多亿元）。面对这种严重情况，我们陷入了极度尴尬的境地。这种资金占用是对上市公司利益特别是中小股东利益的严重侵占，也是对上市公司治理的严重破坏，可《公司法》等上市公司监管法规均没有禁止这种行为，况且这家企业还有特殊背景。没有法规支持，监管似乎无从下手，大家都担心贸然出手会不会是在捅马蜂窝。我当时考虑，虽然没有法律禁止，没有上级要求指令，我们可以不用管，但监管者不能保护广大投资者的利益，不能维护上市公司治理、维护市场秩序，不能制止犯罪是监管者的耻辱，是监管失职。当时我在中央党校学习，为了启发自己的同事，打消他们的疑虑，统一思想，我召集有关同志集体接听我的电话。我告诉他们：虽然法律没有明确禁止这种行为，但我们应该从监管职责出发进行价值判断，进行法理分析。毫无疑义，这种行为是违反法理精神的，法理的逻辑是保护广大中小投资者利益，而这种行为是对中小投资者利益的严重侵害，是对上市公司治理原则的公然践踏。我们监管者既要遵守法律，又不能墨守成规，要遵循法理精神不畏难、不信邪、勇往直前，主动监管。虽然我们不能依法查处其占用行为，但只要我们敢担当，勇作为，办法一定会有。首先，我们可以对这种行为公开通报谴责，起到震慑制止作用；其次，虽不能正面强攻，但可以采用迂回战术查处关联交易未披露信息问题；最后，我们打这一仗可以促进立法，完善法律，意义重大。同志们接受了我的意见，统一了思想。

毫无悬念，我们这一仗打赢了，而且对推动市场规范产生了很大的积极影响：一是市场普遍反映监管者对这类事件会毫不手软，其他企业也就不敢心存侥幸了。二是时隔两年之后，证监会在全国范围开展了一场大规模的清理大股东侵占上市公司资金专项活动。三是禁止大股东侵占上市公司利益后来相继被列入《公司法》《刑法》。

我带领深圳证监局对"三九"案的查处工作得到了证监会领导的支持与鼓励，老领导刘鸿儒主席听闻后也曾托汪建熙同志给时任主席周小川带话说要表扬我。

如今，资本市场发展变化很快，愈益复杂，法律法规和政策不可避免地会滞后于市场发展，逐利者特别是市场大鳄总是能够找到可钻的空档，兴风作浪，破坏市场秩序，侵占中小投资者利益，妨害实体经济，甚至劫持不明真相的广大中小投资者制造金融风险。在这种情形面前，监管者应该如何履行职责？正确理解现有法规和遵循法理精神，不因为法规空档缺陷而不主动作为，这应该是监管者义不容辞、义无反顾的价值选择。我想遵循法理精神主动监管处置"三九"之案对今天的资本市场应该有一定的启示意义。

前两年保险资金等在资本市场兴风作浪的现象，有许多值得我们反思的地方。保险资金原本是资本市场的长期投资者，保守、稳健，一直是经济社会和资本市场的稳定力量。可保险异化的产物万能险却成了资本市场上短促突击、投机套利的怪物。它们违反行业传统，激进、冒险、急功近利地把万能险变成融资理财平台，联手其他金融机构，集合巨额资金对标的上市公司进行野蛮杠杆收购。

对于这种现象，当时市场上有一些糊涂认识。一是说这是资本的力量，资本有权自主收购。二是认为收购者没有违反法律法规，监管层面应该守住规则底线不干预。另外，还有些人没有认识到这种收购会带来巨大的风险，对实体企业造成巨大损害，也没有分清短期逐利的杠杆收购和产业并购的本质区别。具体来说，杠杆收购分析如下：

第一，这种收购不是资本收购，不是资本的力量。资本是股东权益，是与负债相对的概念。无论是保险资金还是与它们一致行动的控股集团的收购资金都不是它们的资本，这些资金无论是直接还是通过各种复杂的包装计划间接筹集的都属于负债，都是在收购计划中使用的超级杠杆，而杠杆收购就是负债收购。要说力量，那也是牌照异化衍生的力量，而不是资本的力量。

第二，这种收购使用的是短期资金委托人的资金，在合同期内，虽然他们可以使用这些资金，但他们和资金权益人之间仅仅是一种代理关系，代理人无权把这种短期委托资金用于长期的、风险巨大的谋求上市公司控制权的超级杠杆收购。他们并未真实、详尽地向投资者披露委托资金的使用计划，仅仅笼统地概括为债权、股权投资，组合投资等，委托人根本不知道这些资金是被用作杠杆收购的，更不知道这其中蕴含的巨大风险要自己背负。他们剥夺了委托人的知情权，有欺诈之嫌。

第三，尽管这种短期资金计划有滚动置换安排，但一旦市场突变，滚动中止，短期投资者、理财客户势必损失惨重甚至血本无归。这种事实上的对短期投资者的绑架就可能演变成对整个金融系统的绑架。这种野蛮收购是少数人牟取巨大私利，但他们利用的却是巨额的国家公共金融资源，并可能造成巨大的金融风险。赚了是他们的，赔了他们却要广大中小投资者和国家来买单。可以说，这种游戏相当于赌资是别人提供的，赌赢了归赌徒所有，赌输了由提供赌资者认赔。

新加坡金融管理局在总结1997年亚洲金融风暴教训时就指出，导致这场危机的一个十分重要的原因就是家族金融集团对国家公共金融资源的占用和支配。我们应该高度警惕这种对国家金融安全有巨大影响的闹剧在中国重演。

面对这种绑架中小投资者的野蛮收购，我们其实并没有保护中小投资者利益、维护市场秩序的规则障碍，也没有需要我们坚持的"规则"底线。反倒是野蛮收购者不仅在钻规则的空子，而且还在肆意破坏信息披露、公平交易、诚信履行代理权义务等基本规则；甚至内外勾结，操纵股市，洗劫小股民。对于这些破坏市场秩序，恶化资本市场资源配置，损害实体经济，危害国家金融安全的恶劣行为，监管者无论从法理判断出发，还是从监管职责出发，均应果断出手、主动作为。

近来频频大面积爆雷的P2P事件也值得我们深思。这种金融市场治理混乱说明我们的监管者责任担当和价值判断能力出了问题。荒唐的是，线下筹资的就是非法集资要坐牢，线上的就是金融创新，它穿上互联网金融马甲就都不认识它了。价值判断不清可以说是政策水平问题，但不担当、不作为、放任自流、听之任之，不主动把问题搞清楚并及时明确政策、采取监管措施解决问题则是失责渎职。

今天，中国金融愈益复杂，云谲波诡，暗潮涌动，风险不容忽视。党中央把防控金融风险作为三大攻坚任务的首要任务，重中之重。我们监管者守土有责，应该提高使命担当意识，不畏难、不信邪、不犹豫，强势监管。同时，亦应不断提高政策水平，练就价值判断的火眼金睛，依法监管，遵循法理主动监管，为中国资本市场的规范发展尽责尽力。

往事尚未如烟散去，历史是今天的明镜。回顾资本市场创建的火红年代和资本市场监管的过往岁月，我们倍感骄傲，但更重要的是，我们要珍惜总是重复的历史给今天的启示。

金融与国家安全

金融的价值取向与国家安全[①]

金融开放目前似乎已达成共识，但人们对金融开放这一命题背后的金融本原认识、机遇判断以及由此引发的对国家战略的影响和对国家安全的威胁尚未予以足够的重视。大家都知道，金融是把"双刃剑"，但如何正确把握金融的发展方向，兴利除弊，则需要我们跳出当今国际金融潮流趋势，逆向思考，深刻反思，切合中国当今战略需求，让金融回归本原，为实体经济服务，为实现中华民族伟大复兴做出贡献。

金融开放简而言之，对内主要是金融交易方式、金融工具和参与主体的制度确定；对外主要是资本流动和经营权让渡的制度安排。

本文拟从内外两个方面进行分析，即：一是从金融的本原、服务对象入手，阐明金融的正确价值观和以衍生品泛滥为特征的金融异化的危害。二是从我国所处发展阶段、转型要务和外部环境入手分析资本项目可兑换的时机选择、策略安排，以及对境外机构金融经营权开放的策略安排。三是从国内金融市场的衍生品化和对外开放资本账户的政策交互来看国家安

[①] 本文刊载于《中国证券报》（2012 年 7 月 22 日）。

全将遭受的巨大冲击。

金融的本原与衍生品的危害

2008年美国金融海啸席卷全球，我国经济也受到冲击。这场始于次级贷款的金融危机其实就是衍生品泛滥和杠杆化导致的。但遗憾的是，近年来我国金融界一批人却有着奇怪的共识，认为在衍生品和杠杆化问题上美国人走过了头，我们还不够，我们应该继续朝着这个方向出发；认为我们的金融市场太原始、太简单，要"创新"就必须向美国学习，搞衍生品和杠杆化，别无他途。

看来，我们有必要在这个问题上理清中国金融发展的基本思路，确定我们自己的发展方向。

一、金融的异化

美国之所以屡屡爆发金融危机，并不单纯是因为衍生品玩过了头，这完全是一个方向问题，是价值取向扭曲了，违背了金融的本原。我们应该从最基本的经济、金融、货币制度层面去思考金融危机的根源。

金融是什么？金融属于服务业。金融是为实体经济中的借贷双方和买卖双方提供信用交易中介服务的，是为实体经济配置资源提供服务的，是实体经济的仆人。

应该说，华尔街金融业已经背离了早期银行资本与工业资本、产业资本的结合以及为它们服务的模式，从一个服务代理人摇身一变成为一个自我服务的委托人，仆人异化为主人，而且仆人的规模还远大于主人，本末倒置。1980年全球金融资产规模相当于全球GDP的108%，时至今日，包括所有衍生工具合约的名义价值，金融业规模大约相当于实体经济规模的

16倍。金融业的这种畸形膨胀，严重挤占、挤压了实体经济的发展空间。

金融业坐大，无疑归功于金融衍生品的"繁荣"和杠杆的滥用。

那么衍生品是应何运而生，它扮演的到底是什么角色呢？

在过去几十年，特别是冷战结束之后，一些数学家、物理学家转移战场，加盟华尔街，借助计算机技术大搞金融创新，制造出了无数光怪陆离、极其复杂的金融衍生产品，创造出了与实体经济需求风马牛不相及的金融市场巨额交易规模。

理论上，衍生工具是用来对冲风险、平抑市场波幅的，但市场实践倒给了我们相反的答案：一是鲜见使用衍生工具挽救了谁，倒是不断有西方金融百年老店要么被衍生品断送要么被重创的噩耗传来。二是自20世纪80年代衍生工具不断涌现、不断复杂化以来，尽管随着科技和服务等非周期性行业在经济结构里权重的增加，以及货币政策和财政政策的改善使得来自实体经济的风险越来越小，但金融危机却屡屡爆发，而且频率和烈度越来越高。这些危机无一例外都可以在衍生品交易和金融市场本身日益复杂的结构中找到根源。

事实上，金融市场人士最爱价格波动，运用衍生工具不是用来避险，而是制造波动从而投机套利，没有波动就没有金融的高额利润（金融的另一高额利润条件是垄断）。衍生品是他们的对赌工具而不是对冲风险的工具。

因此，我们应该客观地认识金融创新。同时，也不应该得出一个错误的结论——金融危机是金融服务实体经济和金融发展的宿命和所必须付出的代价。

我们应该清楚地认识到：

一是金融创新脱离了为实体经济服务的轨道，几无积极意义。随着金融系统不再是单纯的银行，电子交易与衍生品泛滥，金融业内互为交易对手，自我服务，经济增长和金融创新之间的相关性就几乎消失了。

保罗·沃尔克曾说："谁能给我一丝客观证据，证明金融创新带来了经济增长，只要一丝也行。"他还调侃说银行业能称得上有价值的创新就是 ATM（自助取款机）了。美国前助理财政部长、加州大学伯克利分校经济学教授布拉德福德·德隆说，金融是一只吸附在实体经济身上的吸血乌贼。他与里根和老布什政府的高级官员布鲁斯·巴特利特、英国前金融监管高官阿代尔·特纳等都有类似的结论：实证研究说明金融体系的深化只在经济发展初期是有用的，没有任何证据可以清楚表明，发达国家过去二三十年金融体系的规模化和复杂化为我们带来了经济增长或稳定。

二是放任经济的金融化，一方面会吞噬、挤占实体经济急需的资金资源，妨碍中小企业成长。近几年我国货币发行量增长巨大，但中小企业依然缺钱，而金融系统却是截流空转。另一方面，金融的过度发展会毒害我国的投资文化、扭曲投资行为，破坏市场优化配置资源功能。不合理的高回报"黑洞"会吸引大量知识精英、资金资源急功近利，脱离实体经济，阉割民族产业的创业冲动，妨碍实体经济研发投入、创新升级、品质和品牌提升与持续发展。布鲁斯·巴特利特就曾指出："实证研究证据表明金融深化和实业投资是成反比的。"事实上，金融的异化和实体经济已经形成此消彼长的关系。因此我们应该为金融定位，确定方向，框定边界，发挥正能量。我们在任何情况下都应坚守这样一个理念：金融市场的功能是支持实体经济发展而不是自我服务提升金融业的利润率。

二、金融的政策取向

毋庸置疑，现代金融在美国华尔街的误导下已经异化，走上了一条方向错误的道路，这个方向错误不仅是指它违背了金融服务实体经济的本原，而且是指它正在走向峭壁边缘。但对美国来讲，却因为其崇尚自由主义哲学，华尔街利益集团疯狂逐利的本性及对白宫、国会甚至是学界的巨大影响，美国是无力自我纠正的，这已经成为一条无法回头的不归路。

危机来临时，华尔街大佬们恳请监管者约束他们冒险，帮他们关掉音响的开关。时任美国花旗集团的 CEO 查克·普林斯哀叹道："只要音乐还没停，你就要继续跳舞。"这是无法抗拒的竞争和利益的驱使。

2008 年金融海啸后出台的《多德－弗兰克法案》才刚刚施行了两年，美国共和党总统候选人米特·罗姆尼就扬言，如果当选总统就废除该法案。曾闯下大祸一手制造了这场危机的华尔街老板们不思悔过，蠢蠢欲动，企图阉割、削弱这部法案。他们为什么如此健忘？因为该法案的"沃尔克规则"限制他们在掉期市场、私募股权和对冲基金方面的投资，禁止银行参与自营交易，这将使美国最大的八家银行每年损失 220 亿～340 亿美元。

不管美国是情愿还是不情愿，不管美国的有识之士如何大声疾呼，美国是要一条道走到黑的。望着美国的背影，我们该怎么办？有一部拍得很美并获得奥斯卡最佳纪录长片奖，专门描写 2008 年金融危机前因后果的电影《监守自盗》或许会给我们一些形象的启示。通过观看片中来自世界各地的众多专家学者的调查见证和探讨，以及众多金融家、评级机构、监管高官和利益攸关的学者们在危机前后的言行表现，我们可以对金融、衍生品和危机有一个与以往不同的新认识，如醍醐灌顶。

我国的金融发展正处在一个战略选择的三岔口，虽然有自由主义的呼声（美国自由贸易主义的坚决支持者也认为贸易自由化的论点并不适用于金融自由化），但利益集团的影响力还未成气候，我国中央的行政权威还很强，因此应该发挥我们的制度优势，确定政策方向，走出一条与美国不同的金融发展道路。

一是在金融市场的发展观上，我们要一切以服务实体经济为价值取向，以满足实体经济需求为底线，不应以美国市场为模板，追求所谓的金融产品的系统性、市场结构的复杂化。坚持简单哲学（人类的智慧是把复杂问题简单化，而不是把简单问题复杂化），坚持现货市场，限制杠杆交易。

二是在金融风险的防控上，我们要确立制度规范为主、监管防范为辅的基本思路。美国前财长亨利·保尔森在他的《峭壁边缘》一书中指出，为了更有效地应对不可避免的市场动荡的世界，应该改革监管体系，给监管者更广泛的授权。我认为，加强监管，给监管者广泛而充分的授权是必要的，但治标不治本。如果没有正确的制度规范，市场动荡和金融危机一定如他所言"不可避免"。因此，我们设计市场制度应该只允许金融做它分内的事情，把市场引入为实体经济服务的轨道，把金融魔鬼关进笼子里。如其不然，市场一旦误入错误的方向，恶制度也会使好人变坏，不要指望节制、度的把握，也不要指望监管，贪婪会冲垮所有的堤坝。

三是注重金融政策研究，辩证分析政策的作用力方向，保持清醒的政策方向感。既要肯定政策的积极意义，也要警惕其反向杀伤力，权衡利弊，适时调整。以信贷资产证券化为例：资产证券化的最重要作用就是盘活存量，释放流动性，同时有助于提高资本收益率，降低信贷期限结构错配的风险。但资产证券化是一把"双刃剑"，作为表外业务的资产证券化最致命的缺陷是弱化了发起人对贷款质量的约束和增强了其业务扩张的冲动。资产证券化作为一项常态业务形式，势必以各种形态层出不穷，日益复杂，良莠不齐的风险资产都会被打包进来。另外，资产证券化释放出来的流动性也会冲击央行的货币政策。如何进行有效监管，控制风险特别是经济下行之后的风险，问题绝不会像我们想象的那么简单。大家都知道，美国次贷危机正是源于资产证券化，那么我们就能管控自如，幸免于难吗？因此，资产证券化只能作为权宜之计和临时工具用来化解我们当前的结构性资金困难，浅尝辄止，不能常态化、扩大化。存量结构调整的根本是要坚决限制资金在金融系统的空转循环，限制理财产品、信托产品涉足衍生品交易，限制杠杆化和结构复杂的产品，把资金引回实体经济。

对已经推出的金融期货和即将推出的金融期货以及准备推出的期权等衍生品，我们也应慎之又慎，重新评估检讨。正如本文前面所述，这些产品的避险功能有限，但致险能量无限。即使衍生工具可以在微观上对冲风险，降低市场波动，对利率市场形成等有帮助，但考虑到衍生品交易会给宏观经济带来巨大风险，两害相权取其轻，我们也应该坚决限制金融衍生品的发展，即使这种限制会影响我国金融市场的交易规模，影响中国金融市场在国际中的排名地位，影响金融就业，我们也应在所不惜、坚定不移。

在金融衍生品的发展问题上，还是希望我们能保持清醒头脑，不要自我感觉太好，应明白我们是没有超人的免疫力的，只要踏上这条路，我们一定会重复与美国人相同的错误，只不过也许我们会输得更惨！

如前所述，华尔街的"瘾君子们"是不可能自我戒毒的，西方的制度也无能为力，倒是我们应该悬崖勒马，不盲目跟风，不为潮流所动，应厘清金融市场的发展方向，发挥我们的制度优势，坚定不移地为实体经济服务。

资本账户开放与本土经营权让渡

人民币国际化关系我国在全球经济格局中的战略利益和安全，是我们的战略方向，问题是我们应该如何在愿望与现实、利益与安全之间权衡，采取什么方式，以什么样的节奏来实现我们的战略目标。

我国积极推动人民币国际化、主张加快开放资本账户的一个重要原因是不甘遭受美元霸权对我国经济利益的侵害，我理解是这样，这无可厚非，我亦赞同。可我们必须冷静清醒地认识到这种局面是基于我国人均财富水平和所处发展阶段做出的一种无可奈何的选择，就像我们无论多么痛恨但又必须接受美国军事霸权在我国周边耀武扬威的现实一样。客观地说，美元的霸道是对我们的剥削，但是如果我们不韬光养晦、蓄势图强、谋定而后动的话，美元带给我们的就将是灾难！

第一，我们应该了解美元在世界金融体系中霸主地位的基础。就和二战之前英镑全球称霸的原因是英国经济在世界占主导地位一样，今天美元的地位是美国的经济地位决定的，而不是美元的地位决定了美国经济的地位。因此，人民币的国际化一定是取决于中国经济的地位而不是相反。虽然我们已经是世界第二大经济体，但按人均计算我们还很落后，人民币出海还为时尚早，还经不起风浪。

第二，人民币国际化必须奉行安全第一原则。我国实行资本账户管制的主要考虑因素与其他正在或曾经实行资本账户管制的国家考虑的主要原因——安全是相同的。那么，我们今天试图开放资本账户的理由就理所当然是资本账户开放的风险警报已经解除。但事实并非如此。一是2008年全球金融危机之后美国等发达国家采取了极度宽松的财政货币政策，尽管我们有资本账户屏障，但还是不可避免地受到冲击和影响。二是国际资本市场衍生品交易泛滥，市场的广泛联系水平与复杂性更高，在这种情况下开放管制，我国的金融安全甚至国家安全是没有保障的，而国家安全是不允许用来尝试与冒险的。曾经在香港金融管理局总裁任上应对过两场金融危机，特别是在1997—1998年亚洲金融危机中与金融大鳄有过实战搏杀经验的任志刚先生就深有体会地指出，金融脆弱性的决定因素之一是市场的开放程度，香港的市场正因为高度开放和自由，而且将开放和自由写入了基本法，所以维护稳定性成为极具挑战性的任务。他对内地开放资本账户可能引起的金融安全威胁也不无担心。

第三，资本账户开放的机遇判断。我国经济目前面临的最主要任务就是经济结构的调整与增长方式的转变，这是事关我国未来几十年持续发展前景的大事。我们所有的经济工作都要紧紧围绕这一主线，一是支持保障，二是不能干扰添乱。虽然经济结构调整势在必行，但仍然存在一些不确定性与风险因素。调整就像转弯，而转弯就要减速，不仅发展速度要减，一些存在风险特别是金融风险的改革事项也要减速。显然，现在还不是存在很大不确定性风险的资本账户开放改革的机遇期。因为如果在这个经济结构转型过程中我国经济出现波动且失去资本账户管制的保护，国际热钱和对冲基金等必然伺机寻找投机套利的机会，或热钱冲击，或资本外逃，不排除其利用股市、期市和汇市多方发起攻击"做空中国"。当前和未来几年我们尤其要警惕大规模的资本外逃。没有资本账户壁垒，跨境资本攻击时或经济危机发生时我们将如何通过汇率和利率工具抵御攻击，我们将丧失调控经济的自主权和主导权。

第四，人民币国际化的战略步骤。虽然我们目前尚不具备实现资本账户基本可兑换的条件，但我们可以确定方向，在安全稳健的前提下探讨实施步骤，按照"可控、渐进、主动"的原则逐步推进。

我赞同中国人民大学陈雨露同志提出的务实稳健的人民币国际化两个"三步走"的战略建议。即未来30年在人民币的使用范围上以十年为一个阶段分三步走完"周边化""区域化""国际化"；未来三十年在人民币充当世界货币的功能上也可以十年为一个阶段分三步走完"贸易结算化""金融投资化""国际储备化"。我想如此一步一个脚印地往前走，三十年后，我国按人均收入水平和综合国力将跻身世界前列，人民币国际化将水到渠成。

第五，本土资本市场经营权让渡许可策略。资本账户开放包括外资投资本土本币资本市场的开放以及外资在本土本币资本市场经营权的开放。我建议：一是严格限制外资投资本土本币资本市场，因其将严重威胁国家安全。二是外资在本土本币资本市场经营权的开放要坚持安全与公平对等原则，改革开放以来外资在我国设立的金融机构无论数量、权益比重还是业务范围都有了很大的提高或扩大，但仍然得寸进尺，不断向我国施压争取更大的利益。反观美欧等地发达国家对我国银行、保险公司等金融机构壁垒森严，至今这些机构在西方国家还寥若晨星。时至今日，我国的证券、基金公司在发达国家只有一家分支机构，还是非美元本土证券业务的基本牌照。中信证券收购法国里昂证券历时经年，欧美数国的批准程序还未完成。西方国家对我国企业以安全为由的严格审查、限制与歧视表明了发达国家也没有实现资本项目完全可兑换。我们更不必盲目追求，轻言资本账户开放了。

因此，无论从国家安全角度还是从公平对等原则来考虑，今后我们在各种对外谈判中，包括中美战略与经济对话中，一定要坚决顶住压力，限制外资金融机构在华数量、股权比重和业务范围，决不允许这种不公平、不平衡、不对等的扭曲格局继续恶化。

警惕国家安全的金融防线

改革开放以来，特别是我国经济逐步纳入全球经济轨道以来，全球金融危机不断，可我国却独善其身，幸免于难，既未自爆危机，又未被全球危机引爆。究竟何故？是不是我们的金融市场比别人的管理水平更高？当然不是，答案很简单：一是我们的金融市场基本是一个现货市场，结构简单，杠杆不高。二是我们有一条资本管制的"万里长城"，帮我们挡住了在全球金融市场上纵横驰骋、攻城略地的"强盗"。

但时至今日，情况却在悄悄发生着变化。一方面，我国的金融市场开始变得不再简单，银行理财产品、信托产品泛滥，被巴菲特看作"核武器"的金融衍生品——股指期货、国债期货不断推出，期权交易也在酝酿之中，资产证券化、交易所公司化等高风险产品和有悖于市场公平原则的组织形式也不断出现。另一方面，加快资本账户开放步伐的政策呼之欲出，已成主导意见。也就是说，眼见使我国近些年超然于金融危机之外的两大因素渐行渐远，金融危机离我们却越来越近。

一位美国智库专家所讲的遏制中国策略令我印象深刻。虽然美国高调重返亚太并对中国的军事遏制布局已日趋完成，但他认为，军事遏制困难且成本太高，搞得不好还会两败俱伤，最有效的遏制方式就是设法阻遏中国的经济发展，让中国经济停滞、混乱。那么如何破坏中国经济发展，打贸易战？我看不灵。对中国经济杀伤力最大的、最便捷的方式就是金融危机！

如果我国内地金融市场上结构复杂的衍生品交易渐成气候，我们的资本管制长城自毁，我看不用美国政府组织金融攻击，市场的力量也足以掀起惊涛巨浪。一是衍生品交易会让我们自乱。二是境外的金融大鳄和各路热钱会长驱直入，操起我们准备就绪且他们熟悉擅长的各种"战术核武"——衍生工具展开全面攻击。如果这样，我们从未经历过的、撼天动地的金融危机就会爆发。（我的描述尚未涉及债务风险与资产泡沫，这些因素与衍生品交互作用会更加可怕。）

如果我国发生金融危机，将会是一场威胁国家安全的全面灾难。经济全面萧条，大面积失业，人民群众金融资产血本无归等情形可能会引发社会风潮。我国目前正处在一个社会转型的过渡期与敏感期，一旦稳定大局失控，中国的发展道路将会逆转，那将是一场中华民族的灾难、我们祖国的灾难。

鉴于此，应千万慎重处理金融开放！金融的价值取向应该是为实体经济服务。金融安全即国家安全的基本政策应该是限制衍生品交易，放慢资本账户开放进程。

中国金融当"居安思危"[①]

居安思危，是我们中华民族祖先就有的大智慧，反映了我们先人思想的深刻。然而，在科技昌明、物质世界日新月异的今天，却鲜有在精神上能保持独立清醒，具有深刻洞察力者。特别是在关乎国民经济命脉的金融领域，面对光怪陆离、层出不穷的金融思潮，来势汹涌的利益冲动，而能够居安思危，在理论上保持清醒，在实践中卓有建树者，就更是凤毛麟角了。香港金融管理局首任总裁任志刚先生就是这么一位。任志刚先生早在1983年就参与制定联系汇率制度，先后经历了"八七股灾"、亚洲金融风暴、打击金融大鳄，2008年全球金融海啸等大事件。任先生1993年起就任香港金融管理局总裁，直至2009年9月退休，在任16年建树卓著，被誉为香港第一位"中央银行家"及"杰出中央银行家"。

近日，我拜读了任先生新近出版的《居安思危》一书，回顾这些年来他在香港金融市场的思想、作为，不禁感触良多！掩卷细思，任先生这本书，除"自序"、每篇的"导言"和每章的"后记"是新近写就的以外，

[①] 本文刊载于《上海证券报》（2014年9月2日）。

全书主要内容均是从 1999 年 9 月到 2009 年 9 月，他每周在香港金融管理局网站上发表的名为《观点》的专栏文章编缀而成的，看似"了无新意"，实则再现了作为国际金融中心的香港那段弥足珍贵的历史，思维缜密、分析独到、见解精辟、切中时弊、警示未来，对当今雄心勃勃、志在必得、似乎胜券在握的中国金融界不啻是一篇篇"醒世恒言"！

任先生在书中阐释了联系汇率制度的产生与优化；香港货币基础的发展；香港金管局的功能、职责与运作方式；外汇基金的管理；金融基本建设；对银行业的监管；香港的人民币业务，对人民币汇率形成机制的关注，香港与内地的金融合作，等等。这些问题都对内地金融的发展具有相当的借鉴意义，特别是其中的出发点与视角、观察与处理问题的思想方法对我们都大有裨益。

这本书带给我们更重要的启示是，任先生关于全球化对主权金融的挑战与冲击，自由市场与政府干预，金融创新与风险，中国资本账户开放的策略把握，等等。

改革开放 30 余年后的今天，中国又走到了一条三岔路口。虽然我们的综合国力已让世人瞩目，人民群众生活水平也大幅提高，成绩巨大，变化翻天覆地。但经济结构失衡，粗放经营，资源使用、配置效率低下，产业产品档次偏低，商业文化腐败，环境污染严重，国企效益与漏出问题依然存在，贫富悬殊和官员腐化现象等问题已经不容忽视，到了不解决将难以为继的地步了。但何去何从，朝什么方向，采取何种方式，采用什么策略都需要我们深思慎行。

党的十八届三中全会提出，要让市场在资源配置中起决定性作用，毫无疑问，这是提高市场资源配置效率的历史性进步。但实施这一政策，走市场化道路却绝不是一放了之那么简单，为满足让市场在配置资源中起决定性作用的基本条件，我们还有大量功课要做。首先，我们必须在哲学上划清让市场在资源配置中发挥决定作用与西方新自由主义的界限，不可偷梁换柱，混淆概念。其次，我们要为市场的决定作用创造必备的条件，例如，法制建设，透明度建设，诚信文化建设，商业主体内控机制建设，国企市场行为主体再造，等等。

特别是对作为资源配置主动脉的金融市场建设，我们更要从正反两个方面借鉴他山之石，把握方向，立足中国国情，居安思危，处理好自由市场与政府干预、金融创新与金融风险、金融开放与金融管制等各种关系。

任先生在《居高思危》一书中指出，在可见的将来，货币及金融领域出现重大的结构性转变的可能性是高的。但基于不同的理由，全球各地对宏观金融政策和各种金融服务的理想提供方式，仍有异常庞大的讨论空间。他还指出，在短短不足二十年间，先后爆发了两次相当严重的国际金融危机，金融发展正处于交叉点上，金融的发展方向，以往很少像当前这般不明朗。金融活动的主要目的是为经济服务，但过去二十年，实在没有好好发挥其应有的作用。他认为，国际金融体系需要进行改革，以更有效地为经济服务。

全球化对主权金融的冲击

对于金融危机，通常人们都认为，这是由于国家采取了轻率的宏观经济政策和金融体制，出了问题。但在金融全球化的情况下，即使国家采取审慎的宏观经济政策并建立稳固的金融体系，往往也难以幸免，金融危机照样会不期而至。

今天，金融开放在我国似已成为共识，但在金融全球化的背景之下，我们将会面临极大的挑战和冲击，对此，我们必须保持清醒的头脑并做好充分的思想准备，防患于未然。

在谈到全球化对各个主权金融市场的冲击与危害时，任志刚先生认为，造成金融危机的主要原因是"全球化与国家利益的困局"。他指出之所以形成这样的困局，是因为在全球金融市场的监管合作中，基于本土政治的原因，每个政府只顾及自身的国家利益，不会考虑其政策措施对外国或全球其他地方的影响。他举例说，就宏观经济政策层面而言，美国高级官员每每在回应有关量化宽松及退出安排对外国市场产生的负面影响时，一贯重申他们政策的唯一目的就是捍卫自身国家利益。他在一个国际会议上曾向一名美国高级官员提出全球化下大国政策对金融稳定影响的忧虑。这位美国高官回应道："如果你想跻身职棒大联盟，你最好先习惯一流高手的投球。"

回想作为拥有国际货币铸币权和收益权的美国，本来对国际金融和全球经济负有不可推卸的责任，但它却从来未曾想过承担责任，却口口声声教训中国要"做负责任大国"，虽然荒唐而且无理，却又是真实的国际丛林逻辑。

正因为如此，任先生对通过国际金融多边组织解决困局并不乐观，他认为，推行改革的一个重要阻力就是大国利益主义。这种局面还会延续相当长的一段时间，只有再次出现会损害主要大国国家利益的金融危机时，才会有一次符合全球利益及意义深远的改革。

任先生对大国利益主义对全球金融的危害之说可谓一针见血，但他寄望于另一次金融危机会让美国改弦更张，我则不敢苟同。我认为，美国的法律、政治制度格局和华尔街利益的巨大影响力决定了美国的金融霸权主义会一条道走到黑。2008年金融海啸使美国经济受到重创，但华尔街和美国政策当局并未痛定思痛，痛改前非，依然是好了伤疤忘了疼，重蹈覆辙。当今重要的是我们应认清方向，不要跟在美国身后亦步亦趋，甚或先于美国成为美国金融规则的牺牲者。

任先生在讲到形成这种困局的另一方面原因时，引用了沈联涛先生的一段话：在全球市场中没有人将市场视为一个整体，也没有人追踪市场、机构及产品之间的互动与联系，当流动资金、杠杆效应、贪婪与恐惧这些因素聚集到一起时，便引发一场完美的金融风暴。

因此，在实行金融开放政策时，一定要高度重视金融全球化对金融主权的冲击与危害，我们不能心存侥幸，无视规律事实，不承认我们在金融实力、技术、经验等方面的欠缺。我们更要清醒地认识美国的自私自利与华尔街银行家对我们的危害，特别是不能不对给中国制造金融危机是美国对华遏制战略的重要一环，也是最有效的一环这一事实视而不见。

自由市场与政府干预

毫无疑问，香港是一个典型的自由市场，在这样的一个自由市场中，政府有没有一席之地？扮演何种角色？这些问题对于我们今天如何做出政策决策都是具有启示意义的。

任先生认为，在一般情况下，自由市场的无形之手在引导经济资源的运用以促进经济效益方面，远比依赖政府官员来得有效。香港金管局一向的态度是与银行业保持合作伙伴关系，并明白经营银行业务的是银行而非监管机构，因此完全由银行自行做出商业决定。但是，自由竞争的好处并不是绝对的，对于"盲目竞争"或"割喉式竞争"，需要政府加以监管，以保障或促进公众利益。

任先生亦指出自由市场是有可能失效的。首先，自由市场理论是有很多假设条件的。一是自由市场的供求双方都是由大量承价人组成的，他们行动独立，无法左右市场的价格水平；二是影响市场的资讯都可自由并及时取得；三是供求双方对价格变化会有及时反应；四是市场买卖的产品划一，等等。但是这些假设并不一定存在于现实世界，它们只会在不同程度上在不同市场出现，每个市场都有各自偏离假设的地方，完美的市场在现实世界中是可望而不可即的。

其次，自由市场失效还有一个很重要原因就是风险的不可估性。根据以往的市场涨幅计算的风险参数，以及为承担市场风险而设计的风险管理工具往往不够，在金融风暴中市场人士所蒙受的损失，会远高于风险管理模型在最严峻的假设情况下计算出来的数字。

最后，无论是内地的社会主义市场经济还是香港的资本主义市场经济，无论是公营部门还是私营部门，都存在着更多为中介机构的利益而不是为公众利益而运作的现象。正因为有这种利益冲突，自由市场会被自由操控，加上信息科技与衍生品的发展使得系统性风险更容易发生。这说明放纵的自由市场，特别是在货币及金融领域，是行不通的。例如，外汇市场在完全自由操作的情况下，能否有效率地发挥价格发现的功能，是存在很大疑问的。

因此，在市场经济中政府应该扮演一个积极的角色，在不越俎代庖的前提下加强监管，保护中小投资者利益，建立危机应变机制，为金融发展创造条件，包括加强金融基建。

任何一个负责任的政府都不会放任市场随性自由发展，纵容市场破坏资源配置，损害投资者利益甚至国家利益。这是天经地义的。高度自由的香港金融市场的有关参与人士和监管者，从市场实践和经验教训中深切体会到政府在市场中应该发挥积极作用，同时他们又深深地感受到在自由且开放的市场框架下政府角色的局限。因此，我们应该在尊重市场、尊重规律的前提下，发挥制度优势（任先生在书中就对中国特色社会主义市场经济下的政策传导机制表示了赞扬，认为这个机制的效率明显比西方国家经济政策传导机制的高），除维护市场秩序、保护中小投资者利益、建立风险防范处置机制和促进金融基本建设外，更重要的是把金融关进服务实体经济的笼子，遏制金融基于利润与薪酬冲动的自我服务。

金融创新与风险

20世纪80年代之后，特别是近二十多年来国际金融市场发生了翻天覆地的变化，华尔街在"创新"的旗帜之下不断花样翻新，创造出了大量五花八门的金融衍生品。但是这些新玩意儿是为谁服务，是否为实体经济配置资源，是为投资者的利益还是为了金融业的利润提升，金融创新是对冲风险还是制造风险？至今这些问题似乎还没有结论，遗憾的是，在我国金融界竟然形成了危险的"华尔街共识"。

任志刚先生作为一位经历了数次金融风暴，与金融大鳄交锋搏杀过的过来人，对金融"创新"有其深刻、清醒的认识。

他表示在过去的二十年，金融似乎有了自己的生命，渐渐将金融中介机构的私利置于为经济服务的公利之上。这些金融中介机构巧妙地透过所谓金融创新的方式，利用复杂的金融安排来设计一些结构性金融产品，表面上产生了降低中介成本的假象。这些金融产品当时的确能为投资者带来可观的回报，甚至为信誉不佳的借款人提供获得低廉资金的途径，但这种反常规的现象当然是无法持续的，唯一可以实现的只能是金融机构的丰厚利润和管理层的巨额花红。

他说虽然金融创新备受质疑，但在自由市场的推波助澜下，加上金融中介机构所拥有的政治影响力远大于监管当局，直接影响了金融监管的范围及形式，因而产生了许多未知的金融创新风险，而这些风险大多充斥于发起金融创新并已发展的市场，最后触发金融危机。在"审判日"来临时，相比已经把大部分利润及花红收入囊中的金融中介机构，遗憾的是，投资者及集资者要承担更大的恶果。投资者损失惨重，而借款人再无融资途径。换言之，金融中介成本急剧攀升，令经济陷入困境。在这里，任先生有一句一语中的、直指要害的话，道出金融中介利润花红的天机：爆发危机后暴涨的中介成本，实际上是包含了危机之前金融中介机构已经落袋为安的超级利润和花红，就好像是将中介成本来一个时空转移一样。

任先生认为，虽然理论上金融创新即衍生工具有稳定市场的作用，但此作用往往不明显，衍生工具反而喧宾夺主，并为金融稳定埋下隐患，声称是为促进金融效率但实质是为金融中介机构赚取短期利润而设的金融创新，最后必定引发金融危机。

对于新兴市场的所谓金融创新，任先生也提出了中肯的批评意见。他说，在一些情况下，有关当局也难辞其咎，以为依样葫芦地模仿实施其他地区的金融发展措施，便可以得到国际金融中心的"美誉"。他们基于"人有我有"的心态而推出金融衍生工具，却忽略了开拓基本的资金融通渠道，提高资金融通效率。我们应该避免受以借金融创新之名，获得巨额利益之实的人士影响。要明白虽然金融是现代经济的核心，但金融是为现代经济服务的，而不是现代经济为金融服务，不应盲目地为发展金融而发展金融。

任先生的这些意见，不知道批评的是谁，但我们不妨对号入座，照照镜子。以国内金融市场如火如荼的资产证券化为例，虽说资产证券化能释放出来一些流动性，但解决不了融资难、融资贵的问题，发展它犹如饮鸩止渴，会酿成大祸。在谈到美国的次级按揭问题时，任先生指出，金融体系透过证券化转移风险，金融机构赚取费用的同时向更多按揭借款人推销其他银行业务，会对货币及金融稳定构成风险。原因是：一方面，证券化使金融机构对借款人的信用素质不再关心；另一方面，令人无法知道风险存在于哪里、由谁承担、有否得到妥善管理，以及风险一旦恶化至超出预期时会出现什么情况。

因次贷即资产证券化而导致的金融海啸音犹在耳，我就不明白为什么有些国人无动于衷，愣是不信邪，执迷不悟，非重蹈美国人覆辙不可！

任志刚先生忧心忡忡地指出，对于金融中介机构为实现利润及花红最大化的私营利益，与透过高效金融中介活动支持经济发展的公众利益之间的冲突，有必要妥善处理，这样才能够维持金融稳定。然而，纵观全球各地金融体制的管制安排，却都没有特别关注此冲突，更遑论制定处理冲突的策略。

任先生的这段话给中国内地金融监管当局敲响了警钟。正如他所说，虽然美国等国家已颁布新法禁止银行进行自营交易，但金融中介机构的政治影响力，尤其在美国这个"民主"国家仍非常巨大，它们的贪婪将会继续主导金融业的发展。

美国要一条道走到黑我们管不了，但中国金融界，特别是决策者要头脑清醒，把握方向，不要被利益集团误导或绑架。要发挥我们的制度优势，把中国金融导入服务实体经济的轨道。

我们今天都喜欢讲"改革红利"，但是要想享用改革红利，首先要把握改革方向，在金融改革领域，当务之急是正确认识金融创新。我们应该清醒认识，当今国际流行的所谓"金融创新"不仅是金融危机的根源，还是提高经济运行成本、损害经济运行效率的病根。金融创新从一开始，其动机就是提高金融中介机构的红利，我们期盼获得"改革红利"，但是对怎么改，改出来的是谁的"红利"，一定要有清醒认识！

资本账户开放的策略把握

人民币国际化毫无疑问是大势所趋，而人民币国际化的战略安排、策略选择，特别是资本账户开放的时机判断、政策把握、进出方式等则尤为重要，切不可掉以轻心。这些问题不仅关乎国家利益，更与我们的国家安全息息相关。

任志刚先生多年来一直对人民币国际化问题很关注，也十分热心香港人民币离岸市场建设，为人民币国际化铺垫服务。由于其长期浸润于自由市场的环境之中，又曾遭遇过金融大鳄的狙击，深谙开放市场的脆弱，因此对内地市场的金融开放也不无担心。

在谈到资本账户开放问题时，他指出，在国际资金自由流动的环境下，外汇市场的能量足以为发展中国家带来金融震荡甚至是金融系统崩溃。因此，那些正在参与推行全球化的国家，在实行金融改革与自由化举措时，都有考虑建立合适的保护措施，以抵抗货币及金融不稳。事实上，现时国际的讨论已再次提及适当的国际资金流动控制及密切监察的好处，而资本账户的完全自由兑换已不再被视为最理想的模式。另外，捍卫当地金融体系免受外国金融震荡的冲击已成为不少国家的首要任务。

鉴于此，任先生在衡量过全无约束的自由兑换对货币及金融所带来的风险后，认为中国应争取人民币可兑换而非自由兑换。也就是说，按照国际货币基金组织所界定的所有国际经常账户及资本账户项目的要求，人民币是可兑换的，但要设立申请及审批机制，视情况制定适当条件且要求呈交资料以做审查，并行使保留权，对于未达到条件要求者不批准其兑换申请，对违反相关规定者进行适当的制裁。他表示，此机制似乎十分烦琐，但实行审慎的风险管理十分必要，因为可确保外汇市场上涉及人民币兑换的活动尽可能反映经济基本因素，而不会损害货币及金融稳定性。他进一步指出，依赖在外汇市场的自由兑换以准确地发现本地货币兑外币的价格并不安全可靠。因为超过95%的外汇市场活动反映的是投机性交易，有些甚至是一些狙击性买卖，这些活动往往导致汇率大幅波动，损害货币及金融稳定，并不利于市场准确地发现价格，帮助纠正国际收支失衡的状况。

很难想象，这些话是出自金融自由化程度非常高的香港前金融管理局总裁、被国际誉为"杰出中央银行家"的任志刚之口。但这正是在高度开放和自由的香港市场遭受金融大鳄攻击有过切肤之痛经验，并深感维护金融稳定极为不易的监管者对我们的肺腑之言，其真知灼见难能可贵。实践出真知！这些令人痛苦的实践经验正是内地金融市场的从业者、监管者和决策者都欠缺的。但愿我们永远没有这种经验，但前提是我们要高度正视别人的宝贵经验，防患于未然！

因此，我还是希望有关当局在金融改革开放问题上保持清醒，居安思危，如临深渊，如履薄冰，辨明方向，小心实施，让金融回归本原，为实体经济服务。坚持简单哲学，不要在金融领域玩创新花样，千万不要在我们手里搞乱了金融，影响祖国复兴大业。

贸易摩擦对中国金融安全的警示[①]

中央明确防范化解重大风险攻坚战的重点是防控金融风险。如何防控金融风险，是一个需要我们运用战略智慧，紧扣新时代伟大事业主题，审视国内外形势环境，正视主客观条件，审时度势，认真思考的问题。

金融安全的战略思维

由美国人挑起的贸易摩擦和"中兴事件"几乎吸引了所有国人的眼球，但贸易摩擦背后还会有什么战略企图却是我们必须考虑的问题。在现代世界，威胁国家安全、争夺国家利益的最主要形式有热战、显战和暗战。军事斗争的热战和贸易纷争的显战在大国之间结果往往是两败俱伤，真正对国家安全危害最大的往往是防不胜防的暗战。暗战不仅有传统的谍战、离间，在现代国家之间也包括食品安全、金融安全等攻防战，其中尤以金融战对国家

[①] 本文刊载于《证券时报》（2018 年 5 月 9 日），经部分改动后还刊载于《环球时报》（2018 年 5 月 3 日）。

安全杀伤力最大，不仅摧毁经济，还可能颠覆国家政治制度。

因此，在应对美国挑起贸易摩擦之际，我们必须运用全方位的战略思维，不能孤立地、静止地就事论事，应该透过贸易摩擦现象，看清美国对华战略已经发生重大调整的客观事实。

新中国成立之后，中美之间经历过朝鲜战争的热战和随后的冷战对抗关系；在尼克松访华之后特别是中国改革开放之后中美之间由于各自的战略利益又开始了长达数十年的接触与有限合作关系。后一种关系之所以能持续至今，是因为美国一方面企图把改革开放的中国纳入它所主导的国际秩序之中；另一方面除意识形态的敌视之外，在经济、军事和综合国力上美国轻视中国，认为无法与其匹敌。

然而，时至今日，创造了人类社会发展史奇迹的社会主义中国的迅速发展壮大让美国感到深深的挫败，罔顾中华民族的发展方式和发展历史，无视中国和平崛起的善良意愿，认为中国的发展是对其全球霸权的挑战与威胁，在美国的战略逻辑里没有和平互利双赢。因此，美国白宫与国会、民主与共和两党，朝野上下已经高度一致地形成了中国"威胁"的战略共识与怨恨。战略共识既已形成，好战善战的美国为了维护其世界霸权，就会调动一切资源，使用一切手段，无所不用其极地扰乱、破坏我们的发展。

我们一定要深刻地认识到美国战略矛头已经对准了中国。历史辩证法告诉我们，事物的发展是动态的、相对的，今天中美关系发生了新的变化，我们必须丢掉幻想，从战略安全高度，环顾审视我们的政治、经济、社会、军事等各个方面，查找最容易被攻破的薄弱环节。

我认为，由于美国金融模式异化为自我服务，并已严重影响中国金融发展模式，其投机化、杠杆化、衍生品化、房地产金融化和对中国经济的绑架，以及资本跨境流动冲击的破坏性，使得金融已经成为我国国家安全

金融与国家安全　　　　　　　　　　　　　　　　219

的最薄弱防线。

美国是全球金融市场的霸主，是金融规则的制定者，金融工具的原创者，拥有因美元印钞权和发债权而来的雄厚资金，具有丰富的投机套利和狙击他国金融的实战经验。因此，美国不会让其兵器库中的金融武器闲置，也不会错失攻击他国最薄弱防线的机会。凡事预则立，不预则废。我们如果不对此保持高度的战略清醒，预见我们可能遇到的前所未见的巨大困难与风险，我们就可能倒在伟大复兴的门前。

对于当前的中美贸易冲突，我们的应对是积极的，正确的。一方面，我们应该明白这绝对不是美方简单的贸易平衡诉求，这是美国全面遏制中国包括打压中国高技术产业的重要一环。另一方面，我们要谨防"醉翁之意不在酒"，要对美国利用贸易冲突谋求金融不平等、不对等开放，布局"木马"保持高度的战略警惕。

金融安全是国家安全的重要方面，防控金融风险，打好防范化解金融风险攻坚战在今天尤为迫切和重要。在新时代、新的国际安全环境下要贯彻落实好中央的这一战略部署，最重要的两点包括：一是国内金融发展模式要正确，国内金融风险要可控，不能后院失火；二是对外开放的改革路径选择要正确。

中国金融市场发展模式与金融安全

近十来年，中国金融已经逐渐偏离服务实体经济的轨道。全国金融工作会议拨正了金融发展的价值观方向，但实践中热衷金融交易的势头仍有增无减，交易融资杠杆依旧，场内特别是场外衍生品不断推出，还都打着服务实体经济的旗号，安全隐患继续增加，风险持续积聚，金融安全形势依然严峻。在此形势下，如何防控金融风险需要新的战略思维。防控金融风险可以有两种不同的战略思路：一是积极防御，二是被动防御。被动防御是最传统、最普遍、最理所当然的防御战略，所谓兵来将挡，水来土掩。在金融市场上的被动防御表现为承认金融市场的基本现状、资源配置方向、利益格局关系，寄希望于加强监管，防控金融风险。但是如果在金融自我服务的价值观下金融制度、政策出了问题，资源配置方向错误，无论怎么加强监管，道高一尺，魔高一丈，金融不仅不会进入服务实体经济的轨道，贪婪还会如洪水冲垮任何高高筑起的监管大坝。2008年的美国金融海啸，绝非偶然不再。

因此，要贯彻落实中央防控金融风险的攻坚任务，就必须解放思想，摆脱传统思维定式禁锢，另辟蹊径，开展主动防御——改革金融发展模式。

要有所为，有所不为，应把金融纳入服务实体经济轨道，限制金融自我服务。只有把金融资本关进笼子，让其回归本原，做正确的事情，才能在源头上清除风险和安全隐患，而不是视既成为当然，放任发展，被动监管。

改革中国金融发展模式绝非易事，不仅金融既得利益者会坚决反对，以各种理由干扰阻挠，而且许多人会受美国金融模式样板迷惑，以为仿照美国金融样板天经地义，经济金融化、金融复杂化是现代经济发展的必然，市场愈益复杂的结构化、衍生品化、杠杆化是有效对冲风险、配置资源必需的。他们甚至认为，随之而来的金融风险、金融危机也是现代经济必须付出的代价，是现代经济的宿命。

因此，要使金融回归本原，改革金融发展模式首先应了解西方金融的本质，金融危机是资本主义金融的宿命，在金融自由主义的旗帜下，金融监管者、中介机构、评级机构和媒体被华尔街绑架，放任金融以创新为名自我服务，必然会妨害实体经济，导致经济金融化、金融投机化，杠杆泛滥，泡沫破裂，周期性的金融危机不可避免地成为资本主义金融的劫数。

社会主义可以不同，只要我们不忘初心，在金融市场坚持社会主义的价值观，不走资本主义金融的邪路，社会主义金融一定会健康安全。

以美国为代表的西方金融在现代经济中扮演了一个让实体产业和金融业此消彼长的角色。如今美国虚拟经济的规模是美国经济的50倍，世界经济的10倍。全球每天的外汇交易绝大多数是和对外贸易、对外投资无关的投机交易。有谁相信这是金融在为实体经济服务？一个社会主义国家凭什么要为这样的金融背书？凭什么为因此而发生的金融风险买单？

改革金融发展模式，需要明确的政策路径来贯彻规范，否则难免荒腔走板，走私贩私。

金融的本意就是资金融通，金融应该恪守为借贷双方、买卖双方和投融资双方提供信用中介服务的角色定位，重点是为实体产业提供融资服务。改革金融发展模式的价值取向是服务实体经济，改革的工作重点是摈除金融自我服务倾向，改革的基本原则是大力发展直接融资，严格限制金融交易。

对于金融创新，我们应该理性分析产品属性、业务方式、参与主体，要考证得益者是谁？和实体产业有无关系？对实体产业的助益传导机制、传导方法、传导路径如何？以此作为其是否服务实体经济的试金石。服务实体经济的鼓励支持，投机套利的坚决摈除。只有这样，金融才可能回归服务实体经济正路，金融风险才可能被有效控制。

中国金融应服务实体经济，使它长治久安的药方和治理房地产金融化的一样：金融是用来融资的，不是用来炒的。金融要重融限炒！

金融开放的风险管理

"世异则事异,事异则备变。"在美国对华战略全面调整的大背景下,在坚持改革开放的前提下,我们也应该相向而行,做出针对性的调整,以确保国家安全、维护国家利益。因此,金融开放应该是有管理的开放,管理的重点是风险管理。

第一,开放什么?怎么开放?

金融开放应该一切以国家利益为基准,以国家安全为底线。逐项实证分析具体开放项目和开放幅度,我们可能的获益内容与程度,我们的损失内容与程度,在不触碰金融风险底线的前提下,做商业利弊权衡分析,以决定开放与否、开放程度如何。

第二,金融开放应该坚持平等开放、对等开放原则。

金融开放既然是国家战略,在实施过程中就存在商业利益博弈、国家利益的博弈。外资金融机构在中国申请金融业务牌照,批准与否除必须符合中国法规条件之外,应该考虑在其母国中国金融机构相关业务牌照的批设情况。批准一国在华金融业务牌照上限不得超过该国批准的中国金融机构同类业务牌照数量。

第三,国家安全审查。

美国是一个高度重视国家安全和风险防范的国家,对于外国特别是中国对美投资的国家安全审查十分认真,也十分专业、严密、严格。几乎所有的中资企业欲对美进行的高技术投资和金融投资均被美国以国家安全为由不予批准。在金融市场建设方面,我们向美国学习得很认真,也学得很像。但是,在金融与国家安全的审查防范方面,我们学得很不够,应该更认真地向美国学习。

外资金融机构参股中国的银行、证券公司、保险公司等金融机构特别是控股中国金融机构之后,可能的结果包括:一是中国公民、企业、教育领域、科研领域、军队、政府等的金融行为信息不可避免地被外资金融机构收集,政治、经济、科技、社会、国防等关乎国家安全的信息势必会泄露,直接危及国家安全。二是作为经济动脉的金融业被外资染指甚至控制,国家的货币金融政策传导能力势必衰减,金融宏观调控能力将大打折扣甚至失效。遇到类似2015年那样的危机时外资金融机构不仅不会配合政府调度资源调控市场,而且会借机从股市、期市、汇市等多个市场狙击套利,洗劫中国。试想如果2015年我国资本账户已经开放,后果将不堪设想。

因此,对于任何申请中国金融牌照的外资机构都要进行严格、全面、详尽的国家安全审查。一是审查其股东、实际控制人背景以及该机构与其母国军方或特殊部门的关联背景,盈利模式与构成,合规经营情况。二是审查拟投资的金融机构是否关系国家安全。

如果申请者背景复杂可疑,或拟投资金融机构具有国家安全敏感性,应该一律以国家安全为由拒批。

为保护国家安全,在华外资金融机构和境外机构一律不得参与中国包括场内市场和场外市场的衍生品发行、创设和交易。

不受理外资对冲基金相关金融业务牌照申请,境外对冲基金不得投资中国金融市场。

第四,重视金融规则话语权。

金融服务业对外开放应该为我所用,因此按照什么规则展业就非常重要。没有规则话语权,按照"国际惯例"办事,不仅我们的投资者、融资者的利益得不到保证,还会引发金融风险。

近三十多年以来,美国金融已经由"产业服务模式"异化为"金融交易模式",美国金融通过金融交易自我服务,不仅掏空了美国产业,而且不断制造金融危机。因此，我们必须按照全国金融工作会议服务实体经济的精神，规范来华金融机构业务活动范围，明确外资金融机构在中国只能从事有关金融中介业务，禁止其进行自营交易活动。唯此，外资金融机构的在华业务才可能纳入服务中国实体经济的轨道，金融风险才能控制在有限范围。

第五，守住资本账户管制底线。

当前中国私人部门、政府部门与对外部门金融关系紧绷缺乏调整腾挪弹性，债务风险交织，房地产泡沫严重，金融市场风险比较大。在这种情况下之所以没有爆发金融危机，并不代表国内金融市场健康和我们具有高超的金融管理水平，实际上是资本账户管制长城阻隔了外部风险的传导和抵御了可能的金融攻击。在当前的国际环境下，要吸取"中兴事件"的教训，不要再幻想"美国信用"。我们应该清醒认识，在金融服务业对外开放的情况下，资本账户管制是我们的生命线，万勿自毁。

第六，预见和应对风险预案。

党的十九大报告提出，到本世纪中叶把我国建成富强民主文明和谐美丽的社会主义现代化强国。要实现这一伟大目标，必定要进行伟大斗争，这意味着我们前进的道路上必定会充满各种艰难险阻，会遇到强大的敌人和经历巨大的不确定性风险。因此，我们在憧憬美好前程时，一定要充分预见困难和风险。

我们制定某一项改革开放政策时，首先要对可能会出现什么困难和风险进行预判预研，在发布实施政策时应该同步公布可能出现的困难和风险防控处置预案，在政策实施过程中还应该不断评估检讨实施情况，动态调整政策，完善风险处置预案。

金融开放是党中央的战略部署，预见困难、做好充分的金融风险防控预案是贯彻落实中央战略部署的必然要求，是金融开放成功的关键。

金融是经济的命脉，重要且脆弱，国家的兴亡安危都系于其一身。因此，我们必须以清醒的战略思维为金融确定健康的发展方向，从国家安全战略高度维护金融安全。

中美贸易摩擦背后的混合战争[1]

从 1988 年进入深圳市政府体改委工作起，我就开始参与中国资本市场的草创和建设工作，特别是 2000 年开始担任深圳证监局局长后，就一直从事资本市场一线监管工作，直到 2012 年退休后，我的注意力开始转向中国资本市场资源配置优化和国家金融安全问题。

2018 年，中美贸易摩擦是全世界的重大事件，讨论它的文章在传统媒体和网络上可以说是铺天盖地，但我今天不想就中美贸易摩擦本身进行讨论，而是结合我一直关注的国家金融安全，谈一谈自己对中美贸易摩擦背后真相的思考。

何谓"思考"

中美贸易摩擦背后不一样的信号和破解它的钥匙，对此我们需要独立

---

[1] 本文来自作者于 2018 年 12 月 22 日在"2018 年南开校友好项目创新峰会暨第四届南开好项目年度论坛"上的主题演讲。

思考。

何谓"思考"？毛泽东同志说："欲动天下者，当动天下之心。"① 也就是说，做天下之事的前提就是思考，正所谓"三思而后行"。苏格拉底说："未经省察的人生没有价值。"后来的一些古希腊哲学家认为，思考就是我自己与我之间无声的对话，这才是思考。还有一位著名的德裔美籍女犹太政治思想家、哲学家，汉娜·阿伦特，她对"思考"的理解也非常深刻，她说："思考就是防止我们简单化处理问题，防止重复老生常谈，防止做事落入窠臼。"她认为，这个"思考"不是知识，而是一种能够区分对与错、美与丑的能力，"思考"能给人们带来力量，并尽可能早地防止灾难。这与今天中美贸易摩擦的情况何其相似，"山雨欲来风满楼"，大家都能感觉到要下雨了，但更重要的应该是思考如何防止由此带来的后续一系列灾难。

对中美贸易摩擦的错误认识

2017年以来，国人对中美贸易摩擦很关心，也很揪心。我相信这和在座各位的投资也息息相关。但我认为，中美贸易摩擦本身没有那么可怕，我真正担忧的是中美贸易摩擦背后的真相，特别是担忧国人对中美贸易摩擦背后的东西没有独立的思考和清醒的认识，人云亦云。我认为，现在国人对中美贸易摩擦存在三个错误认识。

第一个错误认识是"中美贸易摩擦是意识形态之争"。

持这种观点的人认为，美国之所以和中国过不去、要发动贸易摩擦的原因在于美国是所谓西方民主世界的"灯塔"，是资本主义自由市场的标

---

① 中共中央文献研究室，中共湖南省委《毛泽东早期文稿》编辑组. 毛泽东早期文稿[M]. 长沙：湖南人民出版社，2008.

杆；而中国是它们眼中所谓集权国家的"旗帜"，搞的是社会主义制度，因此美国和中国过不去。中国确实和美国分属不同意识形态，是在社会主义和资本主义不同轨道上跑的车。但过去一百年间发生的两次世界大战的交战双方是谁？答案不言自明，都是资本主义国家大打出手。特别是第一次世界大战，都是具有相同意识形态和价值观的资本主义国家乃至帝国主义国家在一起厮杀，血流成河。所以，国与国关系的根本是地缘政治，和意识形态没太大关系，矛盾的焦点是国与国之间的国家利益之争。19世纪英国首相帕麦斯顿就曾赤裸裸地说，大英帝国"没有永远的朋友，仅有永远的利益"。

另外一个例子是美国在今天仍然对俄罗斯步步紧逼。20世纪90年代苏联解体后，在美国"教师爷"的指导之下，俄罗斯重建了政治制度和经济制度，亦步亦趋，复制"美国模式"。但换来的结果是美国对俄罗斯步步紧逼——北约不断东扩，原来苏联的加盟共和国波罗的海三国都已经加入了北约。时至今日谁还记得在苏联解体之际，美欧对俄罗斯许下的北约东扩将不扩到原苏联加盟共和国的承诺。这就是地缘政治，虽然苏联被肢解了，虽然苏联在解体之前被美国在意识形态上搞的颜色革命所瓦解，一些苏共领导尊美国为老师，使社会主义国家和共产党被瓦解。但这都改变不了一个现实，俄罗斯还是世界上幅员最辽阔的国家，是军事力量特别是核军事力量可以与美国抗衡的大国。为国家利益计，美国只能继续削弱、打击、围困、遏制俄罗斯，在普京领导下的俄罗斯坚决维护国家主权。

所以，国与国之争虽然意识形态分歧起很大作用，但归根结底还是国家利益之争。因此，我们要清醒地认识到，就算中国今天宣布改旗易帜，走资本主义道路，搞美式民主，美国还是不会放过中国，不肢解搞垮中国绝不会收手。"美国优先"的理念是不能容忍中国的崛起，卧榻之侧，岂容他人酣睡！这是美国国家利益决定的，这就是地缘政治。

第二个错误认识是"中美贸易摩擦是特朗普挑起的"。

持这种观点的人认为，中美贸易摩擦是个偶然事件，是特朗普"出人意料"地当选美国总统后的结果，是特朗普的个人行为。这是大错特错。诚然，特朗普作为一位总统有其独特的性格和独立的行为方式。从微观上看，中美贸易摩擦的演变进程体现了他曾是一名商人，有其个人的鲜明特点。但从宏观上看，美国朝野在遏制中国崛起上已经达成空前一致，这是美国的国家战略，也是美国国家利益决定的，和谁当总统无关。

第三个错误认识是"中美贸易摩擦仅仅是一场贸易争端"。

持这种观点的人就事论事，就贸易摩擦谈贸易摩擦，认为中美贸易摩擦仅仅是一场贸易争端，我们只要在贸易摩擦中对美国做出一些让步即可。我认为，这就是一叶障目，不见泰山。我们必须清醒地认识到美国整个国家的对华战略已经发生了根本性的改变，而且是没有回头的改变，贸易摩擦只是美国对华遏制战略中最明显、最引人注目的一部分而已，远非全部。

2017年底，美国发布了《美国国家安全战略报告》；2018年初，又发布了《美国国防战略报告》。这两个报告都毫不隐讳地把中俄两国作为主要战略竞争对手。而且美国还意识到，今天俄罗斯是它当前威胁大一些的敌人，但是未来中国才是它潜在的最危险的敌人。

中国的文化是以内敛为特征的农耕文明，历史上没有称霸的传统，所以今天我们中国人认为中国强大了也不称霸，可以与世界各国和平共处。但以美国为代表的西方世界文化是以扩张为特征的海洋文明，近代历史上发达后的西方世界均曾经对亚非美大陆进行大规模殖民。这两种文明都有悠久的历史，都深入到中国人和西方人各自的血液、骨髓里。因此，美国会以西方崛起的历史来考量、臆测当今的中国，时刻感到中国是对其霸主地位的威胁，把中国视为敌人，不断地打击、削弱、围困中国，遏制中国崛起。

为什么说贸易摩擦没那么简单？中美贸易摩擦正如火如荼进行着，这边两个国家的元首还在布宜诺斯艾利斯和颜悦色地进行会谈，那边美国就在全球布局遏制华为，打击华为的5G技术和产品，甚至伙同加拿大拘捕华为创始人任正非的女儿孟晚舟。最近，美国证监会又公布要对全球244家在美上市的企业进行审查，这244家里面就有213家是中国企业，其中包括阿里巴巴、百度、京东等多家知名企业。可以看出来，美国现在已经开始全方位遏制中国崛起，所以我们对此一定要有清醒认识，中美两国之间绝不仅仅是简单的贸易摩擦。在贸易摩擦的过程中，有可能出现反复的缠斗，双方也会根据各自的利益做出有限度的妥协，但这场美国对中国崛起进行全面遏制的混合战争已经打响，而且美国人不达目的绝不会善罢甘休。

贸易摩擦背后的混合战

2018年10月，我参加了北京一家智库举办的关于混合战争专题的一个闭门会议，与会的同志们得出了一致结论，就是认为中美贸易摩擦仅仅是美国遏制中国战略的一个前奏，贸易摩擦背后一定是一场混合战争，就是边界更加模糊，方式更加融合的战争。为了使大家更好理解，举两个混合战的战例。

第一个战例就是俄罗斯收回克里米亚。众所周知，在1783年克里米亚就并入了沙俄的版图，它在苏联时期是俄罗斯苏维埃联邦社会主义共和国的领地。1954年，为庆祝俄罗斯和乌克兰合并300周年，时任苏联领导人的赫鲁晓夫——他是乌克兰人——把克里米亚划归给了乌克兰。在苏联解体的时候，关于克里米亚归属问题并没有解决，同时又伴生了一个很大的问题，就是俄罗斯海军的出海口。苏联解体后，俄罗斯舰队失去了黑海的出海口，就租用属于乌克兰的克里米亚的塞瓦斯托波尔市海军基地。2014年3月，俄罗斯收回克里米亚。在此收回过程中，普京采取的就是混合战，兵不血刃。

  第二个战例是美国搞垮苏联的混合战。苏联解体后，人们一直有疑问苏联解体究竟是谋杀还是自杀？美国中央情报局一本关于苏联解体的书得出的结论是谋杀。在这本书中，美国人自己列举了美国从七个方面对苏联进行混合战，比较简单的手法是资助苏联的敌人，当时苏军入侵阿富汗，美国就给阿富汗的抵抗组织提供武器；1980年成立的波兰团结工会是东欧国家中最著名的反对派，美国中央情报局就给它提供财政、情报和后勤的支持。而混合战中最显著、最能展现威力的一招就是对苏联的石油战，体现了美国对外的混合战争是全方位地调动其所能动用的全部力量。美国对苏联的石油战就动用了华尔街。华尔街首先帮美国中央情报局评估了苏联经济态势，认为当时苏联的经济态势很好，但有一个短板，就是过度地依赖硬通货。当时苏联硬通货的来源只有石油，而且这个硬通货和经互会之间还有一个伞形担保。因此，石油换汇对苏联经济非常重要，甚至是致命的。在华尔街的建议下，美国中央情报局就和沙特开始联手对付苏联。1985年，石油价格是每桶30美元，短短的一年时间后，到1986年就跌到了每桶12美元。石油价格的大幅下跌给苏联造成了巨大困难，当然沙特也蒙受了大约150亿美元的损失，但是美国中央情报局早就和沙特有约定，用补偿对冲的方法弥补沙特的损失，方法就是在外汇市场上，美国给沙特提供内幕消息或机密情报，让沙特在外汇市场又把150亿美元赚回来了。这就是混合战一个最典型的例子，其他像包括《星球大战》等宣传战、情报战也是混合战的组成部分，都是美国全方位搞垮苏联的手段。

  正所谓"后人哀之而不鉴之，亦使后人而复哀后人也"，举苏联这个战例，就是美国用全方位混合战搞垮苏联的教训。我相信美国今天遏制中国崛起的战略，一样也不会文质彬彬地就只有贸易摩擦，一定会有金融战。

对金融战的应战措施

混合战的形式可以分为三种，即热战、显战和暗战，这是现代世界威胁国家安全、争夺国家利益的最主要形式，军事斗争的热战和贸易战的显战在大国之间结果往往是两败俱伤，正如前文分析苏联解体战例一样，真正对国家安全危害最大的往往是防不胜防的暗战。暗战有多种形式，如洗脑式的意识形态渗透、颜色革命、情报战等，甚至包括农业种子控制、人种基因测序等生物战，地理测绘等，但其中尤以金融战杀伤力最大，不仅摧毁经济基础，还会颠覆国家政治制度。因此，我认为金融战是对当今中国威胁最大、杀伤力最大、影响范围最广的一种战争方式，因为我们对金融战的准备、戒备最薄弱。

筑牢金融防线不能只是见招拆招、被动防御，还必须开展主动防御，就是要"清理门户"，要审视、检查现行金融市场中的交易制度和金融工具，在外敌入侵时，是否能够被敌人抄起来就用，抄起来就能打击我们。

第一是金融衍生品。对金融衍生品，用现在流行语来说，中国人有着"迷之自信"。2008年美国金融海啸发生后，全世界都在反思、检讨金融衍生品对经济的破坏作用。但在中国金融界却有另一种说法，即美国发生金融海啸是因为其金融创新和衍生品走过了头，但是在中国还不够，还要加快发展。我认为搞金融衍生品就是在往峭壁边缘走，这里不存在哲学上量和度的问题，是价值取向扭曲了，违背了金融的本原，我们应该从最基本的经济、金融、货币制度层面去思考金融衍生品的危害性。

金融衍生品的确在理论上可以部分起到对冲风险的作用，但是在几十年的市场实践中鲜见使用衍生工具挽救了谁，倒是不断有百年老店要么被衍生品断送要么被重创的噩耗传来。金融危机屡屡爆发，而且频率和烈度越来越高。这些危机无一例外都可以在衍生品交易和金融市场本身日益复杂的结构中找到根源，金融衍生品不仅没有成为管理风险、平抑市场波幅的工具，反倒成为金融危机的根源。

除了对经济发展和金融体系造成破坏，金融衍生品还会对国家安全造成巨大伤害。在外敌向我们发动金融战的时候，他们就能快速操起我们已经准备好的金融衍生品——这是他们原创的，又是他们娴熟掌握且具有非常丰富实战经验的工具——来向我们的经济和金融体系发起攻击，那将会对我们的经济体造成灾难。所以，我认为，即使金融衍生品在理论上或微观上有对冲风险的功能，但是为了国家安全，为了应对未来的金融战攻击，两害相权取其轻，我个人建议必须关闭金融衍生品市场。

1929—1933年美国经济大萧条之后，罗斯福新政除实施经济刺激计划之外，非常重要的就是采取了金融抑制政策，禁止银行利用社会存款参与各种金融投资，禁止股票市场参与融资融券，禁止金融衍生品交易，从而保护并支持了实体经济，出现了资本主义发展史上罕见的黄金增长时期。

第二是资本账户管制。当前中国私人部门、政府部门与对外部门金融关系紧绷缺乏调整腾挪弹性，债务风险交织，房地产泡沫严重，金融市场风险比较大。在这种情况下之所以没有爆发金融危机，并不代表国内金融市场健康和我们金融管理水平高，事实是资本账户管制长城阻隔了外部风险的传导和抵御了可能的金融攻击。在当前的国际环境下，特别是金融服务业对外开放的情况下，资本账户管制是我们的生命线，万勿自毁。

第三是外资抄底中国股市"割麦子"，更准确地说是外资可能"血洗"中国股市。中国股市"牛短熊长"、长期低迷，中小投资者望而却步，但最近外资不断建仓布局中国股市。部分主流媒体，甚至监管层一些人士，都把这个消息作为"利好"来大张旗鼓地宣传，意思是外资都来投资中国股市了，你们也赶快跑步进场吧！我认为这种做法是饮鸩止渴。外资今天布局建仓的目的何在？就是要将中国股市推高到一定程度并积累大量泡沫的时候，出货跑路。但这个出货可不是一个简简单单的卖出行为，而是会利用股指期货、期权等金融衍生工具，从股市、期市、债市、汇市等市场全方位饱和攻击。一旦摧毁了一国金融体系，搞垮了其经济之后，外资就会再杀回来，用超低价收购中国的优质公司、优良资产和宝贵资源。这些战例已经在东南亚、南美洲多次上演了。一旦外资目的得逞，"试问今日之域中，竟是谁家之天下"，这就是金融战的威力，不仅会摧毁一国经济基础，甚至会颠覆一国政权。

所以，我认为不能麻木地坐视、愚昧地乐见外资建仓抄底中国股市，我们一定要采取一些积极的措施。余云辉先生有一篇文章我深以为然，文章的主要内容是建议中国借鉴、学习日本央行在货币发行方面的一些好的制度。这篇文章提到日本央行通过基础货币发行，已经成为日本40%上市公司的第一大股东了。我认为中国也可以借鉴这个制度，把基础货币发行制度和资本市场结合起来，在中国人民银行成立一个专门机构，一方面，可以在股市非常低迷的时候，用专户购买符合国家产业升级政策的优质上市公司的股票；另一方面，还可以通过购买股权或债券的方式，向非上市的国家重点产业、高科技龙头企业注资。

在这个制度体系下，今天中国货币发行体制和资本市场面临的很多棘手难题都可以迎刃而解，我认为它有五个方面的积极作用：一是可对冲外资低位建仓抢占中国人民财富和控制中国产业的风险；二是可使我们拥有和掌握一直梦寐以求的调控资本市场的政策工具；三是可使去杠杆政策更加科学可行，通过对企业注资，既抑制风险又给经济注入活力，因为股权融资提高了，企业债务杠杆率相应就降低了；四是可以解决货币政策支持实体经济的传导路径问题，以往央行一放水，资金就大水漫灌式地流向房地产和金融市场，现在可以通过股权方式使央行新发行的货币定向流入实体经济；五是可以完善基础货币发行制度，现在我们基础货币发行的凭据主要依赖美元，通过向企业注资可以使基础货币与中国实体经济挂钩。我们必须从更高的战略层面认真思考，以迎战美国发动的无可回避的遏制和打压及混合战争！

监管的价值取向

通过一线监管推动市场大发展[①]

资本市场的功能和当前的困难

党的十六届三中全会从我国经济发展的战略高度提出了"大力发展资本市场和其他要素市场,积极推进资本市场的改革开放和稳定发展,扩大直接融资"。会议明确了资本市场在我国国民经济体系中的重要地位,对于我们资本市场的发展方向,具有十分重要的战略指导意义。毋庸置疑,资本市场对我国国民经济的发展有着十分重要的推动和调节作用。简而言之,资本市场有三大功能:一是为国家建设和企业发展筹集资金,有效配置资源,优化产业和企业结构;二是完善金融市场体系,通过市场机制协调直接融资和间接融资比例,化解系统性风险;三是为经济收入日渐增加的国民提供理财投资选择,使他们通过资本市场增加个人财富,建设小康家园。

然而,理论和实践的发展在不同的阶段并非完全一致,需要我们不懈

---

① 本文刊载于《中国证券报》(2003年11月20日)。

地努力来使其逐渐进入理想的境地。今天资本市场的发展确实出现了暂时的困难,市场的融资功能逐年衰减,无法满足企业发展的资金需求;市场的资源配置功能大打折扣,存量资本难以流动;投资者市场回报寥寥,信心大受打击。资本市场之所以出现这些暂时困难,既有市场结构性和秩序性缺陷的原因,也有市场周期性的原因,还有一个不容忽视的原因就是对监管当局政策理解的偏差。为了实现党的十六届三中全会提出的发展资本市场的任务,为了鼓舞广大投资者的信心,迎接即将到来的新一轮资本市场的发展高潮,我将从一个一线监管者的角度,谈谈如何发挥资本市场的作用,如何通过一线监管推动资本市场的大发展。

资本市场发挥作用的条件

资本市场发挥作用,必须具备两个方面的前提条件:

一、完善市场的制度性功能

完善市场制度性功能的要旨就是为市场的参与者提供方便,保障效益和效率,一切制度性功能设计都应紧紧围绕这一主题。

第一,应优先考虑市场参与者配置资源的效率,也就是应为市场主体提供资源优化配置的条件。这种条件体现在两个方面:

一是应为产业市场前景好、资金使用效率高的需求者提供融资方便,满足其对资金规模和时效的要求。而且这种融资安排在不同的市场发展阶段应通过市场或行政的择优机制,形成一种配置稀缺资源的优化倾向并提高配置效率,而不应该是不加区别地对所有需求者的"平等"轮候。

二是适应资本流通的特性,满足所有上市证券持有者的交易需求,实现流通无障碍,让所有者可以根据市场条件自主处置自己的权益。这种无歧视、无限制的流通政策既可提高社会资源的优化配置效率，又可消除不确定性市场预期阴影，让市场进入健康稳定的发展轨道（此处提及流通问题仅从市场功能设计出发，与流通方式、方案无关）。

第二，应创造条件使市场主体进出资本市场时能享受低成本和高效率。这就要求我们的法规、政策在制度设计时应遵循市场化原则，加强服务意识，培育公平竞争环境，使投资者有利可图。

第三，提供符合投资者需求的产品体系，支持企业根据市场需求和市场条件，在法律的框架下，在不侵害投资者利益的前提下，创造新的产品供应市场并为其创造新的利润来源。

第四，根据市场发育程度和监管条件，为市场提供适当的风险对冲工具。但应注意，既要支持投资者利用对冲工具规避风险，又要防止过度使用对冲工具给市场带来新风险。

第五，依法监管市场，遵循市场规律，理顺市场关系，奉行公开、公平、积极但不干预的政策原则，逐渐降低投资者对市场的不确定性政策风险预期。

二、为投资者的安全提供保障

要使资本市场的作用得以发挥的另一个重要前提是必须增强投资者的信心，为投资者的安全提供保障。目前市场低迷的主要原因是信心问题而非决定市场价格走向的供求关系问题。

常识告诉我们，有市场就一定会有风险，绝大多数市场参与者都明白这个道理。但是，要使投资者对市场有信心，对风险具有一定心理承受力，前提是市场只能有商业性风险，而不能有巨大的信用性风险。也就是说，不能让在不良道德驱使下违法违规、肆意侵害掠夺中小投资者利益的行为成为普遍现象。近些年来，市场上出现的上市公司信息造假、无投资方向的盲目圈钱、大股东占用资金、恶意关联交易、治理负面效应、证券公司挪用客户交易结算资金、"庄股"泛滥、市场操纵严重等问题，都对投资者信心打击很大。那么如何为投资者提供安全保障，恢复和增强投资者信心呢？我认为必须从立法和执法两方面入手。

（一）建立完善的法律法规体系是提升投资者信心的前提

证券市场是一个利益集合体，但每一个市场参与者都有自己的利益出发点和不同的动机，不同的利益动机就决定了会有不同的行为方式和行为方向。要使证券市场避免出现混沌无序，就必须用法律、法规来规范和约束市场的每一位参与者，打击惩罚违法违规者。自1992年集中统一的监管体制开始建立以来，我国证券市场上已经颁布了《中华人民共和国公司法》《中华人民共和国证券法》《中华人民共和国证券投资基金法》《股票发行与交易暂行条例》等一系列法律法规。尽管这些法律法规还不能完全适应市场情况，有待进一步随市场的发展进程不断修改和完善，但它们已经对规范市场秩序、约束参与者行为和保护投资者利益发挥了有效作用。

（二）严格执法监管是提升投资者信心的保证

对于为投资者提供安全保障、增强投资者信心来说，严格执法、加强监管则显得尤为重要。只有严格执法，加强监管，才能贯彻落实法律法规，才能有效地维护市场秩序，真正地保护广大投资者的利益。这项工作是证监会派出机构在一线监管工作中最为重要的任务。

监管的目的是保护投资者的利益，但市场的发展也是投资者利益之所在。这样就又引出了一个重要问题，即监管与市场发展的关系。

监管和市场发展的关系

对于监管和市场发展的关系，近年来有一些不同的看法。有些市场人士认为，监管和市场发展是对立的，监管有碍市场的发展，主张浑水养鱼，在市场不景气时放松监管，让市场休养生息。虽然这些想法是出于善意，但我却不敢苟同。事实上，监管和发展是一对互相依存的矛盾的两个方面，具有高度的辩证统一性。只要严格执行法律法规，遵循市场规律，小心呵护创新，认真保护投资者利益，监管就一定能够促进市场的发展。

一、监管的目的是促进市场发展

在证券市场中，投资者是最重要的主体，只有投资者的利益在市场中得到保障，投资者才会对市场建立信心和兴趣，投资才会踊跃，交易才能活跃，市场才会得到长足的发展。而监管的目的就是保护投资者利益，所以也可以说，监管的目的就是促进市场的发展。

二、监管的作用是维护市场秩序，促进市场效率

在一个缺乏监管的证券市场，参与者以自己利益为出发点为所欲为，市场必然混乱无序，效率低下。正如一个没有交通警察上路执法的城市，交通秩序必然混乱不堪。只有交警上路加强交通监管，交通才会井然有序，道路才会畅通，交通容量才会增加。证券市场也是如此，只有加强监管特别是一线监管，证券市场才能有秩序、有效率，市场的容量才会增加，市场才能得到大发展。

三、监管的结果必然是投资者财富增加

监管只会影响少数人的利益，因为监管打击的是少数采取不正当手段

的恶取豪夺者。监管维护了市场的秩序和效率,保护了大多数投资者在公开、公平的市场条件下的合法权益。市场秩序的改善和市场环境的净化,可以使投资者在市场上认购优秀的或物有所值的上市公司股票或其他投资品种,在交易中受到公平的对待,免受虚假信息的蒙蔽和市场操纵者的掠夺,从而通过市场投资获得合理收益,增加自己的财富。

有些人认为,加强监管会抑制市场活跃程度,因为严厉监管下"庄家"会缩头离场,似乎离开"庄股"市场就不会活跃。我们必须清醒认识,"庄股"活跃是地地道道的虚假繁荣,它实际上是广大中小投资者的灾难。因为"庄股"赚钱的基础就是对广大中小投资者的诱骗,他们正是利用了中小投资者的侥幸跟风,疯狂暴敛其血汗钱,成就他们的"业绩",而跟风搭船者大多难逃血本无归的噩运。因此,对"庄股"现象必须严厉打击。只有通过加强监管,净化市场环境和提高市场效率,广大投资者才能在证券市场春播秋获,增加财富。

在一线监管中促进市场发展

监管是市场发展的重要条件。在证券市场中实施监管,保护投资者利益,就需要一支责任感强、事业热情高、业务素质高的监管队伍,特别是需要一支在市场一线了解市场、随时掌握市场动态的监管队伍。1998年在全国金融监管体制改革中,证监会建立了一支由36个派出机构组成,遍布全国各省、市、自治区和计划单列市的一线监管队伍,为实施有效监管奠定了基础。这支队伍自建立至今,对维护市场秩序,规范市场主体行为,防范和化解风险,打击违法违规行为发挥了重要作用。

深圳证管办处于市场前沿,辖区投资者聚集,监管的上市公司、证券公司、基金管理公司、期货公司等较多,情况复杂,风险较大。我们深圳证管办深知自己的责任,力图通过一线监管工作维护市场秩序,促进市场稳定和健康发展,为广大投资者谋利益。通过几年的监管实践,我们认识到要搞好一线监管工作,为市场发展服务,就必须树立正确的监管理念,把有限的监管力量投向最重要的监管领域。

一、一线监管的理念

我国目前正处在尚福林主席所说"新兴加转轨"的市场阶段,原有的体制惯性依然存在,新兴市场秩序尚未形成,与市场规律相适应的法律法规还不完善。因此,面临复杂多变的市场环境,一线监管者必须树立正确的监管理念,以不变应万变,创造性地应对市场的挑战,以开拓精神履行一线监管职责。

作为一线监管机构,我们的监管理念是:一切为了广大投资者的利益。在监管实践中我们要时刻不忘这一理念,坚定地把这一理念贯彻到我们的具体工作中去,坚决地保护广大投资者的利益。在监管工作中,我们往往会遇到明明是侵犯了投资人的利益,但在法律法规中却没有明确监管依据的情况。在这个时候,我们就以监管理念为指导,进行价值判断和价值选择。我们进行价值判断和价值选择的原则是:遵照法律法规和遵循法理精神,保护中小投资者利益,促进市场效率。只要符合以上三条原则,我们就义无反顾地出手,保护投资者利益。在"三九医药"案件的查处中,我们发现该公司控股股东占用公司巨额资金,但是由于时行法规滞后市场实际,没有禁止和处罚大股东占用上市公司资金的规定,给监管工作造成了困难。在此情况下,我们就运用价值判断和价值选择的原则,冷静分析案情,果断采取监管措施,处罚和震慑了当事人和类似行为人,提出了相应的立法建议,促进了市场规范。

二、一线监管的重点

证券监管机关相对于规模庞大、情况复杂、参与者众多的证券市场来说，其力量显得尤为薄弱。因此，必须将有限的力量投向最重要的监管领域，这就要求我们认真选择取舍，千方百计提高监管效率，促进证券市场发展。作为一线监管机构，我们把力量主要投放在以下几个方面：

（一）提高信息披露的真实度

市场信息特别是上市公司财务信息以及其他经营机构的财务信息是市场赖以存在的基础，是投资者判断价值、发现风险的重要依据，也是监管者防范、揭示、化解和处置风险，保护投资者权益的重要基础。因此，我们一直把提高财务信息的真实度作为一线监管的首要任务，运用直接和间接的监管方式提高上市公司和证券公司财务信息质量。我们一是通过上市公司定期报告事后审阅，临时报告即时关注，巡回检查重点审查等方式加强对信息披露的监管；二是在对上市公司信息披露检查中密切关注审计质量，并用调阅审计工作底稿等方式监督注册会计师执业情况。对证券经营机构的财务信息和客户结算资金的存管情况我们也给予了高度关注。早在财政部《证券公司会计制度——会计科目和会计报表》颁布前，我们就制定了《深圳证券公司 1998 年年度报表审计指引》，在全国率先强制审计证券公司和证券营业部。对于规范程度不同的证券经营机构，我们采取不同形式和不同的频率检查其财务信息，力争尽可能及时掌握真实信息，防范和化解风险。

（二）加大现场检查的密度和力度

一个城市社会治安要好，主要警力就必须铺向路面，深入社区。同一道理，市场秩序要好，风险要能够及时得到防范和化解，监管干部就必须深入一线，加强现场检查的密度和力度。多年来，我们一直高度重视对监管对象的现场检查工作,逐年增加检查家数和检查工作深度。通过检查,发现并纠正了大量不规范行为和风险隐患,促进了上市公司、证券公司的治理结构和内控机制建设,对市场的健康发展发挥了积极的作用。

(三) 密切关注市场敏感问题

对监管实践中遇到的各种新问题,我们都以高度的敏锐性予以关注,凡是涉及投资者利益并带有普遍性的问题都认真对待。属于我们辖区和我们职责范围的问题,我们就以"监管建议书"的形式提出要求予以规范。近几年来,对于独立董事的设置和选聘、上市公司激励制度、上市公司股东委托审计、上市公司征集投票权、上市公司累积投票制等问题,我们都对监管对象提出了相应的监管要求,规范了相关行为,保护了投资者的利益。对于所发现的属于全局性的问题,我们就向证监会报告并提供工作建议。近几年来,我们先后就规范上市公司下属企业员工持股、规范上市公司股票托管、规范大股东偿还占用资金的价值形式、对外资会计师事务所执业监管、客户交易结算资金存管模式、规范证券营业部交易系统等问题向证监会提出了建议,通过在一线监管中发现问题,提出建议,推动全国证券市场的规范与发展。

(四) 创新监管和提高监管效率

为了提高监管效率,近年来我们在总结以往监管经验的基础上,开发研究以计算机技术为基础的监管系统,全面提升对证券经营机构的监管深度和监管效率。如深圳证管办专业人员自行研制开发的营业部现场检查分析系统,能从营业部柜台交易系统的数据库中提取检查所需数据,并利用检查指标参数模型,自动统计、归纳和分析,检控违法、违规行为,极大地提高了监管效率,有效地遏制了交易违规行为。

(五) 坚决查处违法违规行为

要使证券市场能够稳定发展,就必须既做好事前防范,又重视事后查处，二者不可偏废。近几年在稽查工作中，我们主动查处了"中科创业"特大股票操纵案、"三九医药"大股东占用资金案、"华泰证券"高管盗转巨额资金案、取缔非法网点等大案要案，严厉地打击了证券市场中的违法犯罪行为，保护了广大投资者的利益，也为市场的发展提供了保障。

证券市场的运行实践证明，市场要发展就需要秩序，需要监管，有效的一线监管是促进市场发展的积极因素。我们要积极推动资本市场的稳定和发展，坚决保护投资者的合法权益。

市场决定的应有之义[①]

党的十八届三中全会提出要让市场在资源配置中起决定性作用。毋庸置疑，这是我们在全面深化改革中应该遵循的方向。然而，如何理解市场决定，实现市场决定的支持条件是什么，其实许多人并未认真考虑过。

毫无疑义，让市场发挥决定性作用就是要在非国家安全领域放开准入管制，逐步实行负面清单制度，减少限制；遏制垄断，鼓励竞争；把政府权力关进笼子，防止低效、负面资源配置，让贪腐釜底无薪等。但是，让市场决定并不是简单地一放了之，放松管制并不是放任自流。首先，要划清与新自由主义的"华盛顿共识"的界限，坚决抵制市场原教旨主义。其次，放松管制必须建立相应的市场基础，必须与加强监管相配套，否则我们面临的将是一个混乱无序、无效、市场各方主体利益无着、市场决定作用无从谈起的混沌市场。鉴于此，市场决定特别是资本市场的应有之义即支持条件最起码应包括透明度、内控机制、退出制度、执法惩戒。透明度、内控机制应是市场决定的抓手，退出制度、执法惩戒是市场决定的

---

① 本文刊载于《上海证券报》（2014年6月27日）。

保障。

　　市场要在资源配置中起决定性作用，那么这个市场必须是透明的，必须保障参与者能够清楚了解市场的状况和有关主体的情况，只有这样，他们才能做出判断和据此做出决定。若市场没有透明度，那么市场在资源配置中发挥决定性作用将是一句空话。虽然互联网时代为市场的透明度提高提供了非常充分的技术条件，但人的利己本能决定了市场的透明度建设绝非易事。例如，信息披露是上市公司的法定义务，但资本市场中的信息质量一直被诟病。虚假信息泛滥，严重干扰了资本市场资源配置功能的发挥。

　　因此，我们要建立以透明度为纲的理念，用透明度来规范市场和提高市场的有效性。

透明度

　　一是要建立完备的信息披露制度，除常规的信息披露内容之外，还应特别要求披露公司治理过程中的非规范情况。对于一些法律法规和监管政策空档中出现的新情况、新问题，也应首先要求当事者将问题的前因后果、专业机制、业务流程和可能发生的风险危害详尽披露，再留给市场判断，把信息披露作为解决市场中各种疑难杂症的良方利器。把信息披露义务和诚信文化建设结合起来，完善硬制度和软环境，让违反披露义务和不诚信者走投无路。

　　二是改变监管思路，调整监管方向，调配主要监管力量，解决虚假信息顽疾。除继续对信息披露义务人保持监管高压之外，要把监管重点放在市场中的中介机构特别是注册会计师身上，对注册会计师的审计业务施以全方位、全过程的审计监管压力，让他们不敢也不能配合或放任上市公司等机构造假，从根本上消除会计师"点钞"，证监会"核数"的市场乱象，增强注册会计师的审计责任，改善审计质量，借此提高市场透明度，为市场在资源配置中发挥决定性作用提供支持。

内控机制

市场决定的另一抓手是内控机制。在市场进行配置资源的过程中，几乎所有的市场主体都对利益有着无法遏制的本能冲动，但这种冲动往往短视、非理性。不加遏制的利益冲动势必引发合规风险与经营风险，不仅会破坏市场秩序，损害广大投资者和消费者权益，造成严重的资源浪费与错配，而且会引发金融危机，造成宏观性灾难。因此，要让市场发挥决定性作用，就一定要使市场主体具备免疫力和抗风险能力。但人类贪婪的本性决定了大多数企业注定是缺乏内控自觉的，所以只能用监管外力监督上市公司、金融企业等市场中介机构建立内控机制，别无他途。

虽然今天的市场主体名义上都有内控制度，但大多形同虚设，因此，监管当局应清醒地认识到，缺乏主体内控的市场一定是一个混沌无序的市场，难以承担资源配置大任。应高度重视内控建设，在市场中开展一场全面的内控治理活动，并将对内控治理的持续监管作为监管工作的重点（可考虑将原行政许可人员配置在内控监管岗位上）。内控治理的重点不仅是建立和完善内控制度，更重要的是加强内控队伍建设，在人员配置、薪酬待遇、话语权上向内控部门重点倾斜，并对其不作为、失职者实施严厉的问责惩处措施。唯此，方可建立起较为有效的内控机制，支持市场合理配置资源。

退出制度

吐故纳新是任何一个机体、组织的生命力所在，市场也概莫能外。如今我国的资本市场温暾疲软，难以担负起为我国经济发展配置资源，为老百姓管理、增值财富的重任。何以至此？虽有诸多原因，但其中最重要的一条是缺乏上市公司退市制度。多年来我们被许多莫名其妙的理念所蒙蔽，上市公司只生不死，"借壳"重组泛滥成灾，乌鸡变成的"凤凰"四处飞蹿，导致一些不好现象，如：一是垃圾公司挤占上市资源，资源错配、低效；二是挫伤投资者信心，股市长期低迷；三是破坏市场秩序，引发大量财务造假、内幕交易、市场操纵等违法犯罪行为；四是毒害市场文化，投机之风甚嚣尘上。

鉴于此，要使市场在资源配置中起决定性作用，最起码要在本应最市场化的资本市场建立起优胜劣汰的退市制度。时至今日，千呼万唤的上市公司退市制度总算启动了，但似乎并不彻底、坚决。拟议中的退市制度还有将退市公司转送新建立的"全国中小企业股份转让系统"（新三板）的制度安排，我认为，这不是"退市"，是"转板"，这种安排不利于优胜劣汰机制的建立。把包袱甩给新三板还会影响对该系统的正确市场定位，妨害多层次资本市场建设。建议要"把革命进行到底"，建立坚决彻底的退市制度。

执法惩戒

有法必依、违法必究是维护市场秩序，保护广大中小投资者利益，呵护市场信心，保障资源优化配置的底线。近些年监管当局逐渐加大了对内幕交易、市场操纵的打击，在一段时间内集中处理了市场从业人员的"老鼠仓"案件，这些都是非常"必须的"！就拿"老鼠仓"来说，它不仅和内幕交易、市场操纵一样有违公平交易原则，损害中小投资者利益，打击市场信心，而且会败坏行业风气、破坏信托文化，如放任自流，势必毒害年轻一代专业人才，因此万不可姑息纵容，必须严肃查处。

在资本市场中，内幕交易、市场操纵和"老鼠仓"虽然属于严重的犯罪行为，但我认为对市场危害最大的却是编造虚假信息、财务造假。正如我前文所言，在资本市场中，悠悠万事，唯透明度为大！因为只有透明、信息真实，投资者才能判断决策，资金的流向、资源的配置才可能有效、优化。反之，虚假信息泛滥，投资者被蒙蔽，势必让人迷失方向，无所适从，必定严重挫伤投资者信心，损害投资者利益，破坏市场资源配置功能，毁坏资本市场基石。因此，对此类犯罪应该给予严厉的惩处。遗憾的是，目前不仅鲜有财务信息造假者被追究刑事责任，而且《刑法》第一百六十一条规定对提供虚假财务报告者仅处三年以下有期徒刑，远低于内幕交易的五年以上十年以下有期徒刑的规定。建议修改《刑法》有关规定，对提供虚假财务报告的责任人和相关注册会计师严厉惩处。通过加强监管，严厉打击财务造假行为，震慑不法之徒，提高市场透明度。

总之，只有全面正确理解市场起决定性作用的应有之义，合理构建市场化的支持条件和保障制度，市场才不会沦为混沌无序的迷途险境，才能够在资源配置中顺利发挥决定性作用。

监管者在公司治理中的角色[①]

众所周知，中国证监会是资本市场的监管者，而资本市场最重要的构成部分是上市公司，可以说上市公司是整个资本市场的基石。因此，上市公司的治理状况，微观上决定了上市公司的质量，与每位投资者的利益息息相关；宏观上将影响整个资本市场资源配置的功能是否正确发挥，以及是优化还是劣化。所以，公司治理是监管者非常看重的一个问题。下面从三个方面与大家谈谈上市公司的治理：一是深圳上市公司治理的基本状况，二是监管者在公司治理中的作为，三是绩差公司收购兼并对公司治理的影响。

深圳上市公司治理的基本情况

深圳是中国三十年前建立的经济特区，但时至今日基本没有什么特殊的地方，既没有特殊的政策，也没有特殊的经济体制。特区虽然不"特"

[①] 本文摘选自作者 2011 年 11 月 1 日在亚洲公司治理协会年会上的讲话。

了，但我认为这三十年特区留下了两项最宝贵的资产。

第一项宝贵资产就是深圳的资本市场，特别是深圳证券交易所，这对整个深圳的经济地位、对深圳金融业的发展、对深圳优秀企业的成长发展有着至关重要的作用。

第二项宝贵资产是深圳成为中国市场化程度较高、非常适合中小企业尤其是高技术企业发展的沃土。改革开放三十多年来，深圳虽然只是一个小小的特区，但是深圳拥有一个庞大的优秀民族企业群体。比如，高技术企业有华为、中兴通讯、比亚迪、腾讯等，而且还有一大批优秀的中小企业，相信若干年后也会变成下一个华为、下一个腾讯。另外，就是深圳的金融企业，深圳有两家让我们感到骄傲的优秀金融企业，一个是平安集团，一个是招商银行。这两家企业都是在22年前，从蛇口半岛一个个小小的门店一步步成长起来的。它们虽然不是最大的金融企业，但一定是中国顶尖的金融企业。还有一家企业也值得我们尊重，就是华侨城。深圳这个地方起步晚，其实没有什么旅游资源，但华侨城建造的主题公园，为深圳增添了靓丽的色彩，使深圳成为全球知名的旅游城市。我认为，深圳优质的营商环境和优秀的企业群体形成了良性循环，相互促进，深圳才有了这一大批优秀的民族企业。

总的来说，深圳上市公司的公司治理水平还是比较好的，体现在以下四个方面：

第一，优秀企业在公司治理方面有自觉的意识。比如，招商银行、深高速，主动研究、探索董事会、监事会专门委员会的运作。再比如中国平安，提出了"守法+1"，在遵守法律法规的前提下还要再加码，就是比法律要求的还要高。

第二，深圳一些上市公司因为有创投、私募等机构投资者的参与，对公司的规范运作、公司治理等，有一定的促进作用，对公司的非规范情况有一定的制约。

第三，深圳有一批专业的职业经理人，为公司内部的治理创造了很好的条件。我举个例子，万科是在 1988 年公开发行股票的，因为当时中国还没有证券交易所，万科股票只能在柜台公开交易。但是万科的创始人王石 1988 年提出来，万科公开发行股票的一套规则要参照香港联交所的上市标准。实际上我们当时作为监管者并没有提出这一要求，是他们自觉地把这个标准提得很高，所以说当年万科虽然从事了很多方面业务，但因为高标准、严要求才逐渐在发展的道路上寻找到了其发展方向、产业方向，直至今日成为中国最大、最好的房地产公司之一。1988 年万科在其招股书上有一句话，"人才，是万科的资本"，诚哉斯言也。

第四，深圳上市公司注重通过提高透明度来推动提高公司治理水平，为市场、投资者提供了监督的条件。

这些是深圳上市公司在治理上好的方面。当然也有一些不好的方面，比如说，一些上市公司公众意识比较差。172 家上市公司中，有 112 家是民营控股，这里面又有 24 家企业在经营方式、管理方式上家族化倾向比较严重。另外，我们还有 50 家国有企业，在公众意识上还有一定的问题，一些董事、监事、高管对中小股东权利尊重不够。

监管者在公司治理中的作为

深圳证监局作为中国资本市场的"前沿哨位"[①] 奉行的监管理念是思想、责任、创新、强势。也就是说，首先，我们要厘清监管方向、价值判断和价值选择；其次，我们要谨记使命责任，根据市场实际情况，进行适

---

① "前沿哨位"是和讯网于资本市场 20 周年庆之际为深圳证监局开的专版冠的名。

时、适度监管及创新。在这个理念的引导下，我们在深圳上市公司治理上做了以下几件事：

第一，关注上市公司的独立性。2001年3月，我们在全国率先推出了上市公司的独立董事制度，比全国推行独立董事制度早了半年。另外，我们很早就注意了上市公司控股股东与上市公司的三分开，即人员、资产、财务的分开，还纠正了一些上市公司把自己的资金存储在大股东财务机构的做法。

第二，保护投资者合法权益。2001年，深圳证监局上市公司监管处在对上市公司的例行检查中，发现一家上市公司"三九医药"，成了其大股东"三九集团"的一个融资平台（不是上市公司的融资平台）和提款机。经现场检查发现，三九集团在2001年挪用了上市公司巨额资金，金额达26亿元人民币。如果考虑通货膨胀以及中国经济整体发展等因素，2001年三九集团挪用的26亿元是一个非常大的金额。后来经过调查，发现连同违规担保等事项，三九集团总共挪用了上市公司30多亿元资金。发现这个问题后，上市公司处向我汇报，他们认为这是一件非常大的事，也是一件非常棘手的事，主要的难题是当时证券法律法规没有禁止大股东占用上市公司资金的条款，也没有相应的法律责任追究条款，而且这家企业是军方背景，如果没有法律赋予的武器，大家都担心把马蜂窝捅破以后怎么办。后来，我做了认真思考，对我的同事说，虽然没有法律法规，但是我们有法理精神和价值判断根本。首先，证券法的法理精神和价值判断根本就是要保护中小投资者的权益。其次，我们虽无法从正面进攻，但可以迂回进攻，巨额资金挪用虽然法律没有禁止，但是可以以巨额关联交易未进行信息披露来问罪。再次，虽然这家企业头上有很多光环，但如果我们把它揭露出来公开谴责，在法理精神面前它就会崩溃。最后，我们通过这个案例可以完善证券法律法规。于是，深圳证监局对上市公司"三九医药"的信息披露违规及其他违法违规行为进行了处罚和公开披露,得到了中国证监会和全社会的支持、认可,三九集团的光环逐渐散去。这个案件当时对中国资本市场的治理、对保护投资者利益有着非常积极的意义。两年以后,中国证监会就在全国开展了一场清理上市公司大股东占用资金的专项活动。再后来,《公司法》和《刑法》(修正案)也增加了禁止大股东占用上市公司资金的有关条款。

第三,加强上市公司透明度。我觉得对资本市场来讲,透明度是最重要最基本的要素。如果一家上市公司能做到透明或基本透明,那么我认为这家公司就应该算一家治理基本规范的公司。因为,如果上市公司能够将包括财务信息、公司治理是否规范等各方面情况,及时、准确、完整地向公众披露,那么投资者就可以决定是用手投票还是用脚投票。只要透明,我觉得,哪怕上市公司有亏损,在某种意义上讲也是好公司。所以按照提高上市公司透明度的思路,近些年深圳证监局做了很多工作。

比如,针对市场上存在很多财务造假、信息披露质量差等问题,深圳证监局从 2005 年开始推行上市公司审计监管制度,目的是使上市公司的会计责任落到实处,使中介机构会计师事务所的审计责任落到实处。具体做法包括:在上市公司年报审计期间,我们通过对会计师审计工作的全方位、全过程、同步跟进,施加强大的监管压力,提出明确的关注要求,检查督促其落实审计程序,对发现的问题及时要求其纠错返工,警示批评审计失职。这么做下来的结果就是事半功倍,大大提高了监管效率,大大提高了财务信息披露质量,也厘清了监管机关、上市公司和中介机构各自的职责定位。

再比如,针对上市公司大股东利用自己的特殊地位,获取内幕信息,搞内幕交易这一棘手问题,深圳证监局在 2006 年推出了内幕信息知情人登记报备制度。因为存在《会计法》等法律法规、国资委对国企相关管理规定以及民营企业大股东行为习惯，上市公司在一些情况下确实不得不向大股东提供一些未公开信息。但为了规范这些信息的传递、流转和使用，我们首创了内幕信息知情人登记报备制度，要求上市公司在对外提供未公开信息时，要详细登记相关信息知情人及关系人情况，如果以后发生内幕信息泄露或内幕交易，可以根据登记情况进行倒查。2011年11月，中国证监会将发布《关于上市公司建立内幕信息知情人登记管理制度的规定》，并准备在全国实施，而深圳辖区在2006年就已经开始实施了。内幕信息知情人登记报备制度对深圳辖区资本市场的规范运作有着巨大的积极意义，也为证监会系统的监管进步做了必要的试验和探索。

绩差公司收购兼并对公司治理的影响

我认为，中国上市公司的并购重组并没有走在一条健康的轨道上。并购重组是上市公司资源重组、资源配置非常重要的方式，值得我们鼓励和积极推动。但遗憾的是，目前中国上市公司重组大多数是绩差公司重组，都是一些"咸鱼翻身""乌鸡变成金凤凰"的炒作故事。这些绩差公司重组对中国资本市场贻害无穷：第一，最大、最坏的影响是资源配置不公，它们挤占了大量宝贵的稀缺资源；第二，破坏了上市公司的治理，为了重组炒作搞一些关联交易、财务信息造假等，包括内幕交易、市场操纵，破坏了市场秩序，破坏了公司治理；第三，毒害了市场的文化，市场利用对绩差公司重组的预期，反复炒作，哄抬股价。2011年初到当年10月底，沪、深股指分别下降了12.1%和17.6%，但169家ST类公司却逆势上涨了2.9%，2011年涨幅最大的八只股票全部都与绩差公司重组相关。因此，绩差公司重组是我坚决反对的，我为此已经大声疾呼了将近十年。最近，证监会出台了一个关于并购重组的新规定，虽稍有改进，但还是让我深感失望。在正式颁布之前，我写信给我的主要领导，建议绩差公司"重组"借壳应与IPO的条件"等同"，但最终稿为"趋同"，一字之差，谬以千里，最为重要的是影响资本市场资源配置的公平。

让资本市场回归本原[①]

中国资本市场经过二十年的发展,已经由当年的 13 只股票 52 亿元市值发展成为拥有 2300 多家上市公司、24 万亿元市值的巨大市场,这让我这个当年草创市场的参与者和全体中国人一样都始料未及,喜出望外。成绩可谓巨大、辉煌!

新的十年已经开始并已十之去一,但中国资本市场的前行方向似乎并不明晰。过去的二十年,中国的资本市场是跟在西方的后边,亦步亦趋地一路走过来的。好在我们这个学生还比较保守、谨慎,自信心还不膨胀,资本市场基本还是一个现货市场,其间虽然经历了几轮较大的牛熊市交替,但并未闯下大祸,造成金融危机,贻害国民经济发展大业。但时至今日,我们是继续闷头跟着西方前进,还是停下来望一望、想一想,理清我们的思路,确定我们的方向?对外,我们不能盲目跟着西方市场滑向歧

---

① 本文是作者 2011 年 11 月应财新传媒之约撰写的,并刊载于其旗下的《新世纪》和《中国改革》两份杂志 2012 年年刊,其后中国证监会研究网进行了全文转载。

途，背离金融服务实体经济的本原；对内，我们在改革重组退市制度，纠正资源配置流向错位的同时，应以透明度为纲，提高资本市场的有效性和规范化。

坚持资本市场服务实体经济基本方向不动摇

  2008年的美国金融危机震惊世界，波及全球，似乎全世界的人都知道这场金融风暴的缘由是什么，但事实并非如此。知道的美国人装不知道，该知道的中国人还真不知道。风暴过后，美国的《多德－弗兰克法案》仅仅是一个妥协方案，最要命的是它的着眼点是监管而不是制度的价值取向——回归金融服务实体经济的原有轨道，治标不治本。客观地讲，以美国为代表的西方国家，在金融寡头把持权力的政治体制下，在其法制框架和自由经济制度下，这种背叛实体经济的金融已经走上一条不归之路，是不可能自我纠正的。可悲的是，在我国金融界仍然有相当一部分人对这场金融风暴的根源似懂非懂，在衍生工具和财务杠杆问题上，抱有一种流行迷思，认为西方资本市场才是我们的发展方向，是现代金融的典型！此时此刻，我们得理理自己的方向了。

  1980年，全球金融资产规模占全球GDP的108%，时至今日，包括所有衍生工具合约的名义价值，金融业的规模大约相当于全球实体经济规模的16倍。金融业已经完全脱离实体经济，从一个服务代理人演变为一个比实体经济还要庞大的一个自我服务的委托人。

  对此，我们应该保持清醒，认真反思金融业在实体经济体系中的合理角色与地位。一是理论上衍生工具是用来对冲风险、平抑市场波幅的，但市场实践倒给了我们相反的答案，事实上，金融市场投资人士最爱价格波动，运用衍生工具不是为了避险，而是制造波动投机套利。我们不能因为他们的私利和爱好而损害健全的金融体系及其支援实体经济的功能。我们在任何情况下都应坚守这个理念：市场的功能是支持实体经济发展而不是提升金融中介的利润率。二是放任金融市场投机发展会毒害投资文化，扭曲投资行为，破坏市场资源配置功能，不合理的高回报黑洞会吸引大量精英、资金资源急功近利，脱离实体经济，使我国经济发展成无本之木，难以为继。三是放任甚至鼓励金融衍生品发展，将会给我国带来严重的金融危机和经济危机。我国改革开放至今之所以能够幸免于金融危机，不是因为我们比人家聪明，而是因为我们外汇市场有资本管制，对衍生品市场也有管制。虽然我们应该按照"可控、渐进、主动"的原则对人民币资本账户的兑换进行改革，但是应严格限制衍生品的发展。我们应该了解一场金融危机对我国经济造成的危害不亚于一场战争，我们万万不可掉以轻心，更不该自己制造危机！

因此，即使衍生工具可以在微观上对冲风险，降低市场波幅，但考虑到衍生工具交易会给宏观带来巨大风险，我们也应该坚决地限制金融衍生品的发展。即使这种限制会影响我国金融市场的交易规模，影响我国金融市场在国际中的排名地位，影响金融行业就业，我们也应在所不惜，坚定不移。

坚持资本市场资源配置优化主线不偏离

资本市场的基本功能是为实体经济配置资源提供优化服务。我国在建立资本市场初期，因为政策上对资本市场理解存在误会，国有及其他发起人的股份不能流通交易，市场资源配置功能大打折扣。股权分置改革意义重大，解决了资源流动问题，但并未毕其功于一役。资源流动并不代表流向自然正确，要使资本市场资源配置优化，当务之急是解决资源流向问题。而要解决流向问题包括解决当今资本市场的种种乱象，就必须坚决解决绩差公司重组泛滥和退市问题。

资产重组是资本市场的个中要义，是资本市场存量资源配置的主旋律。对于资源整合型的资产重组我们应坚决支持，积极推动。但对于绩差公司资产置换式的"借壳"重组却应另当别论，应该旗帜鲜明地坚决抵制、限制，并从制度层面予以彻底解决。遗憾的是，在这个问题上，业界包括监管层却认识不一甚至混乱，亟待澄清认识，理顺价值取向。

绩差公司的"借壳"重组，相当一部分地方政府是看作政绩的。理由是提高上市公司质量，保护投资者利益。对此，我们应辩证看待：即使排除市场上比比皆是的忽悠式重组、假重组、轮番重组和越重组越糟的案例，我们也应该拎清小众和大众、局部和整体、当今和长远的关系，以免迷失方向。简而言之，绩差公司"借壳"重组有三大危害：

一是破坏资本市场资源配置功能。绩差公司在存续期间和重组过程中都大量挤占市场稀缺资源，妨害资本市场支持实体经济发展功能发挥；二是毒害市场文化，大量绩差公司"咸鱼翻身、乌鸦变成金凤凰的奇迹""教育"广大投资者（包括机构投资者）对道听途说、寻找"黑马"前赴后继，让正规的投资者教育成果付诸东流；三是破坏市场秩序，绩差公司"借壳"重组衍生出大量的财务造假、关联交易、内幕交易和市场操纵，几乎所有的市场乱象都和它有关，使广大中小投资者受到极大利益损害却懵然不知。

因此，我们应该下决心彻底解决绩差公司"借壳"重组问题。2011年8月资产重组新政在"借壳"重组问题上迈出了一步，但遗憾的是，"借壳"重组条件和IPO没有"等同"而是"趋同"，虽一字之差，但因对非经常损益认账却给利润操纵留下了极大的空间，导致"借壳"炒作在市场上依然风生水起。

有鉴于此，我希望从纠正资源配置流向、净化市场文化、维护市场秩序和保护投资者利益的大局出发，坚决在制度层面解决"借壳"重组、破产重整等问题。

至于让大家忧心忡忡但应该坚决实施的退市制度，我认为实施首要条件是熄灭"借壳"重组之火，壳贬值了，价落地了，所谓的退市风险就不存在了，资本市场优胜劣汰的良性循环制度就建立了。

建立以透明度为纲的资本市场有效规范

我认为，在资本市场上，透明度是第一位的衡量指标。如果一个上市公司、一个资本市场能够做到基本透明，那么就可以说这是一个基本规范的公司，是一个基本有效的市场。因为只要有透明度，投资者了解公司和市场的实际状况，就可以决定是用"手"来投票，还是用"脚"来投票了。换句话说，我们应该转变观念：判断一个上市公司好坏的标准不应该是绩优还是绩差，而应该是透明与否。因一个公司业绩如何取决于宏观、行业、市场、管理甚至不可抗力因素等方方面面主客观条件，不完全以人的意志为转移，公司的优劣变化、上市退市都是运行规律之中的必然现象。但只要透明，让投资者及时知道真相的就是好公司，正所谓成也英雄，败也英雄。

正因为如此，资本市场的基本规范应该是以透明度为纲。

围绕透明度建设和提高信息披露质量，首先应该界定在透明度问题上不同市场主体的责任。我认为，保证信息披露质量应该是上市公司的会计责任或企业责任、注册会计师的审计责任、证监会的监管责任。如果在证监会的监督之下，会计责任和审计责任到位了，那么监管责任也就到位了。

因此，我们应该从上市公司的财务会计基础建设，对注册会计师的审计监管，公司治理非规范情况披露以及规范上市公司来访接待等方面入手，加强资本市场透明度建设。

一是针对上市公司特别是中小企业财务会计基础薄弱，无法保证财务信息质量的普遍情况，我们应该重视上市公司的财务会计基础建设，应该要求上市公司全面自查，从制度建设、专业人员配备、财务信息系统建设三个方面督促上市公司认真整改，加强财务会计基础建设，为提高信息披露质量构建可靠基础。

二是针对市场审计质量普遍较低，审计责任缺失的情况，应该改变会计师"收钱"证监会"核数"的责任错位现象，调整监管思路。证监会各派出机构应把每年的1—4月的年报审计季当作"农忙季节"，动员全局力量开展审计监管，对会计师的审计工作进行全方位、全过程、同步跟进监管，审阅审计计划、底稿，做现场核查。各派出机构应对在审计过程中审计不到位者下发审计监管备忘录，督促其及时纠错；对违反审计规则不勤勉尽责者警示批评直至立案调查。审计监管可以大大提高审计质量，对提高信息披露质量将起到事半功倍的作用。

三是为推动上市公司治理规范并提高透明度，应该要求上市公司在编制年报时实行"公司治理非规范情况特别披露制度"，让广大中小投资者知情。首先，要求上市公司在年报中对于大股东获取非公开信息，干预上市公司人、财、物、产、供、销等经营管理非规范情况必须做专项披露。其次，对主要负责人每年累计在境外居住三个月以上的上市公司，要求其在年报中对此做专门披露，并详细报告具体事由。最后，要求公司在年报中披露独立董事履行职责情况，内容包括但不限于：独立董事出席董事会的情况，到公司现场办公的情况，在公司董事会各专门委员会的工作情况等。

此外，针对上市公司接待机构投资者不规范、信息发布不谨慎，使用微博、博客等非法定信息披露渠道泄露信息，或有意释放模糊消息误导市场的现象，要加强监管，积极治理，应通过召开信息披露专题会议，下发通知明确监管要求，明令禁止随意发布、泄露信息，保证信息披露的规范与公平。

从实体经济发展趋势来看，未来十年将是中国经济继续快速增长、对世界经济影响深远的十年。在这一进程中，已经在国民经济中占有重要地位的中国资本市场将起到什么样的作用？是走出一条为实体经济发展提供优质投融资服务的康庄大道，还是陷入追逐虚拟金融投机交易、资源配置效率低下、妨碍实体经济发展的死胡同，甚至为金融危机埋下祸根？我认为，每个资本市场的从业者都应该有一个清醒的认识，"不谋万世者，不足谋一时"，因此，我们不能孜孜于诸如指数的高低涨跌、交易量大小、衍生品规模等短视问题，而是要静下心来思考金融业和资本市场本原、资源配置流向等基础建设问题，形成一套自己的"发展哲学""监管哲学"，我相信这才是中国资本市场的方向，才是中国资本市场该走的路。

加强监管且放松管制[1]

在经济社会活动中,特别是市场化程度较高的资本市场中,加强监管还是放松管制是一个出现频率很高的话题,随着宏观经济格局演变、产业技术革命出现、市场周期变化、市场发展阶段变化、交易制度变化、交易产品创新,特别是在发生金融危机之后,总是会重复对这一话题的讨论甚至是各执一词的争论。而且,政府监管与市场自由这一矛盾必将贯穿于市场存续的始终,无论是新兴市场还是发达市场都概莫能外。

监管与市场的相互依存

监管与市场矛盾的出现与存续,源自于不同主体的不同立场与利益。政府在整个市场架构中扮演的角色是秩序的提供者,同时保护中小投资者利益;金融机构和投资者的角色是效率的提供者,其主要目标是利润最大化。政府与市场主体的角色对整个市场来说都是不可或缺的。没有政府监

---

[1] 本文刊载于《财经》年刊《2013:预测与战略》。

管维护的市场秩序和市场主体积极参与创造的资源配置效率，市场将无从谈起。从这一方面看，政府和市场主体是互为条件的，是统一的。但另一方面，市场主体参与市场是为利而来，受利益驱使的行为是自觉不自觉的。极而言之，这里甚至没有理智、没有道德，只有利润，只有眼前的利益。

2008年金融海啸后颁布的《多德－弗兰克法案》才刚刚施行了两年，美国共和党总统候选人米特·罗姆尼就扬言，如当选总统便废除《多德－弗兰克法案》。曾闯下惊天大祸制造了金融危机的华尔街大佬们也明里暗里蠢蠢欲动，企图阉割、削弱这部法案。

为什么他们如此健忘？其实不然！因为这部法案被认为监管过头了，束缚了他们的手脚，限制了他们在掉期市场、私募股权和对冲基金方面的投资。

显而易见，靠金融机构等市场主体的觉悟、理性、自律来抵制市场诱惑是美好的幻想，不顾一切冒险追逐利润是资本的本性使然。因此，政府理应对资本市场实行坚决的监管，唯有这样，才能兴利除弊，让资本市场正常发挥它优化资源配置的作用。

监管者的理性约束

监管和世间万物一样也有两面性，也是一把双刃剑，既要维护市场秩序，也要有利于市场发展，搞得不好，它也会抑制市场正常发展，挫伤市场积极性！

因此，我们在把利益冲动这只市场魔鬼引入笼子并力图驯化的同时，也要为监管定制一个笼子，确定监管的价值目标、政策取向、工作重点、监管方式、策略方式和责任边界，有所为，有所不为。

实践出真知，只有在坚持服务实体经济基本方向的大前提下，放手让市场主体去做，市场才会生机勃勃，更好地为经济社会发展配置资源。因此，必须放松管制。

完善的监管体系确立之后，要使监管之手不伸出笼子，不越位，不过界，做到放松管制，一方面需要监管者有清醒的监管理念与智慧，另一方面也需要市场主体的内控保障。

放松管制下的内控保障

2012年10月，国务院公布的第六批取消和调整的314项行政审批项目中，有32项属于证监会行政审批范围，超过国务院需要取消和调整项目总数的十分之一，可见证监会放松管制的决心与力度。毫无疑问，这对资本市场健康发展有积极利好作用。问题是放松管制之后，如何保障资本市场健康、有序、安全发展。别无他途，只有内控。

市场主体的内控监督不仅关系到投资者利益、金融机构安全和系统性风险防范，而且事关资本市场资源配置是否优化。

何以见得？资本市场配置资源功能是否有效，取决于上市公司质量，即上市公司的成长性与持续性。上市公司的质量又与IPO以及上市入门关的把控水平直接关联。

在我国现行市场监管体制之下，IPO与上市主要由证监会审批，但无论是发行部的预审还是发审委的审核，都只能是对报送材料的合规性进行审核，不可能深入申报企业进行实质性的调查，复核申报材料的真实性，评估企业的成长性与持续性。简而言之，只有证券公司投行部门的上市保荐人能够承担起深入了解申报企业实际情况的责任。在保荐尽职调查中，保荐人应该也有条件深入了解申报企业的行业地位、财务状况、生产过程、产品质量、销售市场、公司治理、公司文化甚至公司管理团队和主要负责人的禀赋、性格、视野、管理经验、价值取向、个人品德。这些方方面面的材料都对评估一家公司的基本趋势至关重要。

很显然，证监会对此无能为力，如此重任，非保荐人莫属！遗憾的是，近些年保荐人并没有较好地承担起他们应有的责任，相当一部分证券公司的投行业务是粗放经营的，"萝卜快了不洗泥"，只顾承揽不顾质量，一切以通过发审会为标准的现象较为普遍，严重地影响了上市公司的质量，妨碍了资本市场优化资源配置功能的发挥。

究其原因，一方面，近年来资本市场发展扩容较快，相应的专业经验丰富的投行人员短缺。另一方面，也是最重要的，这些现象反映出证券公司普遍重业务轻内部控制，重利润轻风险防范。

因此，在投行融资业务几乎占全国市场半壁江山的深圳辖区，深圳证监局以"湖广熟，天下足"的自觉在2011年1月启动了一场为期一年的辖区投行业务专项治理活动。经过多次动员发动，深圳各证券公司高度重视，积极参与，投入了大量的人力、时间，经历了自查、检讨、整改、评估四个阶段，达到了"受教育，建机制"的治理目标。深圳辖区证券公司的投行业务作风明显转变，上市保荐业务项目质量得到了较大提高。

在开展投行业务专项治理工作的过程中，深圳证监局进一步认识到风险管理与内部控制不仅事关投行业务质量，而且对资本市场中的各类机构与各项业务的安全、有序、持续发展都至关重要。特别是在即将迎来全行业创新发展热潮的背景下，健全有效的内控监督机制更是创新发展的必备条件和重要基础。

鉴于此，深圳证监局从2013年1月开始，又在全辖区的证券公司、基金公司和期货公司中开展了一场内控专项治理活动，以期为市场中的各类经营机构强基固本，防范系统性风险，优化资源配置。

内控监督是现代企业特别是金融机构制度建设中特别重要的有机组成部分，对企业的经营优化、秩序保障、风险防控、持续发展都至关重要。近些年来，我国资本市场中的各类机构都按照监管要求和自身的结构要求建立了内控监督系统，并在市场运营过程中发挥了一定的监督保障作用，但程度不等、参差不齐。有的具有较高自觉意识的优秀企业比较重视内控建设和内控管理，内控监督在经营运作过程中发挥了积极作用。但相当一部分机构没有认识到内控的重要性，仅仅把内控作为应付监管的形式。总体来看，内控监督建设不容乐观。

深圳是中国资本市场的重镇之一，深圳辖区的各类机构总体来看无论规模水平、素质、市场化程度和规范水平都较高。尽管如此，各家机构在内控专项治理活动中还是自查出了许多内控缺陷与问题。

内控治理中反映出来的主要问题有：

一是对内控监督系统建设缺乏清醒的认识，认识不到内控监督不仅是公司安全的保障，还是公司的核心竞争力。敷衍应付，搞形式主义，使公司风险之门洞开。

二是内控部门力量配置薄弱。人员数量配备不足，风控、稽核、合规等内控部门人员仅占全员的 0.7% ~ 1%（国际投行占 3% ~ 8%）；人员薪酬较一线部门过低，难以吸引优秀人才；内控部门缺乏独立性，缺乏获取业务信息的制度支持，缺乏控制监督权威，没有胜任内控监督的保障条件。

三是业务发展方向上缺乏清醒的哲学定位认识，人云亦云，赶时髦，追潮流，不问为什么，只考虑技术层面，缺乏金融服务经济本原思考和战略安全警惕。

四是内控监督制度不仅粗放，缺乏可操作性，而且形同虚设，特别是对一些比较复杂、风险较高的新业务，缺乏风控论证和评估，没有建立对风险、定价等进行审核的相应制度，缺乏风险业务开展过程中的风控机制；对于投资者的风险承受力、公司的风险管理能力与运作保障能力考虑不多。

五是对员工行为管理，内幕交易防控，利益冲突防范等合规管理普遍不够重视，风险敞口较大。

六是内控信息系统不健全，不受重视。随着创新业务发展，与之配套的内控信息技术系统的开发远远滞后于优先考虑的新业务的信息系统开发，这必将带来更大的风险隐患。

鉴于上述诸多问题，我们必须高度重视内控监督制度建设。内控监督之所以普遍薄弱，最重要的原因还是我们没有经历过金融危机的直接冲击，还没有切肤之痛，不知道金融危机的可怕，还没有真正明白内控监督是金融机构的生命线。但是我们应该明白，我们没有遭受金融危机灾难，一是由于我们有资本项下外汇管制长城；二是我们的资本市场基本还是一个现货市场，没什么衍生品，没什么杠杆，比较简单。在我看来，不管应该不应该，不管你愿意不愿意，这些内外环境条件恐怕都是会发生重大变化的。我们必须做好应对金融风暴的准备，筑好内控堤坝，尽可能加厚、加高。

同时，我们也应该明白，人在本性上对收益比较敏感、对风险则比较麻木。让他追求利润你不必动员与监督，但是让他防范风险、投资内控建设恐怕还得动员加监督。监管机关在放松管制的同时，应该配套认真开展一场内控专项治理活动，这也是监管机关本职工作的应有之义。

警惕市值管理的价值取向[①]

资本市场是既服务实体经济，又独立于实体经济之外的一个虚拟场所。相比实体经济的技术创新、产品创新，资本市场的创新似乎更加容易，一个数学模型、一个交易概念、某种利益诉求、某些主观灵感都可能以创新的面目入市。一方面，这正是资本市场的神奇之处，也正是人们前赴后继的原因所在；另一方面，也要求我们清醒、务实。面对创新，应该站在市场本原的立场上多拷问几个为什么：和实体经济有关吗？有无自我服务之嫌？微观上有利，宏观上有害吗？因果关系清楚吗？价值取向正确吗？

近年来，监管当局监管理念积极转变，市场改革利好不断，市场主体活力逐渐释放，市场在资源配置中的决定性作用更加显现。特别是公开发行的注册制探索准备、限制绩差公司"借壳"重组、实施坚决的退市制度、严厉打击违法犯罪等都给市场以明确积极的信号，对市场优化资源配置极具建设意义。

---

① 本文刊载于《上海证券报》（2015年1月18日）。

与此同时，近年来市场出现了一个市值管理的新概念，从 2014 年开始流行。各种形式的市值管理模式不断涌现，各种各样的利益诉求掺杂其中，并出现了滥用市值管理，以及虚假陈述、内幕交易、市场操纵等违法违规的倾向。因此，我们应该实事求是地认识市值管理，从因果关系、价值取向入手来分析判定，理清思路，确定方向，把上市公司导入健康发展的轨道。

市值，就一家上市公司而言，是公司股份规模与公司股票价格相乘的结果。而公司股票价格既取决于内在价值，又受制于外部市场条件，从市场规范假说出发，可以说从某些时候、某些方面、某种意义上来讲，公司的股票价格与市值是不以人的意志为转移的，它们是多种主客观因素合力的结果。

从目前市场流行的市值管理概念来看：价值经营是市值管理的关键，价值经营的基础是价值创造。与价值创造有关的公司治理、投资者关系、市场影响力、品牌影响力等都在市值管理的篮子里。毫无疑义，做好这些都是正确的，因为它们本来就是上市公司常规经营管理的应有之义。

再从市值的意义来看：上市公司市值的大小，一是在一定程度上反映了该公司的规模与实力，二是关系到公司股东的利得估值即财富消长，三是市值的大小直接影响公司的再融资成本和融资能力，四是会影响到公司面临恶意收购风险时的反收购能力，等等。总之，市值对上市公司具有重要的意义，却又是多种主客观因素共同作用的结果。

首先，市值取决于公司的内在价值，即由公司产品研发、产品定位、产品品质、创新能力、成本控制、市场营销等有关因素构成的市场竞争力，以及公司的盈利能力大小和持续前景所决定。除此之外，公司的治理结构、治理规则、治理效率和在战略方向上的把握是影响公司内在价值的更重要因素。

其次，市值取决于公司的附加价值，公司的透明度建设——及时、准确、完整的信息披露，主动、互动、到位的投资者关系，积极、客观、负责的品牌宣传，等等，这些都会增加公司的附加价值而正面影响公司市值规模。

以上所述内在价值和附加价值，二者有一个共性，即主观可塑性，主观努力会影响它们的大小。

最后，市值受制于外部市场条件影响。一是宏观经济形势；二是货币和财政政策；三是股票市场周期变化；四是投资者偏好，以及对公司基本价值的解读和认识。这些客观存在的市场条件，都会对上市公司的股价和市值产生相当大的影响。

值得注意的是，与上述具有主观可塑性的上市公司内在价值和附加价值变量条件不同，这些影响上市公司市值大小的客观市场条件变化，却是上市公司力所不及的，是上市公司主观上难以改变的。除非采取非正常手段虚假陈述、误导操纵市场，否则这些外力对市值的影响是不会以公司的意志为转移的。正因为外部市场条件对市值不容忽视的影响客观存在，所以市值是难以管理的。

总而言之，市值不仅与公司主观努力有关，还受制于上市公司主观无法干预改变的客观条件。因此，对上市公司而言，最重要的就是排除干扰、竭尽所能加强技术管理和经营管理，深挖公司发展潜力，着力创新、创造内在价值。

多年来，我在监管实践中经常告诫上市公司，不要过度关心公司股价，股价与上市公司既有关又无关。只要在公司股价发生异动时，及时负责地履行信息披露义务即可。过度关心公司股价，不仅影响公司经营管理，搞不好还会误入歧途。从某种意义上讲，上市公司股价高低和公司无关。因此，除出现股票市场对上市公司内在价值严重低估的极端现象时，上市公司可回购公司股票或大股东增持公司股票外，上市公司不应再采取任何措施干预公司股价。否则，那将是本末倒置。在股价与市值这个问题上，作为一家上市公司，唯一正确的选择就是做好自己该做的事情，苦修内功，挖掘内在价值。

简而言之，上市公司与资本市场的关系应是上市公司主动、及时、准确、完整、公开、公平（无差别对待）地向资本市场披露信息；给股东回馈分享公司盈利；在合适的时机，以合适的方式和合适的价格向投资者再融资。除此之外，不要题外生义、节外生枝，做不该做也做不到的事情。这就是上市公司应有的价值管理理念。

中国资本市场作为一个新兴市场还年青，各市场主体也都年青。对这个年青的市场和年青的广大参与者群体来说，方向感和正确的价值取向尤为重要，这关系到市场和国家的命运。在纷繁复杂、稗稻杂陈的各色"创新"和各种概念面前，我们不要随波逐流，一定要头脑清醒，辨明方向，三思而后行。监管政策应该注重引导上市公司和各类市场主体保持正确的价值取向，做分内的事和正确的事。

对于已经出现的市值管理概念，监管层可以把它视作一个篮子，兴利抑弊，鼓励上市公司继续做好装在篮子里的那些它们以前一直在做，也应该去做的分内事。对市值管理衍生出来的那些本来不该管也管不了的事情，监管层就不要管理了。

需要警惕的是，有人建议国资管理部门把市值管理作为对国有控股上市公司的考核条件，一些民企控股股东对此也非常感兴趣。这是一个非常危险的倾向。如果以此为价值目标施行此类考核，必然误导上市公司，使它们偏离正确的价值取向，去琢磨本不该它们去琢磨的事情。用市值这个受制于外部市场条件，本不属上市公司职责，且按规范教义无法实现的"指标"来考核上市公司管理者，其结果必然是逼良为娼，导致虚假陈述、市场操纵和内幕交易等行为泛滥于市。

"循理以求道，落其华而收其实"，作为资本市场基石的上市公司的本原与价值取向，是需要我们认真探究的，也是需要慎重对待的，应该尽量避免偏离本原方向的"创新"，把着眼点、着力点放在促进上市公司健康成长、保护中小投资者利益、维护市场秩序、优化资源配置上。

遏制造假上市要标本兼治[①]

继绿大地、胜景山河事件之后，又一新股发行上市的严重财务造假案——万福生科案惊曝于市。悲哀的是，这些案件的发生，人们既感触目惊心、痛心疾首，又好像司空见惯、见怪不怪。财务舞弊这一顽疾自资本市场诞生至今，虽未至不绝于耳，但断断续续、时有发生。究竟何故？一是利益使然，二是法律监管尚有疏漏。虽然近些年来监管者和市场各界做了大量的不能说没有成效的积极工作，但新股发行上市涉及面广，参与主体多，堵漏治假难度极高。因此，需要我们从发审制度、中介监管、政府职责、问责惩处等多方面继续反思检讨，标本兼治。

治本

一、以透明度为纲，完善发行审核制度

发行审核制度多年来一直是市场各方关注和证监会改革的重点，虽然

[①] 本文刊载于《财经》杂志 2013 年第 12 期（2013 年 4 月 22 日）。

不能指望任何一种发行审核制度根治、杜绝以次充好的劣等公司混入上市公司之列，但监管层应该调整思路，加强透明度建设，为投资者进行价值判断、预估上市公司的未来创造条件。

现行的发行审核条件主要是基于发行人已发生的存量业绩，毫无疑问这是必要的，不存在审不审的问题。但我们应该考虑投资者买股票买的是公司的未来，过往的业绩虽能在一定程度上说明公司的盈利能力，可并不一定能代表未来。况且一个公司的业绩如何取决于宏观、行业、市场、管理等方方面面的主客观因素，特别是现阶段公司发行上市的周期往往长达数年，业绩变化在所难免。

所以，我们应该着重增量预期，一是似应考虑给业绩条件一定的宽容度，或放宽过往业绩年度选择。在条件指标的设置上应更多地考虑公司资产的质量、资产与公司主营业务的关联、公司经营要素与公司未来的保障关联等，给一些具有成长前景的公司多一点儿机会，也减少一些业绩作弊的诱导因素。二是要求公司提高透明度，加大信息披露力度，多给投资者提供一些判断公司前景的相关内容，为投资者自主选择创造条件。如除要求公司披露财务状况等之外，还应要求公司尽可能详尽地披露其生产条件、生产过程、工艺方式、产品质量、销售市场、主要客户、环境保护、公司治理、公司文化甚至公司管理团队和主要控制人的禀赋、性格、爱好、视野、管理经验、价值取向等，提高公司的软性透明度，借此增加造假上市的难度。

二、加强审计监管，提高财务信息质量

新股发行上市屡屡出现财务造假，直接责任不外乎两个主体：一是发行人，二是审计者。发行人造假骗取发行上市资格似乎好"理解"——诈骗公众资金，通过上市重估增值存量资产。遗憾的是，在资本市场上，承担公信责任的注册会计师却时有不勤勉尽责的情况出现，导致审计防线坍

塌。更有甚者，个别会计师与发行人狼狈为奸，合作舞弊，致使丑闻屡屡曝光。因此，要解决财务造假，不仅要严格执行发行审核，加强对发行人的监管，更要调整监管思路，开展并强化对会计师执业的审计监管。

早在 2004 年财务年度，深圳证监局为了改变疲于奔命应对财务信息造假的被动局面，调整监管思路，变直接监管为间接监管，举全局之力，开展年报审计监管。这种通过审计监管实施的对上市公司等监管对象的间接监管，取得了事半功倍的效果，大大改善了深圳辖区审计执业环境小气候，会计师在监管压力之下改变了审计作风，提高了审计质量，借此提高了财务信息质量，辖区鲜有财务舞弊。

因此，应该让证监会派出机构介入辖区申请上市企业的审计过程的监管，在明确把握审计责任与监管责任边界的前提下，开展审计监管，督促注册会计师勤勉尽责，提高审计质量，守住中介公信防线，遏制信息造假。当前正在开展的新上市公司财务核查工作不失为亡羊补牢的一项有效措施，但防患于未然的审计监管，更是市场实现长治久安的一项事半功倍的基本建设。

三、开展投行专项治理，提高上市保荐质量

证券公司的投行业务部门是投融资服务的提供者，其责任意识、业务作风、专业水平和内控管理水平直接关系到上市公司的质量。在我国资本市场现行体制之下，虽然证监会负责上市股票的发行审核，但它只是对报送材料的合规性进行审查，不可能深入一线逐家复核申报材料的真实性，评估企业的成长性与持续性。简而言之，申请上市企业的质量主要靠市场中介的力量把控，除承担审计责任的注册会计师外，承担保荐任务的投行上市保荐人也身处第一防线，其责任重大，作用至关重要。只有他们能够深入了解申请上市企业实际情况，了解企业品质、生产经营过程、产品质

量、治理文化，了解主要负责人的禀赋品德，评估企业的前景趋势，出具有真正价值的保荐意见。

遗憾的是，近些年在企业上市的热潮中，证券公司的投行业务品质并没有伴随投行业务量的增大同步发展，相当一部分证券公司的投行业务依然是粗放经营，"萝卜快了不洗泥"，只顾承揽不顾质量，拉关系做"八股"文件，一切以通过发审会为目标的现象较为普遍，风险控制严重缺失，导致一些弄虚作假的企业浑水摸鱼混入资本市场。

2010年是深圳证券公司投行业务的丰收年，业务规模几乎占全国市场的一半。在一派繁荣景象之下，深圳证监局有了对繁荣景象的隐忧（后来的案件包括"万福生科"也印证了这种忧虑），于是从2011年1月开始，深圳证监局举全局之力，动员辖区证券公司开展了一场历时一年的"受教育，建机制"的投行业务专项治理活动，动员并监督投行业务人员对过往保荐项目是否勤勉尽责认真自查、深入检讨、及时采取补救措施，建立完善切实可行的内控制度。应该说专项治理使投行从业者受到触动，辖区投行业务作风开始转变，对上市保荐业务质量产生了积极的影响。

深圳的投行专项治理不可能毕其功于一役。作为一项资本市场的基础建设，我们乐见投行业务专项治理在全国展开。

四、明确政府定位，促其在资本市场中发挥正能量

据传在万福生科案中当地政府起了负面作用，是否属实，我们无从得知，也无权下结论。但毫无疑义的是，确实有少数地方政府在利用资本市场发展本地经济方面定错了位、使错了力。为了政绩，揠苗助长，违法越权给企业税收补贴，甚至怂恿或帮助企业造假。

究竟何故？直接原因是干部政绩考核制度存在一些问题，如重GDP规模、重经济数据，轻社会责任；重短期利益，轻长期持续发展。这种考

核制度必然会误导政府层面有些人行为短期化，做表面文章、搞假大空、违背经济规律，危害子孙后代根本利益。毫无疑问，在这种政绩观下，当他们与资本市场相遇之时，行为必然扭曲。

深层原因是政府的职责定位不准。现在有些地方政府提出要"经营城市"，这就是定位错位的典型说法。政府不该搞经营，经济规模和增速不应直接和政府挂钩。如果说政府在经济方面应该有所作为的话，应该仅限于引导经济增长方式，调节经济结构，防范金融危机。除此之外，政府该做的就是改善投资环境，支持交通、通信事业，维护经济秩序，监督生产安全；改善社会环境，投资教育、医疗、社会保障事业，调节收入分配，引导社会公平，保护环境，监督食品药品安全，保障人民生命财产安全，等等。诸如此类，才是应该考虑列入政府政绩考核的基本要素。

因此，要消除地方政府对资本市场的负面影响，让其发挥正能量，一是应从根本上解决政绩考核导向问题。二是应像防范内幕交易那样出台国务院办公厅转发的证监会、公安部、监察委等五部门联合遏制打击文件，对财务造假等犯罪行为形成威慑力。

五、规范私募投资，抑制短期行为

一方面，私募投资在企业上市前为企业解决资金困难、支持企业成长发展、辅导规范发展等方面有着重要的积极作用。另一方面，私募投资行为短期化的问题也十分突出，特别是由于我国私募投资政策还不够健全，助长了私募投资片面追求短期高回报，甚至出现了私募基金诱导、影响企业虚假披露财务信息等现象。此前就有媒体报道称，万福生科涉嫌财务造假，可能也是受到私募资本和小非股东的影响。

因此，在发行制度改革中应当考虑规范私募投资行为，减少其短期化行为，防止产生负面影响。如从解决企业资金困难，支持企业成长与规范发展的角度，私募投资入股时间在上市申报前应不低于三年，否则不仅会导致急功近利的不当行为，而且也会出现寻租现象，对广大公众投资者不公平。另外，从防范利益冲突角度出发，为保障上市保荐人的独立公正立场，似应限制证券公司旗下的私募基金投资其本公司保荐项目。

治标

为了有效遏制造假上市，须标本兼治，除积极治本、完善有关发行审核与监管制度、规范政府行为之外，还须严厉问责治标。

一是进一步改进退市制度。将追溯调整导致三年亏损，存在包括财务造假的严重违法行为列入退市条件。破坏造假上市的利益基础，让造假者无利可图，无疑将对造假者形成威慑，有效减少造假上市行为。

二是严厉打击造假上市、震慑财务造假犯罪者。对于财务造假犯罪者除应给予行政处罚之外，还应追究刑事责任。《刑法》第一百六十一条就有对提供虚假财务报告，不依法披露信息的有关责任人处以三年以下有期徒刑的规定。但至今市场上鲜有财务信息造假者被判刑事处罚。

鉴于财务造假严重损害投资公众利益，破坏市场秩序，妨害市场资源配置，其危害性远大于内幕交易。因此，不仅应严格执行《刑法》现有规定，而且应该修改第一百六十一条的量刑规定，至少与内幕交易处五年以上十年以下有期徒刑的规定等同，唯此严厉打击，方可震慑财务造假者，使其望而却步。

上市公司的质量是资本市场的基石，是广大投资者的根本利益所在，因此必须标本兼治，既要严把上市公司的入门关，又要打开退市大门，把财务造假者和挤占上市公司稀缺资源的劣质公司赶出资本市场。只有这样，才能有效遏制造假上市，资本市场才能健康发展。

创业板上市与退市[①]

深圳的启示

深圳经济特区在三十年来的历程中留下了两大遗产,也是最值得称道的两大建树:一是资本市场;二是一大批本土培育,从无到有、从小到大,已经成长为行业龙头,并开始在国际形成影响力的优秀民族企业。如招商银行、平安集团、万科、中兴通讯、比亚迪等,它们已成为我国改革开放之后成长起来的庞大的优秀企业群体,而且这个群体还在不断扩大,并大有青出于蓝而胜于蓝之势。

深圳为什么能在优秀民族企业孕育方面独占鳌头,我们暂且不论。但毋庸置疑的是,正是这一大批优秀企业给深圳添了彩、增了光,成就了深圳的辉煌!这就是深圳对中国的启示:中国未来的发展,需要千千万万优秀的中小企业。当然,高技术含量的科技企业和现代化服务业尤为重要。

[①] 本文是作者 2010 年 6 月 26 日在第二届中国(深圳)创业板高峰论坛上的讲话,仅代表个人意见。

创业板是中国中小企业发展的助推器。正是从这个意义上看，2009年10月创业板市场的启动，不仅是中国多层次资本市场发展史上的里程碑，也是中国企业发展史上具有划时代意义的大事。我相信，在不久的将来，创业板上市的企业中一定会出现一大批和美国的微软、英特尔，中国的中兴通讯、比亚迪等一样优秀的高科技企业，而且会青出于蓝胜于蓝，一定会出现享誉全球的民族品牌！记得原财政部部长刘仲藜先生曾说过："上交所代表了中国的实力，深交所代表了中国的未来。"所言极是！

创业板的健康

资本市场的健康与否与上市企业的质量有关系，也与为投资者带来的回报有关系，更与投资者的风险意识、投资文化、投资理念有关系，它是创业板能否成功担当推动中国经济未来发展大任的关键所在。这就要求创业板一定是一个资源配置优化、有生有死、良性循环的市场。这里，我最关心的不是企业怎么在创业板上市的问题，随着创业板各项制度的逐步完善，这个问题已基本解决。虽然还有些瑕疵，但瑕不掩瑜，企业上市在创业板的发展中已不是最主要的问题。

目前，我比较关心的是退市。退市制度作为证券市场的基础性制度，不仅直接关系到证券市场资源配置的效率，对市场持续规范发展，以及市场投资文化的健康成熟也具有重要影响。当前我国资本市场缺乏严格的退市制度，现行的退市制度存在退市门槛过高、退市标准易于规避、退市时间过长、退市渠道单一并难以发挥作用等问题，导致劣质上市公司"死而不僵"，长期滞留在资本市场，挤占资源，破坏市场秩序。在创业板市场高成长性伴生高波动性、高风险性的情况下，退市制度对创业板市场发展有着更为重要的意义，关乎创业板的健康。在这个问题上，深交所陈东征理事长早有灼见，亦在大力呼吁，积极推动。

创业板的退市制度设计较主板、中小板而言有明显的进步，主要体现在以下几方面：一是与主板市场退市标准相比，创业板市场退市制度在退市标准上有所丰富，引入了净资产为负、审计报告意见为否定或无法表示意见，以及累计成交量连续低于100万股三种新的退市情形。二是在退市时间以及具体程序上，创业板对三种退市情形启动快速退市程序，缩短了退市时间，其中对未在法定期限内披露年度报告和中期报告的公司，最快退市时间从主板、中小板的六个月缩短为三个月；对净资产为负以及财务会计报告被出具否定或无法表示意见的审计报告的退市情形，暂停上市后根据中期报告而不是年度报告的情况来决定是否退市。三是实行"一退到底"，创业板上市公司终止上市后将彻底退市，不再像主板、中小板一样要求必须进入代办股份转让系统。

但创业板的退市制度尚需进一步完善：一是退市标准仍不全面，缺少与上市公司质量和规范运作相关的退市指标，如缺少反映上市公司持续经营能力的指标、反映上市公司治理规范性的指标，而且一些法律明文规定的退市标准，在《深圳证券交易所创业板股票上市规则》（以下简称《创业板股票上市规则》）中被降低。《证券法》第五十五条规定，财务会计报告作虚假记载，可能误导投资者的应当暂停上市，拒不整改的应终止上市；但按照《创业板股票上市规则》，该类情况首先是责令公司改正，公司未按要求改正的，才予以退市风险警示、暂停上市直至终止上市。二是连续亏损的退市标准易于规避，易引发违法违规行为。连续亏损这一退市标准，一方面，没有剔除非经常性收益影响，在新《企业会计准则》赋予企业较多自主判断空间的情况下，上市公司可以轻易规避此项退市标准。另一方面，这一标准不适用于追溯调整导致的连续亏损，根据《创业板股票上市规则》等规定，上市公司追溯调整导致连续三年以上亏损的，仍先实施退市风险警示，而不是暂停上市或终止上市。三是创业板市场沿袭了主板市场做法，过于注重退市缓冲机制，导致退市程序烦琐、退市时间过长。在主板市场，这些程序的运行少则数月，长则数年，甚至出现了一些上市公司进入退市程序后四五年不能退市的情形，从创业板市场现行制度规定来看，这种情况依然难以避免。

所幸对于这些问题，深交所同人早有清醒认识，正在积极推动解决。当然，退市问题也不单单是创业板的问题，我只是希望创业板在这个问题上能为中国资本市场革除弊端，蹚出一条路来。

资本市场资源流向与退市制度

中国资本市场从无到有，从小到大，从无序到有序，从无足轻重到与国计民生高度关联并能产生积极影响，成就辉煌，举世瞩目，让我们倍感骄傲。特别是在上市公司规范治理，证券公司综合治理，机构投资者培育，多层次资本市场建设，资本市场法制建设和广大中小投资者利益保护等方面都取得了巨大的成绩。当然，其中最让人称道的是克服巨大困难并取得了胜利的股权分置改革攻坚战。毫无疑问，中国资本市场正以我们所不曾料想到的速度在发展、在进步。

当感到欢欣鼓舞、收获胜利喜悦的时候，我们亦应清醒认识中国资本市场"革命尚未成功，同志仍需努力"。我国资本市场资源配置功能还有待优化，市场秩序还不尽如人意，投资文化还需重塑。为此，市场主体和监管当局多年来不懈努力，付出了大量心血，客观地讲，取得了很大的成绩，但中国资本市场要晋级仍有很多工作要做。当前，我觉得是时候该认真反思一下我们的方法和策略了，应该调整思路、标本兼治，在制度层面有所动作。

我认为，继股权分置改革之后，中国资本市场最重要的制度改革是绩差公司退市制度的建立。股权分置改革的成功，解决了中国资本市场资源流动的问题，资源的流向问题还没有解决，让市场资源流动起来固然重要，但资源是否朝着正确方向流动则更为重要，流向问题关系到资源配置优化与否。要使中国资本市场发挥资源优化配置的功能，维护市场秩序，保护广大中小投资者利益，就不能让绩差公司在市场兴风作浪，必须坚决让它们退出市场。

资本市场只有有生有死、优胜劣汰，才能实现良性循环。市场资源是稀缺的，不能让缺乏持续经营能力的绩差公司长期霸占市场资源，误导祸害百姓，这一点特别重要。目前，我国上市公司退市制度难以建立，这里既有观念的问题，也有思维定式的问题，同时还有市场风险的问题。什么是市场风险？我们国家退市不同于国外，国外要退市的企业基本上已经奄奄一息，股价已经很低了，交易量也已经很少了，投资者也是"敬而远之"。但我国要退市的上市公司往往是投机者投机的目标，股价非常高，与实际价值偏离很大，投资者趋之若鹜，交易火爆，一旦搞得不好，股价就会硬着陆，引发风险。为什么会出现这种情况？症结就在于在当前主板市场，绩差公司并购重组搞得热火朝天甚至可以说泛滥成灾，部分利益集团利用投资者对绩差公司并购重组的预期，诱惑绑架广大中小投资者，反复炒作，哄抬股价。所以说，要使退市制度能够顺畅推行，首先要熄灭绩差公司企图并购重组的希望之火，使股价自然回落，保障退市平稳安全。

辩证认识绩差公司重组

并购重组本是资本市场资源优化配置的一种手段，是资本市场的重要功能。我们一贯支持以优化资源配置、提高上市公司质量、提升规模经济水平为目的的资源整合型重组，这类重组也是发达资本市场并购重组的主旋律。但是近些年来，我国资本市场重组却误入歧途，绩差公司资产置换式重组成为重组市场不应有的主旋律，这种局面的形成与人们的一些错误认识有直接的关系。

有些人认为，绩差公司并购重组，让不够 IPO 条件的公司进入资本市场，是市场的需求，是投资者的需求。我们不能片面强调投资者的需求，投资者有逐利天性，需求有时候是盲目的、非理性的，需要引导。对此，我们要做价值判断，在制度设计上加以引导。还有些人认为，绩差公司并购重组有利于提升上市公司质量，保护投资者利益。这个问题要辩证地看待，就单个上市公司而言，重组成功的确可能改善该公司的质量，投资者不仅不会有损失，反而有些人还因此"一夜暴富"。但是，我们更要认清这对整个资本市场的影响，要处理好小众和大众、局部和整体、当前和长远等的关系。

从资本市场全局来看，绩差公司并购重组危害极大，得不偿失：一是破坏了资本市场优化资源配置的基本功能，给市场一个错误的信号，挤占了大量宝贵的市场资源，使符合产业方向，有盈利前景的部分优秀企业无缘利用资本市场发展。而且这种被挤占的资源大多不能创造价值或效益低下，只能给少数投机者带来投机利益。二是这种重组往往是以短期"保壳""倒壳""大小非减持套现"为目的，主要采取资产置换、报表重组、关联交易、捐赠等手段来"制造"利润，对公司业绩提升有限，有的即使有业绩提升，也仅在重组当年或次年昙花一现。有的公司重组后未获新生，还被收购方进一步掏空。有的收购方入主后不注入任何盈利资产，将主要精力放在寻找新的收购方上。三是严重妨碍公司治理、破坏资本市场秩序。由此在上市公司内部引发编造虚假信息、利润造假、关联交易；在股票市场上引发大量内幕交易、市场操纵案件。同时，也容易滋生政商勾结的腐败温床。四是毒害资本市场文化，诱导广大中小投资者偏好投机。市场出现大量咸鱼翻身式的 ST 公司重组案例，让投资者感到有利可图，这势必吸引更多的投资者趋之若鹜，赌 ST 重组，恶炒绩差股票，也使我们的投资者教育努力付诸东流。五是在一些绩差公司并购重组过程中，地方政府通过倾斜性政策，利用大量优质的社会资源，来救助千疮百孔的"壳公司"，造成社会资源的极大浪费。总而言之，绩差公司的置换重组得不偿失，而且几乎成为许多让我们防不胜防、查不胜查的市场弊端根源，已经到了非从制度层面解决不可的地步。

资本市场要保持活力、生命力，必须新陈代谢，不仅要有新鲜血液的流入，还要有毒素的排出，毒素留在体内多了人就要生病，绩差公司不能正常退市，资本市场体内毒素不能排出，资本市场同样会"生病"。因此，对改革绩差公司并购重组监管机制与上市公司退市制度要有清醒认识，要有紧迫感、危机感，不能患得患失、因小失大，一定要下定决心，坚决解决。

首先，就改革时机而言，当前无疑处在解决绩差公司重组与退市问题最有利的战略机遇期，解决这一问题的难度也远低于当年的股权分置改革。一方面，我国资本市场正处在高速发展时期，存量劣质公司占市场总量比例不大且呈下降趋势，资本市场参与人士风险意识不断增强，对于上市公司退市问题的共识正在形成，解决问题的难度和成本相对较低。另一方面，如不及早改革，劣质上市公司的数量将不断累积，就像股权分置问题一样包袱将越背越大，解决问题的成本将会更高，维稳压力将会更大，甚至还会引发其他风险。这方面，困扰香港证券市场多年的大量仙股难以退市的教训值得借鉴：香港市场监管部门曾多次讨论仙股公司退市问题，但因顾虑可能对市场造成的影响，始终未正式实施，错失解决问题的机会，导致仙股公司不断增多，退市问题积重难返。

其次，就改革措施而言，必须遵循公平原则，从资本市场立法原则来看，制度公平是资本市场制度建设的基本原则。IPO和资产重组是资本市场的两个入口，维护资本市场公平原则，就要求无论通过何种形式上市，都应当条件相同、质量相当，以保证资本市场准入条件的一致性，这也是成熟市场的普遍做法。退市是资本市场的出口，一旦已经上市的公司达不到持续上市条件，就应该退市。让不符合持续上市条件的公司退市不仅是提高资本市场质量的需要，也是维护资本市场公平原则的需要。

最后，就改革策略而言，对绩差公司资产重组改革应与退市制度改革同时进行，双管齐下。绩差公司重组和退市是一个问题的两个方面，相互关联、相互影响，应通盘考虑，一并解决。绩差公司重组泛滥的问题解决了，退市公司股价高带来的风险就随之化解了，退市就可以正常进行了。之前市场传闻证监会对绩差公司重组要从严监管，绩差公司的股价就应声下跌，这是很好的例证。同时，退市正常进行反过来会进一步解决绩差公司、退市公司股价高的问题。而且改革应当一步到位，"将革命进行到底"。分阶段、渐进式改良，不但不能彻底解决当前绩差公司重组与退出机制存在的突出问题，也不能缓解资源配置优化和市场秩序问题，影响改革的效果，而且将导致问题的持续积累，错失改革机遇，增加解决问题的难度，最终加大改革的成本。

总之，股权分置改革的成功所解决的流动问题是资源配置得以优化的前提和基础，但流向不正确也无济于事。因此，彻底改革绩差公司并购重组监管机制与上市公司退市制度，已成为继股权分置改革后，理顺中国资本市场基本关系、发挥市场资源配置功能、规范市场秩序和重塑市场文化等方面最重要的问题，其意义不亚于股权分置改革。这个问题解决好了，困扰资本市场二十多年的一些顽疾就会迎刃而解，中国资本市场必将提升至一个更高的阶段，进入良性循环发展的健康轨道。

优胜劣汰乃资本市场之本[①]

资本市场是为实体企业提供融资支持，为现代经济系统配置资源的重要场所。资本市场要提高资源配置效率，实现资源配置优化，最重要的是建立优胜劣汰的资源配置机制，方便资源进出流动，避免劣币驱逐良币，出现劣质资源在资本市场梗阻、沉淀、发酵的异化现象。这是资本市场之根本，是资本市场承担使命、胜任职能的保证。因此，资本市场不仅要有一个有效的发行上市制度，还要建立一个通畅有序的退市制度，抑制绩差公司"借壳"重组。遗憾的是，虽然我们为此呼吁和努力多年，但由于认识的偏差和利益的驱动，这个问题的解决不但没有实质进展，2016年以来又沉渣泛起，甚嚣尘上，"炒壳"竟成了某些人唯一确定的"主题投资"。看来，要恢复市场资源配置功能，维护市场秩序，我们必须重新省视"借壳"与退市问题，并以此入手诊治市场诸病。

---

① 本文刊载于《证券时报》（2016年5月9日）。

"借壳"乱象与退市梗阻

"借壳"在当下相对沉寂的资本市场上成了"亮点"。

一是"借壳"多。"借壳"和"炒壳"成了市场各方关注和追逐的目标,"寻壳潮"在线上线下风行,投行、私募基金和一些资本掮客都在四处找"壳"。在A股市场上,2016年1—4月约50家上市公司发布了实际控制人变更公告。

二是"借壳"溢价高企。"壳"资源价值预期因为各方面原因,已由前几年的贬值逆转大升,人们对"壳"趋之若鹜,导致原本不应该有什么价值的"壳"价格大涨。有的溢价高达两倍以上,加上各种台面下的隐性对价,据说有些"壳费"高达10亿元以上。

三是非产业背景的资本掮客成了"觅壳"主角。与以往市场主要是有产业实力的企业"借壳"上市不同,如今的"摘壳"者往往是在产业界名不见经传的资本炒家,他们采用"先控股再布局"的借鸡下蛋模式规避"借壳"监管,而且他们入主上市公司的目的不是长期经营发展,其直奔主题,目标是在二级市场获得短线利益。他们的加入使得"借壳"市场变得更加投机,无论对二级市场的资源配置功能还是对市场秩序维护,以及上市公司的治理与前景都会带来很大的负面影响。

四是投资者被诱导"炒"壳。由于市场上存在"炒壳"后中彩大赚的示范效应,部分投资者对"炒壳"产生了极大的兴趣,标的公司股票停牌前和复牌后都被人追捧和狂炒,复牌后往往有多个涨停。值得注意的是,这种题材炒作是虚虚实实、虚实相间,有概念化炒作倾向,容易误导投资者炒作,误导资本市场非理性化发展,使资本市场向投机化蜕变。

资本市场"借壳"乱象持续的原因虽然很多,但最直接的原因还是退市梗阻,我们缺乏一个坚决有效的退市制度。2010—2016年5月,沪深两市 2857 家上市公司仅有 6 家公司被强制退市（502 家创业板公司没有一家退市），年均退市仅 1 家，年退市率约为 0.36‰。让我们来看看美国的情况，有 5000 家左右上市公司的纳斯达克每年有大约 8% 的公司退市，其中约一半是强制退市；拥有 2000 家左右上市公司的纽交所每年的退市率大约为 6%，其中三分之一是强制退市，退市企业和 IPO 企业相当。

我国资本市场的退市率为什么奇低？其主要原因是退市制度存在严重漏洞：上市公司退市盈利条件中未扣除非经常性损益，为利润操纵和逃避退市打开了方便之门。

按现行的退市条件，我国暂停上市的上市公司数量 2013 年为 2 家，2014 年 2 家，2015 年 2 家。但如果扣除非经常性损益之后则连续三年亏损，符合暂停上市条件的上市公司将大幅增加：2011—2013 年 196 家；2012—2014 年 267 家；2013—2015 年 146 家。由此不难看出，一是现行的上市公司退市制度使大量不符合上市公司存续条件的公司滞留在资本市场，严重劣化了作为资本市场基石的上市公司总体质量。二是退市梗阻为资本市场提供了大量可以炒作的"壳"资源，严重损害了资本市场优化资源配置的功能，违反了资本市场优胜劣汰的基本原则。三是从信息披露的角度来看，虽然上市公司盈利中未扣除非经常性损益的情况属公开披露信息，但一般小投资者不会注意到这种会计处理问题，势必误导普通投资者对公司盈利能力的判断，客观上会对资本市场的信息公平原则产生消极影响。

"借壳"和退市的认识误区

近些年我国资本市场上市公司退市罕见，绩差公司之"壳"炒作泛滥，主要原因是一些人对"借壳"重组和上市公司退市的价值判断存在误区。在我国市场上存在着一种较为普遍的认识，即认为一家行将退市的绩差公司如果通过重组获得新生，那么该公司由绩差公司转变为绩优公司，既提高了上市公司的质量，又保障了该公司投资者的利益，属两全其美。而如果该公司被强制退市，不仅大股东利益受损，中小投资者也会损失惨重甚至血本无归。正是基于这种理解，再加上出于对政绩形象、地方利益和维稳等方面的考虑，地方政府往往力保本地上市公司不退市，并将绩差公司重组视作政绩。

客观地看，这些认识并非完全没有道理。但是即使排除了"借壳"重组中出现的一些以二级市场短期牟利为目的的非实质性重组炒作，我们也应辩证认识上市公司"借壳"重组现象。因为这里边有一个小众与大众、局部和整体、当今和长远的辩证关系。"借壳"重组虽然改变了少数上市公司的质量，保障了一小部分中小投资者利益，但是却因此影响了资本市场的投资价值观，损害了资本市场的资源优化配置功能，破坏了市场秩序。从长远看，还是影响了包括"借壳"既得利益者在内的全体投资者的整体利益，得不偿失，弊远大于利。

首先，"借壳"重组会扭曲资本市场资源配置优化取向。资本市场是资源配置的场所，从宏观经济结构优化和资本市场投资者的长远利益出发，资源应该向产业前景好、持续盈利能力强的企业倾斜配置。但绩差公司不退市不仅挤占资源，还会因为投机获利的现实使其产生与自身体量极不相符的虹吸效应，吸占大量的宝贵资源。反倒是业绩优良，能给投资者带来实质效益的蓝筹企业和其他优秀企业无人问津，资本市场与资源配置优化主题渐行渐远，弱化了资本市场为实体企业提供融资支持的功能，逐渐使资本市场蜕变异化为投机炒作、与实体经济争夺资源的场所。

其次，绩差公司"借壳"炒作毒害资本市场文化。价值投资理应是资本市场的基本价值观和主流文化，也是监管机关多年来不遗余力，大力倡导和宣传教育的重要工作。但多年来，由于"壳"公司的存在，"炒壳"现象的泛滥，乌鸡变成金凤凰的示范效应，价值投资文化被严重弱化。投机成了投资者潜意识中的市场主题，寻找黑马悄然成风，对毫无盈利可言的僵尸公司反倒疯狂追逐，也使得正规的投资者教育努力付诸东流。这种扭曲的投机文化，不仅会长期影响资本市场资源的正向配置，长此以往也会影响毒害我们已经日益浮躁的社会文化。

再次，"借壳"重组严重干扰资本市场秩序。长期以来由于"借壳"现象的存在，给市场中一部分人提供了一条生财之道，也使市场中徒增大量与之相关的违法违规案件。因为围绕"借壳""炒壳"衍生出来一条复杂的利益链条，不可避免地滋生了许多与之相关的财务造假、虚假信息陈述、内幕交易和市场操纵等案件。过往的监管实践和行政执法工作中就有相当的比例与之相关，这些案件严重地扰乱了资本市场秩序，对广大投资者的合法权益形成了极大的损害，并严重打击了投资者对资本市场的信心。

最后，上市公司"终身制"客观上鼓励了IPO造假闯关。缺乏刚性有效的退市制度，使上市公司变相享受了"终身制"待遇。无论其业绩如何，无论是否符合上市公司存续条件，只要成功闯关IPO，就一"上"定终身。经营正常可享受融资权益和发起人存量股份市场估值增加之利；经营失败不赔反赚，还可卖"壳"获得巨额利润。一个萝卜两头切，上市成了包赚不赔的垄断生意。毫无疑问，这种巨大的利益诱惑一定会驱动一些企业千方百计、排除万难攻关IPO，可以想象上市企业的质量将不可避免地难以保证。也就是说，不实行坚决的退市制度，放任绩差公司"借壳"重组泛滥，不仅使上市公司存量资源配置劣化，也会严重影响发行上市市场的新增上市公司质量，使资本市场增量资源配置劣化。

按照唯物辩证法的观点，世间万物发展都是一个动态变化的过程。上市公司作为一个处于市场经济中的经济主体，受制于自己的产品、管理以及行业市场和宏观经济等诸多主客观因素的影响，上市前后和存续过程中的变化与分化是必然的，是市场的常态。因此，要保持资本市场的活力，发挥其为实体经济提供融资支持、配置资源的作用，就应该顺应规律，以平常心看待上市、退市，让资本市场形成一个优胜劣汰、良性循环的生态系统。

严格退市，限制"借壳"

首先，统一思想，革除积弊。对于多年来我国资本市场绩差公司极少退市、"借壳"炒作泛滥的非正常现象，市场各界一定要认识到这事关资本市场大局，事关资本市场资源配置功能发挥。我们知道，资源有效配置一定要满足两个条件：一是资本流动顺畅，无制度障碍获市场支持；二是资本流向正确，有效优化配置。如果说股权分置改革是为了解决资源配置问题，那么股权分置改革也仅仅只是走出了解决资源配置的第一步，解决了"资本流动"的问题，"资本流向"的问题尚未解决。而只有通过实行坚决的退市制度，抑制"借壳"重组，"资本流向"问题才能得到解决，资本市场资源配置功能才能有效发挥。

从这个意义上来看，实行坚决的退市制度，抑制"借壳"重组的重要性一点儿也不亚于股权分置改革。

同时，我们也应该认识到"借壳"与退市问题事关投资者整体利益、市场文化、市场秩序、上市公司治理等方方面面，是治理资本市场的关键点和突破口。因此，我们要走出误区，统一思想，排除利益集团干扰，下决心改革退市制度，限制"借壳"重组。

其次，改革退市制度不妥协，限制资本掮客"炒壳"。近年来，绩差公司"借壳"重组泛滥已经引起了市场各方的关注，监管机关对此也高度重视，组织力量专题研究，多次修订了并购重组和退市制度，对市场的进步与规范发挥了积极的作用。但是，由于受到了市场不同利益主体的意见影响，在退市盈利条件中没有扣除非经常性损益，给利润调节规避退市留下了空间，使大批本该退市的企业继续留在资本市场，影响了上市公司的质量结构，也使"借壳"重组成为可能。因此，为了净化资本市场，优化资源配置，当务之急是修订退市制度，以资本市场大局为重，毫不妥协地在退市条件的盈利计算中扣除非经常性损益，"将革命进行到底"。

与此同时，在处理"借壳"上市申请时要严格执行IPO标准，严格监管资本掮客规避"借壳"监管的"摘壳"行为，对其中的违法违规行为严厉查处，坚决打击。

我们在研究退市制度和方案时注意到，如果在退市条件中扣除非经常性损益，从本文前面所引述的情况来看，短期内符合暂停上市条件的上市公司将大幅增加，退市压力会非常大，无论是从市场承受力还是从社会承接力来看，恐怕都很难接受。鉴于此，为了遏制"炒壳"泛滥，推行严格的退市制度并化解改革风险，防止对市场造成冲击，早在2010年，一些学者就对退市风险和化解风险的办法做了实证研究。为了防止"堰塞决堤式"的退市冲击，我们提出了针对性的退市实施策略。例如，"早推制度后执行"，给制度实施安排一个过渡期；扣除非经常性损益计算口径新老划断，过渡期内不扣除非经常性损益，递延安排劣质公司分阶段退市；给予风险警示促使相关公司股价合理回归释放风险。

从当年的实证分析结果来看（目前按照扣除非经常性损益后测算的暂停上市家数与2010年时基本相当），虽然实施严格的退市制度不可避免地会对资本市场产生一定程度的影响，但退市公司比例与西方资本市场相比仍然较低。而且从退市的时间分布来看，退市公司家数在五年中呈先低后高的趋势，有利于市场和投资者进一步认识和接受退市制度。可以肯定的是，退市风险基本可以逐步化解。

总之，遏制"借壳"、严格退市是治理资本市场积弊，恢复资源配置功能和治理市场乱象的关键，关乎大局。我们应该下决心坚决改革，以此为突破口，重建市场秩序，重振资本市场，为资本市场承担以配置资源为主题的调结构、增效率、减杠杆，服务实体经济的历史使命创造条件。

市值概念误导资源配置[1]

市值，作为资本市场众多概念中的一种，存续已久，本不足为奇，亦无伤大雅，更谈不上什么利害。但近年来，市值炙手可热，不仅被市场人士津津乐道，而且被追逐、被管理，成为上市条件之一，并对资本市场的资源配置方向产生了十分明显的引导作用。因此，我们有必要认真审视市值概念，了解市值到底是怎么回事，防范其对金融服务实体产业、优化资源配置的干扰与误导。

审视市值真相

市值，一般是指一家上市公司现有的股份数额与每股市场交易价格的乘积。它有时也指代一个市场、一个证券交易所的总市值，即该市场或该证券交易所所有的上市公司市值总和。

我们需要了解的是，一家上市公司的市值是所有股份或大多数股份的

---

[1] 本文刊载于《证券时报》（2021年4月13日）。

每股交易价格与股份总额的乘积，还是少数或极少数股份的每股交易价格与股份总额的乘积？常识告诉我们，一家上市公司交易活跃的股份往往只占总股份的个位数百分比，也就是说，一家上市公司的市值是公司仅百分之几的股份交易价格与公司总股份的乘积。这说明：

一是在公司大多数股份未参与交易的情况下，这种由少数股份交易价格决定的市值不足以代表公司的市值，这种市值也无法代表公司的价值，没有多大意义。我们都知道，价格与供求关系极大，如果公司大多数股份的股东要集中变现这个由少数股票交易价格构成的市值所代表的价值，那么这家公司的股价很可能会崩溃的，所谓的价值根本无法一次性实现。另外，即使股东是理性的，不会幻想集体一次性变现，那么此一时彼一时也，当下的市值对公司和大多数股东而言不具备任何财富意义。少数通过变现获得真金白银的股东，也仅仅受益于其交易时点股票价格与交易股份数量，与公司市值毫无关系。

二是市值作为少数股份交易价格与公司股份总额的乘积，实质上是一个虚拟的数字概念。市值既不能代表二级市场中大多数股东真实可得的资本利得财富，也不能代表股东在公司中包括资本盈余的权益。市值的大小变化和影响公司财富价值的收入、现金流、净利润、净资产等没有相关关系，不会给公司和股东增加或减少任何权益价值。

我们在市场上经常会听到股市或某公司股价大跌，因此减少了多少市值，蒸发了多少亿财富，此说法实为大谬。不过相对虚幻的市值而言，"蒸发"一词倒也传神。因为这种市值财富虽然如云蒸霞蔚般绚丽，却常常倏忽间风流云散不知所终。

然而，正是这样一种虚幻的市值概念却十分流行，不仅被作为"国际惯例"受到推崇，而且还被发扬光大，被追逐，被"创新"。对此，应该保持清醒的头脑，运用正确的思想方法，科学地进行价值判断与价值选择,"去粗取精、去伪存真、由此及彼、由表及里"地认真分析思考,不盲从,拒误导,实事求是地认识上市公司的价值所在,踏踏实实地为我国的实体产业配置好资源。

市值不能管理

如前分析,市值无法真实全面代表公司价值。即使我们保留对市值的认可,也应该客观认识市值是无法管理的。如果市值管理大行其道,将会扭曲资本市场价值观,误导资源配置。客观上会诱导上市公司财务造假,为市场操纵、内幕交易等违法行为制造借口,提供条件。

在这里,我们暂且把市值看作一个无害的概念,以此为前提来分析市值能否管理。

从市场价格变动的角度来看,市值的变化不仅与上市公司的内在因素有关,而且还受制于许多外部的因素。

内外部因素都属于公司经营管理的范畴,具有主观可塑性,也与所谓的市值有相关性。如果从这个角度看,市值似乎是可以管理的。

但是,市值的大小却往往与企业的经营管理不是正相关的,在很大程度上还受制于外部市场条件的影响。从这个意义上说,市值是无法管理的。上市公司唯一可做的就是排除干扰,心无旁骛地做好自己的主业,加强技术管理和经营管理,深挖产业发展潜力,埋头创新、创造内在价值。

如果我们不客观、科学地认识这个问题,执迷于市值管理,只会给市场中那些心眼活、缺乏初心定力的人增添借口,助长虚假信息陈述,内外勾结操纵市场。前些年一些人打着市值管理的幌子,编故事、造假账,操纵市场、内幕交易,误导资源配置的现象需要引起反思。

片面追逐市值会误导资本流向

资本市场是为实体产业提供融资服务的市场，不是为资本提供投机套利交易之便，让资本自我炒作、自我服务的场所。市值十分容易被资本炒作利用。近年来，市值概念广泛流行，价值误导十分明显。不少市场力量专注于那些吸引眼球、容易炒作的题材，或者追逐流行概念、流量趋势、"伪创新"，什么能炒高能赚钱，就趋之若鹜争相炒什么。上市公司"管理市值"，机构投资者推高市值，都是为了一个共同的市值目标，显然忘记了资本市场为实体产业配置资源，提供融资服务的初心。其结果是资本市场战略迷茫，行为短视，资源配置扭曲，融资结构失衡。一些基础产业、战略产业、需要长期投资而短期收益回报渺茫的高技术、高投资产业被资本歧视，严重影响了我国产业结构的均衡与传统产业升级，妨碍了国家发展与国家安全战略的实现。

不仅如此，在这种市值追逐的价值观下，实体经济投资受到冷落，投资者和投机者不分青红皂白，沉溺于金融交易市场，导致大量资金在金融领域空转，经济金融化一步步愈发严重。这种状况，打击了财富制造者，鼓励了财富索取者。长此以往，不仅打击实体经济，还会制造更大的贫富差距，有违共同富裕的社会主义初心，也会妨碍内需市场建设，影响"双循环"新发展格局的实现。

如今，我国资本市场追逐市值，导致资本流向扭曲、资源配置失衡已经十分夸张，与美、德、日等资本主义国家相比较也有过之而无不及，资本市场资源配置效率明显劣后于这些国家。

虽然市值概念误导资源配置，但是市值大小作为风向标，却可以以此看出不同资本市场的资源配置状态与优劣。以市值风向标来看，截至2021年2月，中国前十大市值公司为腾讯、阿里、茅台、工商银行等，来自互联网、白酒和金融领域，无一来自资源加工、机械制造和制造服务业。同期，美国前十大市值公司，排在首位的是苹果公司，紧随其后的是微软，除互联网平台、金融企业之外，还有特斯拉、强生等制造企业。日本前十大市值公司中，以丰田、索尼等为代表的与制造业相关的企业和从事电信服务的日本电报电话公司就占有6席。德国前十大市值公司中，除一家安联保险为金融业外，其余9家中有7家与制造业相关，2家现代服务业，其中包括我们耳熟能详的西门子、戴姆勒、大众汽车、拜尔等。在这组横向比较中，德国资源配置方向显然与其制造强国战略和现状吻合，资本市场在向支持德国制造方向发力。

在这组四国十大市值公司分布比较中，我国不仅无法与德国同日而语，资本市场对实体产业的支持也劣于日本，甚至弱于经济已经严重金融化的美国，使人无奈。我国市场价值观中对市值的偏好与追逐，使资本在资源配置选择中不分主次，忘记了金融服务实体经济的初心，才出现了中国十大市值公司竟然无一资源加工、机械制造和制造服务业企业的荒唐局面。相比德国，我国作为全球工业门类最齐全的制造业大国，中国资本市场的同人情何以堪？是如何为实体经济服务的？

因此，我们要反思市值追逐，重新树立中国资本市场服务实体经济的价值观，知行合一、表里如一、言行一致地为中国制造服务。我们应注重政策的作用力方向与国家战略的相关性、排他性研究，让中国资本市场的政策与国家制造业大国、强国战略相吻合，脚踏实地、实实在在地把服务中国制造作为头等大事，逐渐增加制造业在中国资本市场中的权重。这既是中国资本市场的责任，也是中国资本市场从业者和监管者的光荣。

弃市值追逐，重制造业融资

放弃市值追逐，回归资本市场服务实体经济初心和本原，在一级市场应该注意以下几个方面：

一是将融资资源向资源加工、机械制造和相关制造服务业倾斜，在IPO企业选择上优先安排此类企业，在数量安排上要以这些企业为主。通过这种制度安排，不仅使我们的资本市场更好地为实体经济服务，而且在经济社会活动中形成一个良好的价值取向示范引导，吸引和鼓励更多的资源投入到制造业大国、强国的建设中来。

二是资本市场作为一种有限的资源，为了更好地为实体经济提供融资支持，就必须限制其他行业在资本市场融资，优化资源配置。因此，应该限制金融企业上市融资，同时也可以防止中国经济金融化；限制互联网平台企业上市融资；限制娱乐业、宗教名山胜地等领域企业上市融资。

三是禁止属于社会公益事业的教育、医疗行业企业上市。一方面，不能让资本无序扩张，染指人民群众的公共福利，以市场化、利润化侵蚀人民群众的社会福利。另一方面，避免挤占实体经济宝贵的融资资源。

在二级市场方面，应该倡导树立健康的市场价值观。鼓励和引导机构投资者特别是公募基金、社保基金等放弃市值追逐，改变无价值观选择的机构抱团投资行为方式。树立正确的支持实体经济价值观，建立中国制造投资偏好，为中国实体经济添砖加瓦。

回顾三十多年来我国资本市场的发展历程，价值观、战略方向与政策吻合，做到知行合一，是我们在资本市场发展前行过程中的必修课。

中国道路丛书

学　　术	《解放生命》	智库报告	《新时代：中国道路的延伸与使命》
	《谁是农民》		《新开局：中国制度的变革与巩固》
	《香港社会的民主与管治》		《新常态：全面深化改革的战略布局》
	《香港社会的政制改革》		《新模式：走向共享共治的多元治理》
	《香港人的政治心态》		《新征程：迈向现代化的国家治理》
	《币缘论》		《新动能：再造国家治理能力》
	《如何认识当代中国》		《全面依法治国新战略》
	《俄罗斯之路30年》	企 业 史	《与改革开放同行》
	《大国新路》		《黎明与宝钢之路》
	《论企业形象》		《海信史（2003—2019）》
	《能源资本论》	企业经营	《寻路征途》
	《中国崛起的世界意义》		《中信创造力》
	《美元病——悬崖边缘的美元本位制》		
	《财政预算治理》	专　　访	《中国道路与中国学派》
	《预见未来——2049中国综合国力研究》		《21世纪的中国与非洲》
译　　丛	《西方如何"营销"民主》	人　　物	《重读毛泽东，从1893到1949》
	《走向繁荣的新长征》	政　　治	《创新中国集体领导体制》
	《国家发展进程中的国企角色》	战　　略	《国家创新战略与企业家精神》
	《美国社会经济五个基本问题》	金　　融	《新时代下的中国金融使命》
	《资本与共谋》		《中国系统性金融风险预警与防范》
	《国家发展动力》		《新时代中国资本市场：创新发展、治理与开放》
			《本原与初心——中国资本市场之问》
		管　　理	《中国与西方的管理学比较》